El gran libro de la correspondencia
privada y comercial

Equipo de Expertos 2100

EL GRAN LIBRO
DE LA
CORRESPONDENCIA
PRIVADA Y COMERCIAL

De Vecchi

DVE Ediciones

© Editorial De Vecchi, S. A. 2021
© [2021] Confidential Concepts International Ltd., Ireland
Subsidiary company of Confidential Concepts Inc, USA
ISBN: 978-1-64699-589-9

Índice

Introducción

De todos es sabido lo importante que es la comunicación entre los seres humanos. Podemos llegar a afirmar que la comunicación es consustancial con la naturaleza humana, el hombre ha sentido siempre la necesidad de comunicarse.

A través de signos, por medio de las palabras, con figuras, a través de escritos, etc., los hombres se han comunicado entre ellos, ya que «comunicarse» no es más que dar y recibir información. Información, en el sentido que más nos interesa, no es más que un conjunto de noticias sobre una cosa, sobre un hecho.

Las formas y facilidades para comunicarse han variado a través de la historia, y hoy en día, el hombre posee unos medios fantásticos para hacerlo, como pueden ser el teléfono, el telefax, el correo electrónico *(e-mail)*, el correo, etc.

Y es que la comunicación es imprescindible en todos los aspectos de la vida. Así, observamos que en nuestra vida privada y familiar la comunicación entre las personas es absolutamente necesaria. Lo mismo ocurre en la vida comercial; se llega a poder afirmar que sin comunicación no existirían ni los negocios ni las empresas. Precisamente son estas las que en mayor grado utilizan *los medios técnicos de comunicación* más modernos que hoy en día están a disposición del hombre.

Tal vez la manera más completa de comunicarse con los demás, la que ofrece un mayor número de posibilidades de expresar exactamente aquello que se desea, sea la escritura, la palabra escrita. La comunicación escrita abarca desde la exposición de un pensamiento filosófico a la redacción de una pequeña nota.

A pesar de la gran cantidad de medios de comunicación que actualmente se encuentran en nuestro entorno, el lenguaje escrito no ha perdido ni, creemos, perderá nunca el lugar preeminente. Además de ser la forma más culta de expresión, tiene la ventaja sobre casi todos los demás medios, de permanecer, de dejar constancia. Nos permite también reflexionar a medida que vamos escribiendo, dominar y corregir sobre la marcha aquellos impulsos de los que, más tarde, pudiéramos arrepentirnos.

Este libro está dedicado a la expresión escrita que se enmarca dentro de la comunicación en nuestro ámbito privado y comercial. Con él intentaremos establecer las pautas que deben regir nuestros escritos, ayudándonos a diferenciar cuándo es oportuno comunicarse por medio de una carta, una nota, un saluda o una instancia.

Dedicaremos un amplio capítulo a los medios más utilizados en la comunicación escrita en general, analizando sus ventajas e inconvenientes, para posteriormente, centrados ya en los escritos, hablar sobre la calidad que deben observarse en los mismos. Después, subdividiremos el libro en la correspondencia privada y en la comercial. En cada uno de estos dos grandes capítulos, unas pequeñas introducciones teóricas nos diseñarán el patrón que debe seguir cada tipo de comunicación. Ejemplos claros y concisos ilustrarán cada uno de ellos.

El objetivo del libro no es otro que el de servir de ayuda y de consulta a cuantos quieren hacer de sus escritos la base de la comunicación con sus semejantes.

La comunicación escrita

La comunicación se puede considerar un fenómeno tan antiguo como el hombre mismo. El deseo de comunicarse unos individuos con otros es algo inherente al propio hombre.

Si analizamos este fenómeno de cerca, nos daremos cuenta de que ha ido evolucionando a la par con otros muchos. Citaremos aquí la evolución del sistema telefónico, del informático, etc.

Podemos dividir a las comunicaciones en dos clases: las habladas y las escritas.

En todo proceso comunicativo ha tenido, y tendrá siempre, mucha importancia la palabra escrita. A través de ella, un amplio abanico de información se difunde de un extremo del globo terráqueo a otro. Y es gracias a los avances tecnológicos que esta misma información circula más rápidamente y con más nitidez.

Las comunicaciones habladas son las que se realizan mediante la emisión de palabras que son percibidas por medio del oído de los interlocutores. El principal inconveniente que encontramos en ellas es que al no quedar constancia, se debe confiar en la memoria, que no siempre es lo suficientemente buena para recordar todo lo hablado y, muchas veces, con el transcurso del tiempo, se olvida hasta lo fundamental de la conversación sostenida. Las comunicaciones escritas, por el contario, permanecen, se muestran inalterables al paso del tiempo.

En este capítulo nos referiremos a la comunicación escrita como la básica, la fundamental en todo proceso que tiene por objeto el transmitir información.

Por *comunicación escrita* entenderemos la que utiliza un soporte cualquiera y se percibe a través de la vista. El soporte es el elemento material en el que queda fijada la comunicación.

La forma habitual de las comunicaciones escritas, como su mismo nombre indica, es la escritura de palabras mediante la utilización de las letras del alfabeto.

Sin embargo, el hecho de que este sea el medio normal no quiere decir que sea el único. Así, en las comunicaciones escritas se pueden emplear dibujos, fotografías, símbolos, gráficos, etc.

Como no es posible escribir o dibujar en el aire, es preciso utilizar un material adecuado para que en él quede fijada la comunicación. También necesitaremos otros medios, tales como los manuales, lápiz, bolígrafo, etc.; los mecánicos, máquina de escribir, fotocopiadora, etc. A todos ellos nos referiremos ampliamente en este capítulo. Antes profundizaremos un poco más dentro del concepto de comunicación escrita.

Clases de comunicación escrita

Podemos clasificar las comunicaciones escritas desde muchos y diversos puntos de vista:

1. Atendiendo a los *medios utilizados*, tanto en lo que al soporte se refiere como a la técnica empleada, tendremos una cantidad muy numerosa de comunicaciones escritas: escritura manual, escritura mecanográfica, escritura mecánica (reproducción), fotografía, dibujo, telegrama, etc., así como en papel, cartón, cartulina, madera, etc.
2. Atendiendo al *medio empleado* para dar curso a las comunicaciones, las podemos dividir en postales, si utilizamos el correo; telegráficas, si se trata del telégrafo, o el télex, si usamos este aparato, además de las de entrega en mano por medios propios o ajenos.
3. Atendiendo al *ámbito de circulación* las clasificaremos en internas y externas. Son internas, o interiores, las que no salen de la propia empresa. Por otra parte, se consideran externas, o exteriores, las que van destinadas fuera de la empresa.
4. Atendiendo al *emisor* y al *destinatario*, podemos dividirlas en individuales y colectivas. Son individuales las realizadas por una persona, o empresa, y dirigidas únicamente a otra persona o empresa. Las colectivas son las remitidas a un grupo de personas o empresas, o redactadas por uno de estos grupos.
5. Atendiendo a los *símbolos utilizados*, podemos dividir las comunicaciones escritas en usuales, es decir, las que utilizan la escritura normal, y las especiales, las que se elaboran con símbolos, dibujos u otros procedimientos (gráficos, perforaciones, etc.).

Medios más usuales en la comunicación escrita

Para fijar nuestras comunicaciones, debemos escribirlas, plasmarlas en un material adecuado para que puedan ser leídas, para que se cumpla su finalidad: la comunicación.

Este material donde podemos fijar nuestras comunicaciones recibe el nombre de soporte o medio, siendo el papel el más corriente. Existen, no obstante, muchos otros, como la cartulina, la madera, etc.

En este apartado describiremos los distintos medios que se utilizan normalmente para llevar a buen fin una comunicación: desde el papel en todas sus variantes hasta los medios manuales, mecánicos, informáticos, etc.

El papel

Sin lugar a dudas, el papel es el medio más utilizado en toda comunicación escrita.

El *papel* es aquella sustancia hecha con fibras vegetales adheridas las unas a las otras, que toman así la forma de láminas muy delgadas que sirven de soporte perfecto para la escritura.

Se trata de un material constituido por el encabalgamiento de fibras de celulosa previamente suspendidas en agua, que forman el armazón interno y que le confieren las características mecánicas; unos elementos de cascajo (pigmentos y cargas sólidas tales como el talco, el yeso, etc.), que llenan los agujeros que quedan en el interior de la estructura fibrosa y que modifican las características fisicomecánicas, densidad, opacidad y porosidad, y, finalmente, una serie de compuestos químicos (aditivos) cuya finalidad es proporcionar al soporte unas características específicas, tales como disminuir la afinidad con el agua (encolantes), matizar la tonalidad del papel e intensificar la sensación de blanco (colorantes), y otras características especiales.

El empleo y el consumo del papel aumentó considerablemente sobre todo después de la invención de la imprenta por J. Gutenberg en el siglo xv, aunque el progreso técnico, sin embargo, no iba a llegar a la fase industrial hasta finales del siglo xviii.

Este progreso, a la par con el de la cultura y el desarrollo de la prensa periódica, hizo que la materia prima utilizada hasta entonces (trapos, algodón, lino, etc.) fuera insuficiente.

De esta manera, la invención de la desfibradora, máquina que permite la rápida trituración de los troncos de árboles, convirtió la madera en la primera fuente de celulosa.

Es conveniente que el papel que utilicemos sea de cierta calidad, proporcionada al uso que de él se va a hacer. Lógicamente, para una comunicación interior, no será imprescindible una buena calidad de papel, pero sí, cuando se trate de una comunicación exterior.

El grosor del papel depende, en parte, de la calidad, que a su vez está muy influida por el peso, y deberá ser, igualmente, adecuado al uso al que se destine. Evidentemente, no utilizaremos el mismo grosor para las cartas que para las copias de las mismas (papel copia o cebolla).

No son recomendables los papeles rugosos ni los muy satinados o brillantes.

Existe una gran cantidad de diferentes tipos de papel. En este apartado, intentaremos presentar una compleja lista que reúna, por lo menos, los más utilizados en el campo de la correspondencia, ya sea comercial o privada:

• **Papel autocopiativo.** Empleado preferentemente en las oficinas, se trata de un papel que tiene una de las caras recubierta por una sustancia que deja huella cuando se somete a una determinada presión local. Se utiliza para obtener copias directas de un escrito, bien sea a mano o a máquina, sin tener necesidad de intercalar papel carbón.

• **Papel avión.** Papel muy fino que se emplea para escribir cartas que deben ser enviadas por avión. Gracias a su casi inapreciable peso, consigue rebajar en gran manera las tarifas de envío.

• **Papel de barba.** Papel de tina que tiene los bordes sin recortar.

• **Papel de calcar.** Papel muy transparente que permite reproducir, a través de él, dibujos, escritos, etc.

• **Papel carbón.** Papel muy delgado, liso y regular, impregnado, por una cara, de una mezcla de alcohol, glicerina y de un colorante impermeabilizado por la otra, que se emplea para obtener copias de un escrito, preferentemente, en la máquina de escribir.

• **Papel de cartas.** Papel hecho con pasta muy afinada que se utiliza para la correspondencia, tanto privada como comercial.

• **Papel cebolla.** Papel muy fino, destinado a copias mecanografiadas.

- **Papel cuché.** Papel provisto de una capa de estuco que le confiere impermeabilidad, muy satinado y barnizado, que se utiliza para grabados, fotograbados, etc.

- **Papel cuadriculado.** Papel que lleva impresa una cuadrícula para facilitar, de esta manera, la escritura o el dibujo.

- **Papel engomado.** Papel con una capa adhesiva en una de las caras.

- **Papel milimetrado.** Papel que tiene impresa una cuadrícula de 1 mm de dimensión lateral y que se utiliza preferentemente para realizar representaciones a escala (gráficos, diagramas, etc.). Cuando la cuadrícula está graduada en una o en dos escalas logarítmicas, el papel se llama, respectivamente, semilogarítmico o logarítmico.

- **Papel *offset*.** Papel flexible, de grano fino y, normalmente, de baja calidad, que se utiliza para la impresión en el sistema *offset*.

- **Papel pergamino.** Papel de aspecto parecido al pergamino que se emplea en las ediciones de lujo.

- **Papel de prensa.** Papel hecho de pasta mecánica y aprestado con bisulfito sódico que se utiliza para la confección de los periódicos y revistas.

- **Papel rayado.** Papel en el que se imprimen líneas horizontales según una combinación preestablecida para facilitar la escritura. Se emplea en taquigrafía, música, etc.

- **Papel secante.** Papel sin cola y grueso que se utiliza para secar la tinta de un escrito.

- **Papel de música.** Papel que tiene impresos los pentagramas a distancias regulares y que se utiliza para escribir música.

- **Papel tela.** Tejido transparente, barnizado, que se usa principalmente para dibujar planos o mapas.

- **Papel térmico.** Papel recubierto con una emulsión termosensible de color claro que pasa instantáneamente a oscuro por efecto de una radiación térmica localizada. Se utiliza, mayoritariamente, en las impresoras térmicas como soporte para registrar datos.

- **Papel timbrado.** Hoja de papel donde hay impreso el timbre del Estado, y es de uso obligatorio para la redacción de ciertos documentos.

- **Papel de tina.** Papel hecho a mano, hoja por hoja, con trapos de gran calidad, que se utiliza, preferentemente, en las ediciones de lujo.

- **Papel vegetal.** Papel sulfurado y calandrado en caliente, de aspecto transparente y muy resistente, usado, principalmente, por dibujantes o arquitectos para la elaboración de planos, dibujos, etc.

- **Papel vitela.** Papel hecho a mano, con una forma provista de una tela metálica de obertura muy pequeña que se utiliza para realizar grabados o ediciones de lujo.

Para las **tarjetas postales y tarjetones**, se emplean los siguientes tipos:

- **Cartulina.** Hoja rígida, más gruesa que el papel ordinario, obtenida de la pasta de papel o bien juntando cierto número de hojas de papel, una con otra.

- **Papel cuché** (véase anteriormente).

TAMAÑOS DEL PAPEL

Las medidas más utilizadas para el papel de carta, y para la correspondencia privada, en general, son las siguientes:

— Holandesa: 21,5 ∞ 27,5 cm.
— DIN A4:   210 ∞ 297 mm.
— Cuartilla: 15 ∞ 22 cm.

Para cartas comerciales, contratos y demás escritos en general, se utilizan los tamaños anteriormente citados y:

— Folio: 22 ∞ 32 cm.
— Folio prolongado: 23 ∞ 35 cm o
                      23,5 ∞ 35 cm.
— DIN A5   148 ∞ 210 mm.

El hecho de que exista tal disparidad de tamaños ha creado dificultades, por lo que pronto se vio la necesidad de unificar o normalizar las medidas.

Con esta idea se crearon unos organismos internacionales como ISO (International Standardization Organization), FIA (Federación Internacional de Documentación), etc., y existen igualmente organismos de carácter nacional que se encargan de elaborar sus propias normas. Así, por ejemplo, en España, el Instituto Nacional de Racionalización del Trabajo ha publicado recientemente las normas UNE; en Alemania existen las normas DIN, en Francia, las NF; en Estados Unidos, las normas USAS.

Según las normas UNE españolas, el formato básico del papel es el A-4 de 297 mm ∞ 210 mm, y viene a sustituir al folio.

Es conveniente, pues, utilizar el papel de tamaño normalizado. Y debemos tener presentes estas medidas tanto en el tamaño básico como en los de tamaños menores, ya que es más práctico guardar siempre la debida proporcionalidad.

COLOR DEL PAPEL

El color del papel será, preferiblemente, blanco. Sin embargo, dependerá también del uso que de él vayamos a hacer. El papel de carta, por ejemplo, puede ser de color crema o paja muy claro. Hoy en día, existe en el mercado papel de carta de todos los colores y tonalidades, pero este tipo de papel se acepta sólo en las cartas personales. Es totalmente impensable utilizarlo para la correspondencia comercial.

A menudo, para las copias en talonarios puede resultar interesante que cada una sea de un color distinto con la idea de que el color nos indique ya el destino que debemos dar a cada copia. Se elegirán siempre colores muy claros. Los colores oscuros nos dificultarían la lectura de lo que se encuentra impreso y de lo que nosotros escribamos posteriormente.

LOS SOBRES

En este apartado nos referiremos a los sobres, tanto los que utilizamos para la correspondencia privada como para la comercial, pues todos deben atenerse a las mismas normas en cuanto a tamaño y color.

Entendemos por «sobre» aquella cubierta o bolsa de papel, o cartón, que sirve para poner dentro una carta, o cualquier otra comunicación escrita. En él se debe escribir el nombre, la dirección completa del destinatario, así como las señas del remitente.

El tipo de papel más usado en la confección de sobres es el liso, alisado o satinado. Existen también los elaborados en tela, pergamino, papel de tina, etc.

Tipos de sobres

Además de los sobres normales (cuadrangulares) en los que varía la proporción entre la anchura y la longitud, existen otros tipos de sobres:

• **Sobre de ventanilla.** Se utiliza preferentemente en el ámbito comercial. No es necesario escribir en él la dirección del destinatario, pues sirve la escrita en el encabezamiento de la carta. La ventanilla, al ser transparente, la deja ver. Se debe ser cuidadoso al escribir la dirección en la carta para que, una vez doblada, coincida con la ventanilla.

• **Sobres comerciales.** En los sobres comerciales, el nombre de la empresa, la dirección y, muchas veces, el anagrama, aparecen impresos en la parte anterior de los mismos.

Tamaño de los sobres

Al tratar, en el siguiente capítulo, del servicio de Correos y de su normalización, nos referiremos al tamaño que deben tener los sobres. Aquí, y sólo a modo de resumen, diremos que la *Dirección General de Correos* ha establecido los tamaños mínimo y máximo a los que se deben ajustar los diferentes sobres. De ser más pequeños, no se admitirán en las oficinas de Correos. Si son de mayor tamaño, pagarán doble o triple franqueo, según la proporción. Estas medidas estándar son las siguientes:

— 90 ∞ 140 mm de largo;
— 120 ∞ 235 mm de ancho.

Color de los sobres

Al igual que se indicaba con el papel, el color preferible para los sobres es el blanco u otro color muy pálido. La explicación es muy simple: en los sobres es muy importante que las señas del destinatario queden perfectamente claras. El uso de un color oscuro en los sobres podría dificultar la lectura y posterior reparto del sobre.

Hoy en día, sin embargo, existen en el mercado sobres de todos los colores. Los más oscuros se pueden reservar para aquellas comunicaciones que se entregan directamente a la persona interesada sin pasar por el servicio de Correos, y utilizar los de tonos más claros para el correo ordinario.

Medios manuales

Son muchos los medios manuales que se emplean en la comunicación escrita. Nos ocuparemos ahora de los más usados, tanto en la correspondencia privada como en la comercial. En función de la finalidad de nuestros escritos, seleccionaremos uno u otro medio, intentando escoger el mejor de ellos para dotar de calidad y pulcritud nuestras comunicaciones.

- **Bolígrafo.** El bolígrafo es, sin lugar a dudas, el medio manual para escribir más conocido y usado por la mayoría de las personas en la correspondencia privada.

Se trata de un instrumento provisto de un pequeño depósito de tinta viscosa, cerrado en un extremo por una bola de acero de menos de un milímetro de diámetro, la cual, al ser apretada y rodar sobre la superficie del papel, deja pasar la tinta, que, gracias a la gravedad, sale del depósito y moja la parte exterior de la bola y la superficie anteriormente mencionada.

Gran parte de los bolígrafos que existen hoy en día en el mercado tienen un dispositivo que permite sacar, a voluntad, de su funda, el extremo que contiene la bola. Estos bolígrafos constan de un resorte que desplaza el depósito hacia fuera y de un muelle que actúa en sentido contrario.

- **Goma de borrar.** Si escribimos o dibujamos con lápiz, y hasta si lo hacemos con bolígrafo o pluma, necesitaremos una goma de borrar para eliminar los errores.

Las gomas de borrar son unas barras, más grandes o más pequeñas, hechas de caucho. Existen todo tipo de gomas, adecuadas a la superficie y al tipo de tinta que se utilice.

- **Lápiz.** El lápiz es, tal vez, el medio manual más simple, pero, a la vez, uno de los más utilizados.

Se trata de un pequeño trozo de ciertos minerales suaves y grasos al tacto. Está constituido por una mina insertada en una barrita cilíndrica o prismática de madera, cuya cabeza termina en punta para, de esta manera, dejar al descubierto el extremo de la mina. El lápiz se utiliza para dibujar o para escribir.

- **Portaminas.** Lápiz automático. Se trata de varias barritas de grafito encerradas en un cilindro de plástico o metal. El extremo superior del cilindro se encuentra tapado. El inferior posee una pequeña obertura cuyo diámetro coincide con el tamaño exacto de la mina.

La acción que se ejerce al presionar el resorte colocado en el extremo superior, juntamente con el muelle que se halla en el inferior, hace que salga un trozo de mina al exterior. Cuando se terminan las minas, se pueden volver a reponer fácilmente abriendo el portaminas por el extremo inferior.

Por la delgadez de sus minas, el portaminas es muy utilizado para los escritos o dibujos donde se busque la precisión del trazo.

• **Pluma.** Antiguamente la pluma se utilizaba mucho, casi únicamente, para cualquier escrito, pues no se conocían, o simplemente no existían, otros medios.

Originariamente, la pluma era aquel instrumento que servía para escribir, constituido por un mango, por lo general de madera o de metal, en la punta del cual se encontraba fijada una lámina metálica llamada plumín, que continuamente se mojaba en tinta.

Después del invento de los plumines flexibles por J. Perry en el año 1830, el nuevo instrumento fue evolucionando asumiendo nuevas formas e incorporando nuevos accesorios, algunos de los cuales, como el depósito de tinta, se habían aplicado ya a las plumas de oca.

En 1884, L. E. Waterman patentó la primera *pluma estilográfica*. En ella, el depósito de tinta incorporado al mango podía recargarse por diferentes sistemas, o bien, sustituirse, cuando se vaciaba, por otro lleno.

En la actualidad su uso queda restringido a pocas personas que, o bien la han utilizado toda la vida, o empiezan ahora impulsadas por alguna moda. Pero lo cierto es que la pluma ha ido perdiendo puntos merced a la extraordinaria difusión del bolígrafo. El precio y la facilidad de uso que ofrece el bolígrafo ha dejado atrás la pluma, objeto sensiblemente mucho más caro y de más complicado funcionamiento.

• **Rotulador.** Instrumento que se utiliza para escribir o dibujar, provisto de un pequeño depósito constituido, generalmente, por una materia absorbente empapada de tinta, en contacto con una punta de fibra textil más o menos gruesa, con la que se escribe al pasarla sobre el papel.

Los rotuladores, originariamente de punta gruesa y utilizados sobre todo para escribir anuncios o carteles, pueden ser de tintas de distinta naturaleza. Todo dependerá de la superficie sobre la que queramos escribir. También existen rotuladores de punta muy fina, que pueden sustituir, en muchos casos, a la pluma o al bolígrafo.

Medios mecánicos

Los medios mecánicos en la comunicación escrita se utilizan, básicamente, en el terreno de la correspondencia comercial, dentro del ámbito de una oficina, por ejemplo.

Veamos los más importantes.

- **Máquina de escribir.** La máquina de escribir es un aparato que to-davía hoy se utiliza en las oficinas, aunque con un uso muy restringido dado el avance y la imposición generalizada de los ordenadores.

Se trata de un aparato que permite imprimir en papel, caracteres tipográficos por medio de unos mecanismos de palanca. Consta de un teclado que sirve para accionar el mecanismo que levanta el llamado carácter de imprenta, el cual golpea el cilindro del carro que sujeta el papel.

Entre el carácter de imprenta y el papel se encuentra la cinta entintada.

La máquina de escribir tiene también mecanismos auxiliares: el espaciador, el regulador de márgenes, los tabuladores, etc.; elementos que facilitan el funcionamiento y que dan calidad a los escritos.

Si bien con el uso del papel carbón se pueden obtener copias de un mismo escrito, la máquina de escribir sirve fundamentalmente para comunicaciones o documentos individuales, ya que el número de copias legibles es muy limitado.

Para borrar lo escrito con la máquina, se utilizan gomas especiales, o los papeles correctores con tratamiento químico. Algunas máquinas llevan incorporada una cinta borradora para este fin. Pero todos estos sistemas borran sólo el original y marcan más el error en las copias, o las ensucian. Por lo mismo, al borrar, si se están sacando copias, conviene poner trozos de papel blanco entre el papel carbón y la copia, sacándolos antes de pulsar la tecla correcta.

- **Fotocopiadora.** Para los documentos o comunicaciones escritas de carácter colectivo, si el número de destinatarios es elevado, nada mejor que hacer uso de una máquina fotocopiadora.

Este aparato consta de un cuerpo principal, destinado a impresionar el manuscrito sobre el papel sensible, y de otra parte destinada al revelado. El cuerpo principal está formado por una fuente de luz, un vidrio esmerilado y una tapa que actúa de prensa. La parte reveladora consta de una serie de cilindros que facilitan el paso de la copia ya impresionada por el líquido revelador y la devuelve a la luz una vez está ya revelada.

El tiempo que debe actuar la luz sobre el papel sensible se regula por medio de un mecanismo de relojería graduable a voluntad.

A pesar de las facilidades y la rapidez que nos ofrece la máquina fotocopiadora, si el número de copias es muy elevado, resulta más práctico encargarlas a una imprenta o bien confeccionarlas en la propia oficina utilizando las multicopistas (que no dejan de ser máquinas fotocopiadoras de más capacidad) o las máquinas de *offset*, del tipo oficina.

• **Máquina de** *offset.* El *offset* es un sistema de impresión basado en la repulsión que existe entre el agua y las materias grasas.

Las máquinas de *offset* tienen, fundamentalmente, tres cilindros, que son los que llevan a cabo la impresión. La plancha impresora, montada en el primer cilindro, transmite la imagen al segundo cilindro, recubierto de caucho, el cual imprime el papel que pasa entre este y el tercer cilindro. Las máquinas de *offset* disponen de baterías de rodillos, uno de los cuales humedece la plancha impresora, y los otros la entintan, de manera que las zonas que traen la imagen admiten las materias grasas (las tintas), y las partes blancas, el agua.

El sistema de impresión de tipo *offset* se llama también de impresión indirecta, ya que, contrariamente a los otros sistemas tradicionales de impresión (litografía, tipografía, rotograbado), la plancha impresora no tiene contacto con el papel. Este sistema se impuso enseguida en el mercado, más que por su calidad, por la rapidez y los precios extraordinariamente competitivos.

• **Estenotipia.** La estenotipia es de gran utilidad para la toma de dictados. Esta máquina permite tomarlos a una velocidad muy superior a la que se alcanza con la taquigrafía, y ofrece gran facilidad en la traducción, ya que imprime los textos en forma simplificada, con caracteres alfabéticos, de tal manera que pueden leerse sin que haga falta ningún aprendizaje especial.

Su funcionamiento es muy simple. Se basa en la pulsación múltiple simultánea y en un sistema de abreviaturas. La máquina está provista de un teclado mucho más sencillo que el de las máquinas de escribir ordinarias, y se pueden pulsar simultáneamente varias teclas a la vez para imprimir una sílaba o una palabra.

• **Máquinas auxiliares para la preparación del correo.** Hay empresas o casas comerciales que mueven un volumen importante de correspondencia. Para ellas es de gran utilidad poseer una serie de máquinas que les faciliten la tarea de plegar el impreso, ensobrar y franquear los sobres.

— *máquina plegadora:* esta máquina dobla el papel, impreso o carta, en una o más dobleces, en la forma deseada por el usuario, previa regulación de la máquina. Las más sofisticadas también lo cortan o lo puntean.
— *máquina ensobradora:* introduce el papel doblado dentro de los sobres.
— *máquina plegadora-ensobradora:* esta máquina realiza las dos funciones especificadas anteriormente.
— *máquinas impresoras de direcciones:* estas máquinas resultan de especial ayuda en las empresas que envían periódicamente información, catálogos, revistas, ofertas, etc., a sus clientes. En el mercado existe gran variedad de máquinas que realizan esta función, pero para todas ellas hay que tener

siempre preparado un fichero con la ficha, cliché, etc., de cada cliente o empresa a la que se desea remitir la información. Las direcciones pueden imprimirse directamente en los sobres o bien en tiras de papel o en pequeñas etiquetas que se pegan posteriormente a los sobres.

— *máquinas franqueadoras:* estas máquinas imprimen el franqueo necesario en el sobre, paquete o en una tira de papel. De esta manera, se evita el uso de los sellos de correos. Para utilizar una máquina de este tipo, se debe contar con el permiso de la Administración de Correos.

Medios telefónicos

Sobre las posibilidades que la ciencia actual nos ofrece para hacer llegar más rápidamente a su destino nuestras comunicaciones, hablaremos en el capítulo siguiente al referirnos a las comunicaciones urgentes. Ahora sólo daremos una visión general de dos sistemas o aparatos de gran utilidad en las empresas o servicios actuales, y que funcionan por vía telefónica. Ellos nos permitirán plasmar nuestra comunicación no en nuestra hoja de papel, sino directamente en la del destinatario.

• **Télex.** Empresas e industrias, comerciales y de servicios, entidades públicas y órganos de la Administración suelen tener habitualmente en sus dependencias un aparato de manejo simple, con un teclado mecanográfico, que les permite enviar en cualquier momento mensajes a otros abonados, o bien recibirlos.

Es un sistema de telegrafía rápida, basado en el uso del teletipo y organizado como un servicio público al alcance de diferentes abonados conectados permanentemente a la red.

Cada uno de los abonados dispone de un número de identificación determinado.

La comunicación se produce por vía telefónica.

Los textos pueden ser transmitidos directamente por la línea o registrados previamente en una cinta de papel mediante un dispositivo perforador-codificador, que seguidamente transmite el mensaje automáticamente y a una gran velocidad.

Dado que el importe de la comunicación depende del tiempo que haya permanecido ocupada la línea telefónica, este sistema resulta muy práctico y económico.

• **El fax.** El fax es una de las herramientas de trabajo más importantes en cualquier empresa.

La información se transmite a través del teléfono, lo que posibilita el contactar y mandar un documento a cualquier lugar del mundo en escasos minutos.

Con el fax se puede enviar todo tipo de documentos, pero, a diferencia del *e-mail* o correo electrónico, no se precisa tener esa documentación en soporte informático, sino tan sólo sobre papel. Fotografías, gráficos, planos, etc., pueden ser enviados directamente.

Sin embargo, el fax presenta una diferencia importante con respecto al correo electrónico. En el fax, se pueden distinguir tres fases: la lectura, la transmisión y la restitución.

La lectura se lleva a cabo mediante un barrido electrónico. En el momento de la recepción, el aparato del destinatario efectúa la restitución sobre un soporte papel, es decir, se efectúa la descodificación del mensaje.

Medios informáticos

Hoy por hoy, la informática es imprescindible en casi todos los ámbitos de nuestra vida. El ordenador ha sustituido casi por completo a la máquina de escribir. Entremos un poco en los medios que nos ofrece la informática en nuestras comunicaciones escritas.

• **Ordenador.** Aparato o sistema que, a partir de unos datos de entrada, es capaz de elaborar una información o resultados, siguiendo una serie de operaciones para las cuales ha sido previamente programado.

En un ordenador existen dos partes fundamentales: el *hardware* y el *software*. El *hardware* es el conjunto mecánico que constituye el equipo electrónico. El *software* es el conjunto de programas de que el sistema dispone para traducir y tratar la información suministrada por el usuario. La parte principal del *hardware* es la unidad central de proceso; esta se compone de:

a) *Unidad de control,* que supervisa y distribuye las tareas que han de realizar el resto de las unidades, emitiendo las señales necesarias para su ejecución a la unidad aritmeticológica (unidad de cálculo).
b) *Unidad aritmeticológica,* que realiza las operaciones aritméticas y lógicas.
c) *Memoria principal,* sistema de almacenamiento de programas y datos de la unidad central.

Aunque se trata de una ciencia siempre cambiante podemos hablar de algunos tipos de ordenadores, los más usados y conocidos entre el público en general:

— *Ordenador de bolsillo:* máquina de calcular.
— *Ordenador de sobremesa:* ordenador autónomo de dimensiones reducidas que trabaja con monoprogramación.
— *Ordenador doméstico:* ordenador individual utilizado para fines domésticos.
— *Ordenador individual:* ordenador de diseño y configuración tecnológicos adaptados a un uso individualizado. También se le llama *ordenador personal*, distinguiéndolo, así, del ordenador preparado para usos profesionales.

• **Impresora.** Como complemento del ordenador, la impresora es aquel dispositivo periférico que escribe los caracteres que recibe directamente del ordenador, en papel continuo.

El **teletipo** fue el primer periférico capaz de escribir los resultados que le llegaban del ordenador y se utilizaba tanto para introducir información como para recibirla. A pesar de su eficacia, resultaba demasiado lento. Pronto aparecieron las impresoras que sólo escribían, diseñadas para operar a altas velocidades.

El **procedimiento de impresión** más usual es la *impresión por impacto o percusión*, que consiste en el golpeo directo con un martillo de los caracteres que están dispuestos sobre una cadena, barra, bola, rueda (margarita), etc., o bien que están formados por medios de la selección de una serie de agujas de una matriz: *impresión matricial*.

En el tipo de *impresoras de agujas* o *matriciales* los caracteres están formados por una matriz de puntos y una serie de agujas que golpean sobre una cinta entintada, detrás de la cual se encuentra el papel. Ya que la impresión se lleva a cabo mientras el carro se desplaza, se debe asegurar la posición con gran precisión (aproximadamente del orden de 0,1 mm entre punto y punto).

Para este fin se suele adoptar una solución óptica, de tal manera que se sigue el movimiento del carro mediante un emisor de luz y un fotodetector.

Cada aguja deja su huella en el papel de tal manera que todas las huellas juntas componen o forman el carácter que se va a imprimir. Todas las agujas, que son de acero, están agrupadas y situadas unas sobre las otras, y el extremo superior, o cabezal, más grueso, se encuentra dentro del campo magnético del núcleo de una bobina eléctrica.

La aguja está sujeta a un muelle y la parte más ancha se encuentra desplazada del núcleo, de tal manera que, cuando se aplica un impulso eléctrico al solenoide, el campo magnético provoca un desplazamiento instantáneo de la aguja porque la parte ancha tiende a recibir el máximo número de líneas de fuerza y, por tanto, se desplaza hacia el centro de la bobina. Una vez parado el impulso, la bobina retrocede por la acción del resorte hacia la posición de reposo.

Ya que las agujas deben moverse con un sincronismo perfecto para poder formar los caracteres, hace falta un circuito que genere los impulsos necesarios que actúen sobre los solenoides de las agujas.

Existe otro sistema que prescinde de la cinta entintada y que se basa en la *impresión por procedimientos eléctricos* sobre un papel en la impresora, entre este y las agujas aparece una diferencia de potencial que proporciona una corriente de agujas que lo tocan y dejan una marca en el punto de contacto debido al calor producido en el instante de la descarga, razón por la cual a este tipo de impresoras se les llama *impresoras térmicas*.

Un tipo de impresora sin percusión es la *impresora de chorro de tinta*, en la que los caracteres se forman por medio de la proyección de pequeños chorros de tinta sobre el papel. Las impresoras de chorro de tinta son muy silenciosas, trabajan a gran velocidad y proporcionan una gran calidad de impresión.

Su principio de funcionamiento consiste en la proyección de unas gotas de tinta sobre la hoja de papel, a una frecuencia de 120 kHz y a través de un gicler que es excitado por un transductor piezoeléctrico.

Se coloca un electrodo cerca del lugar donde el rayo es transformado en gotas, que quedan cargadas y pueden ser desviadas cuando pasan por el campo eléctrico que se genera al aplicar una diferencia de potencial elevada entre dos placas. Cuanto más alta sea la descarga, más grande será la desviación, de tal manera que la máxima desviación corresponderá a la altura de un carácter (unos 3 mm). Las gotitas que no resultan cargadas se recuperan en un canal y son rápidamente recicladas. Las gotas obedecen las órdenes del generador de caracteres que decide la desviación o escape.

Este modelo de impresoras es rápido. Si se las provee de cabezales con tintas de diferentes colores, estas impresoras pueden reproducir, al mismo tiempo que un texto, imágenes coloreadas.

Otro procedimiento sin impacto, es decir, sin desplazamientos mecánicos, es el de las *impresoras láser*. Este tipo de impresoras consta de un dispositivo láser de estado sólido cuyo rayo general, después de ser modulado a través de una señal digital procedente del sistema informático, incide sobre un espejo prismático que gira a una gran velocidad.

El rayo láser reflejado, y desviado al mismo tiempo por una de las caras del espejo, es focalizado por un juego de lentes condensadoras y dirigido a la superficie fotoconductora de un tambor que gira de forma sincronizada con el espejo.

El rayo barre de línea en línea la superficie lateral del tambor que está cargado positivamente y registra una imagen latente al descargar de forma total, parcial o nula cada punto de la línea barrida, según que sea blanco, gris o negro el respectivo tono del punto de la imagen que se quiere imprimir.

Después, con un procedimiento análogo al de una copiadora xerográfica, el rodillo o cilindro queda empolvado con un pigmento cargado negativamente que, al aplicarle una hoja de papel cargada positivamente, le transfiere la imagen.

Este tipo de impresora puede reproducir ilustraciones de tonos grises y también puede funcionar como fotocopiadora si la señal eléctrica que modula el láser se hace provenir de una unidad lectora (escáner) que con anterioridad ha digitalizado la imagen que se ha de reproducir mediante el barrido foto-eléctrico de su superficie.

El servicio de correos

Correos nos ofrece su servicio para hacer llegar a su destino las comunicaciones escritas. Existen también empresas privadas dedicadas a esto.

El servicio de Correos es de una gran importancia, pues en un plazo no muy amplio de tiempo y por un precio módico, consiguen que nuestras cartas, paquetes, etc., lleguen a nuestra misma ciudad o a los lugares más recónditos.

Mediante los *sellos de correos* o *las máquinas franqueadoras* se hace efectivo, normalmente, el importe de los servicios postales.

A efectos postales, podemos clasificar los envíos de la manera siguiente:

Cartas

Consideraremos una carta aquel papel escrito que se envía en un sobre cerrado a una persona determinada. El contenido no puede conocerse.

Los sobres que contienen las cartas no deben cumplir otro requisito que el de adaptarse a los tamaños normalizados establecidos por la Dirección General de Correos. No se aceptarán, por ejemplo, aquellos sobres que sean más pequeños, y los mayores pagarán franqueo doble.

Tamaño normalizado de los sobres:

de 14 a 23,5 cm

de 9 a 12 cm

En tamaños intermedios, la longitud no puede ser inferior a la anchura multiplicada por 1,4. El espesor máximo de los sobres es de 5 mm.

En el caso de los sobres con ventana transparente, las medidas deben ser las siguientes:

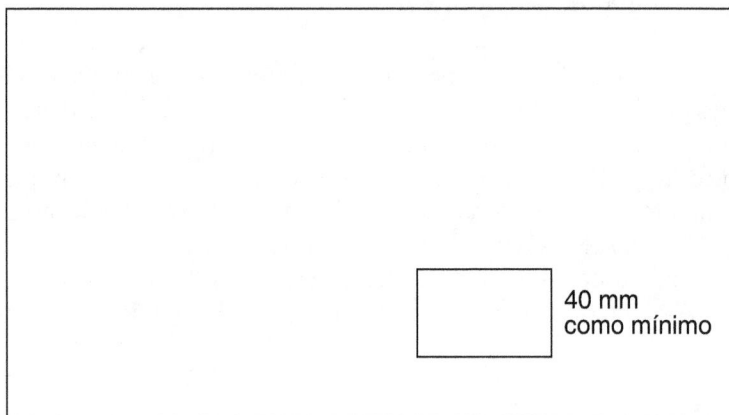

40 mm
como mínimo

Los sobres deben ser de color claro, preferiblemente blanco, aunque se pueden utilizar otros colores. El motivo es sencillo: en un sobre claro se puede leer mejor el nombre de la persona, la dirección donde debe llevarse la carta. Las cartas se entregan siempre en el domicilio.

El importe del franqueo será el establecido por la Dirección General de Correos. Si no se sobrepasa el peso considerado normal, se pagará la tarifa ordinaria. De pesar más, el precio se ajustará al incremento proporcional de la tarifa.

A través de los países europeos el envío de cartas suele ir todo por avión. No deberemos pues, hacerlo constar en el sobre. Sin embargo, si enviamos una carta a otro continente, deberemos escribir en el sobre «Por avión», si este es nuestro deseo. Evidentemente, la tarifa variará, en este caso, de modo notable.

Tarjetas postales

Son cartulinas rectangulares cuyo contenido es actual y personal. El anverso suele ocuparlo una fotografía, dibujo, grabado, ilustración, etc. El reverso se divide en dos partes. En la mitad derecha escribiremos el nombre y la dirección completa de la persona o institución a la que queremos hacer llegar la tarjeta. En la esquina superior derecha pegaremos el sello del valor correspondiente. Utilizaremos la mitad izquierda para escribir el mensaje.

El tamaño normalizado de las postales es el siguiente:

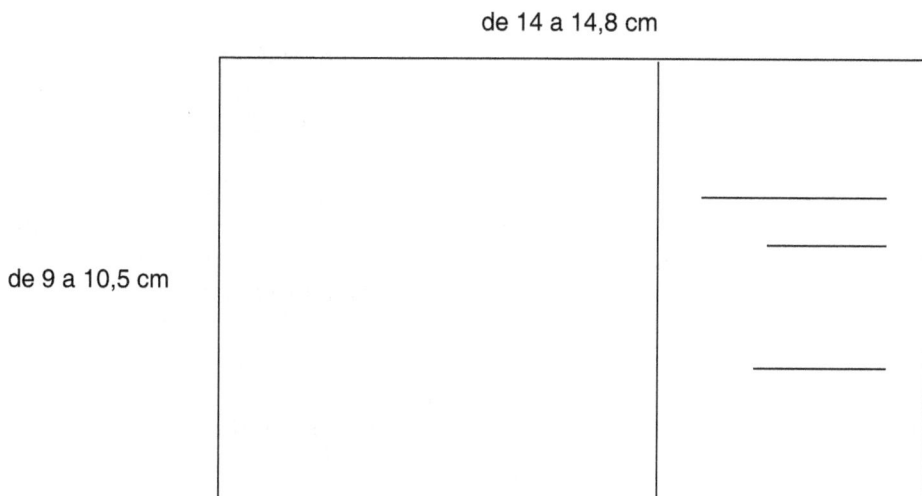

de 14 a 14,8 cm

de 9 a 10,5 cm

El peso de la cartulina o cartón empleado en las tarjetas postales debe ser superior a 180 gramos por metro cuadrado.

La tarifa de las tarjetas postales no varía tanto como en las cartas. Existe una para los envíos locales y otra para las tarjetas que deben ser repartidas en el extranjero. Igualmente, las que se dirijan a los países europeos viajarán por avión. No hace falta hacerlo constar. Sí, cuando las enviemos a otros continentes.

Certificados

Para garantizar la llegada de un escrito o de un paquete pequeño, podemos utilizar el *correo certificado*. Correos se responsabiliza de ellos extendiendo un resguardo que debe ser firmado por el destinatario en el momento de la recepción y devuelto al remitente.

De esta manera, al llegarnos el resguardo firmado, sabremos que aquel sobre, paquete, etc., llegó a su destino, así como la fecha de su recepción.

Los certificados se entregarán en mano a la persona a la que van dirigidos. En caso de encontrarse ausente, se autorizará la recepción y firma a otra persona mediante un papel escrito y firmado por la primera.

El remitente pagará, además del sello según la tarifa vigente, otro especial para este servicio. Se lacrarán los certificados que se dirigen al extranjero.

Valores declarados

A través de este sistema podemos enviar documentos de valor, dinero en billetes, pequeños objetos de valor, etc. Los valores declarados son cartas o paquetes en los que se hace declaración de valor del contenido mediante el pago de un derecho de seguro.

En la cara anterior y en la parte superior del sobre o paquete escribiremos «Valores declarados ... ptas. [pesetas]». La cantidad de dinero correspondiente la escribiremos primero en números y luego en letras. Los sobres o paquetes pequeños se lacrarán como medida de seguridad y garantía.

El franqueo será el que corresponda al correo ordinario, más el certificado, más una pequeña tasa, siempre proporcional al valor que haya declarado.

La oficina de Correos nos debe extender un resguardo. En caso de extravío, cobraremos en metálico la cantidad que hayamos declarado.

Impresos

Este sistema nos permite enviar una multiplicidad de cosas con tarifas mucho más económicas que las del correo ordinario. No se admitirán, sin embargo, cartas, papeles o documentos escritos a mano o a máquina. Deberán ser reproducciones efectuadas por medio de imprenta, litografía, multicopista, etc., es decir, impresos, sobre papel o cartón, con cualquier procedimiento tipográfico.

Esta es una definición de tipo general de lo que se considera «impreso»; en los casos particulares conviene consultar en el servicio de Correos si lo que se va a enviar puede circular o no como tal.

Los ejemplos típicos de «impresos» que la mayoría de personas suele enviar son: periódicos, revistas, mapas, planos, dibujos, litografías, catálogos, anuncios, etc. Únicamente se admitirán escritos a máquina si son anuncios o circulares comerciales, cuando se envíen en número superior a diez.

El certificado administrativo

Una peculiaridad de la correspondencia certificada es el llamado *certificado administrativo,* que se utiliza únicamente para comunicarse con la Administración Pública.

En estos casos, se acude a la delegación de correos con el sobre que se va a enviar abierto, el original del contenido y una copia del mismo.

El funcionario sellará el original y la copia, y cerrará el sobre en su presencia.

Esta modalidad certifica no sólo el envío realizado, sino también el contenido del mismo. La copia sellada, por su parte, sirve de resguardo acreditativo.

Se trata de un sistema muy utilizado cuando se deben presentar escritos dentro de un plazo y las oficinas de la Administración están cerradas.

El certificado administrativo tiene la misma validez que si el documento se hubiera presentado en la administración correspondiente.

El burofax

El burofax es un servicio de gran agilidad y utilidad que ofrece Correos. Se trata de un servicio de envío de cualquier tipo de documento (texto o imagen) a través del fax, sin necesidad de disponer de terminal fax en el domicilio.

Dicho envío puede efectuarse en el ámbito nacional o internacional con entrega a domicilio incluida.

El documento es remitido vía fax desde la estafeta de Correos, donde se solicita el servicio hasta la terminal de Correos más cercana al destinatario. Una vez allí, es entregado por el mismo procedimiento que una carta certificada o telegrama.

Una de las características de este servicio consiste en que el original del documento no es devuelto al remitente, sino que queda depositado en las oficinas de Correos durante un periodo de seis meses, pudiéndose solicitar, si se desea, una certificación del contenido del mismo.

Las ventajas son diversas:

— El destinatario no necesita de terminal fax ya que el envío es entregado en el propio domicilio.
— Se puede solicitar acuse de recibo con el día y la hora en que ha sido entregado el documento y se ha efectuado el envío.
— La certificación del documento posee validez legal.

Paquetes pequeños

Sólo se admiten envíos de paquetes pequeños al extranjero. Pueden contener regalos, detalles personales o artículos comerciales. Se prohíbe el envío de objetos que midan más de un metro de largo, así como los de envío difícil, tales como cristales, porcelanas o artículos punzantes.

Se entregarán debidamente envueltos en papel de embalaje u otro similar que proteja el paquete de posibles golpes. También se aceptarán los que se envíen atados con cordel o cuidadosamente embalados con cinta adhesiva. Esta no deberá tapar la dirección adonde va dirigido el paquete, así como las señas del remitente. Los paquetes pequeños llevarán una etiqueta verde y, casi siempre, una declaración de aduanas.

Para algunos países, el peso máximo es de un kilo, siendo para otros tan sólo medio kilo. En cualquier caso, siempre deberemos acudir a la oficina de Correos a verificar el peso y aplicar la tarifa correspondiente.

Paquetes reducidos

El peso máximo de estos paquetes es de dos kilos, salvo si contienen artículos de papelería, en cuyo caso pueden llegar a pesar cuatro kilos. Si contiene libros rayados o similares en un solo volumen, su peso puede llegar a cinco kilos.

Se presentarán debidamente embalados sin ningún otro escrito que la dirección del remitente y la de la persona a quien va dirigido el paquete en cuestión. Se aceptarán cordeles o cintas adhesivas siempre y cuando no impidan el transporte ligero o dificulten la lectura de la dirección.

Paquetes postales

Para este tipo de paquetes se admite un peso máximo de siete kilos. Estos paquetes no se aceptan en correo ordinario entre dos oficinas de la península, por ejemplo. Si los queremos enviar al extranjero, lo haremos por avión o a través de RENFE. Por eso, deberemos especificar claramente en el paquete cuál es nuestra intención. Naturalmente, la tarifa variará sensiblemente de una manera a otra. Se acondicionarán igual que los otros paquetes, facilitando en todo momento el transporte, así como su posterior entrega.

Acuse de recibo

Muchas veces, el contenido de una carta puede ser de tanta importancia, que no sea suficiente la seguridad que nos ofrece el certificado, sino que queremos saber a ciencia cierta que el interesado la ha recibido directamente, o quien tenga poderes para hacerlo.

En un caso como este, al certificar el escrito, pediremos el *acuse de recibo*, lo que significará que el destinatario no sólo firmará el libro de certificados, sino también el volante que será devuelto al remitente, a su petición en las oficinas de Correos.

El remitente de un certificado puede pedir el acuse de recibo en el momento del depósito o posteriormente, dentro de un plazo determinado.

Correo urgente

La mayor parte de la correspondencia, tanto los certificados como las cartas simples o los valores declarados, puede enviarse como urgente pagando un franqueo extra, una sobretasa. Las tarjetas postales y los impresos quedan excluidos.

La correspondencia urgente especial se debe indicar con una etiqueta roja adherida en el sobre o paquete en la que se encuentra escrita la palabra *urgente*, o bien escribiéndolo de forma destacada. El correo urgente se entrega en las estaciones o en los aeropuertos y va directamente a las manos del interesado sin demoras.

Giro postal

Si queremos enviar dinero a través de la Administración de Correos, utilizaremos el giro postal como la forma que nos ofrece más seguridad.

La oficina de Correos nos extenderá un resguardo del envío en el momento de efectuarlo. En este resguardo se anotará la cantidad de dinero, primero en cifras y seguidamente en letras. También la fecha. Si queremos reclamar por no haber llegado la cantidad a su destino, deberemos presentar siempre este resguardo.

Lista de correo *(poste restante)*

En la central de Correos de todas las poblaciones existe lo que se llama «Lista». Se trata de un sistema muy útil para personas que cambian constantemente de domicilio.

En el sobre o paquete se hará constar el nombre y los apellidos de la persona a la que queremos hacer llegar el envío. Debajo del nombre escribiremos, simplemente, «Lista de Correos», y el nombre de la población de destino.

Si la carta la queremos mandar al extranjero, utilizaremos la fórmula internacional *Poste Restante*.

Apartado de Correos

Podemos solicitar a nuestra oficina de Correos que nos guarde la correspondencia en un apartado a nuestro nombre. Para ello deberemos abonar una cantidad mensual.

Reembolso

Los certificados, paquetes postales, etc., pueden ser enviados de tal manera que la persona que los reciba tenga que abonar la cantidad indicada en el sobre, o paquete, en un lugar bien visible. Se trata de un método ágil y con él, el remitente tiene la seguridad de cobrar, pues si el destinatario no paga, no se le entrega el envío.

Este método es utilizado básicamente por las empresas que se dedican a la venta por correo. También, y cada vez con más frecuencia, se envían contra reembolso documentos, certificados de penales y otros varios.

Las comunicaciones urgentes

Si queremos establecer una comunicación escrita de carácter urgente, aparte del servicio que nos brinda el correo urgente, utilizaremos el *telégrafo* o el *télex*.

El telégrafo

Mediante el servicio telegráfico estatal podemos enviar telegramas a casi todos los países del mundo. Se trata de uno de los medios más rápidos de comunicación escrita.

En las oficinas del servicio de Telégrafos encontraremos los impresos necesarios para enviar el telegrama. Se aconseja rellenarlo con la mayor precisión posible, así como brevedad y concisión al redactar el mensaje. En los telegramas no se acostumbra a usar signos de puntuación. La palabra *stop* sustituye al punto cuando queremos separar alguna frase para no crear confusión.

La tarifa que deberemos pagar dependerá del número de palabras y del destino del telegrama, por lo que se aconseja utilizar el menor número posible de palabras, procurando, eso sí, ser claros. Cuando no se tiene costumbre de redactar telegramas, se aconseja escribir primero el texto íntegro, e ir suprimiendo, con calma, las palabras que no sean fundamentales, las que no afecten para nada a la comprensión posterior.

Algunas empresas o entidades que utilizan con frecuencia este servicio para sus comunicaciones comerciales se sirven de unos códigos o claves que sustituyen frases enteras, ahorrándose, de esta manera, una cantidad de dinero considerable.

Confirmar mediante una carta el contenido de un telegrama no está nunca de más. Los telegramas de contenido financiero o comercial, por ejemplo, se acompañan siempre de ellas.

A continuación ofrecemos un ejemplo de cómo debemos rellenar el telegrama. Recordemos que debemos escribir siempre con letras de imprenta.

Destinatario	[Nombre y apellidos de la persona a quien se dirige el telegrama]
Señas	[Dirección de la persona o entidad a quien se dirige el telegrama]
Teléfono	[El de la persona, si lo tuviera]
Télex	[El de la persona, si lo tuviera]
Destino	[Localidad a la que se dirige el telegrama]
Texto	[En esta parte se redacta el texto, con el mínimo de palabras posible]
Señas del expedidor	
Nombre	[De quien envía el telegrama]
Domicilio	[De quien envía el telegrama]
Teléfono	[De quien envía el telegrama]

El resto del impreso debe rellenarse en la oficina de Telégrafos.

Los telegramas se reparten a domicilio. Si se manda con carácter de *urgente*, el telegrama recibe una atención especial en la rapidez del reparto. Si se prefiere, se puede indicar el número de teléfono del destinatario, y el contenido del telegrama le es anticipado por teléfono tan pronto como se recibe.

También podemos encargar nuestro telegrama a través del servicio telefónico. Este servicio funciona con horario permanente y lo pueden utilizar tanto los abonados como los que no lo son. Por este servicio, deberemos pagar las tasas telefónicas oficiales más una pequeña cantidad complementaria.

Además de los telegramas ordinarios, existen los urgentes, los que llevan la respuesta ya pagada, telegramas con acuse de recibo, telegramas múltiples (para varios destinatarios o para un destinatario en varias direcciones de una misma ciudad), etc.

Télex

Podríamos definir la palabra *Télex* como aquel teléfono automático en el que, en lugar de la palabra hablada, utilizamos la escritura. Se trata de un teleimpresor o aparato telegráfico, semejante a una máquina de escribir que, una vez puesto automáticamente en comunicación con otro abonado al servicio, puede transmitir los mensajes que se escriban previamente en el teleimpresor.

Además de transmitir el mensaje por escrito, el télex tiene la ventaja de que no es necesaria la presencia de una persona ante el teleimpresor receptor para que el mensaje sea recibido. Podemos enviar télex dentro de la península y a casi todos los países del extranjero.

Fonotélex

Este servicio permite la utilización del télex a los abonados al teléfono, mediante la intervención de los servicios de telecomunicación estatales que recogen y transmiten los mensajes. Para poder utilizar este servicio es necesario estar abonado mediante la firma de un contrato con el servicio.

Cablegrama

Se trata de un telegrama transmitido por cable sumergido en el mar o en ríos, etc., en combinación con el telégrafo. Es un sistema poco económico pero muy rápido. En ellos debemos indicar la vía o cable que debe seguir, por ejemplo:

> Vía Cable Colombia

Si queremos hacer uso de él, deberemos dirigirnos a la oficina de Telégrafos de nuestra localidad.

Radiograma

Es aquel telegrama transmitido por las vías de radiocomunicación, por medio de las ondas hertzianas. Como ejemplo de texto que se radia, podremos dar el siguiente:

> «Suspendido no vendré martes sí domingo 12 horas avión. Besos. Laura.»

Siendo el texto completo:

> «He suspendido. No vendré el martes sino el domingo en el avión de las 12. Besos de Laura.»

Telefax

A través de un telefax podemos transmitir a distancia copias de documentos, escritos o gráficos por medio de señales telefónicas, telegráficas o radiofónicas.

El elemento principal de todo el proceso es la lectura óptica del original que debe ser transmitido. La comodidad y sencillez de este sistema lo ha convertido en un elemento primordial en todas aquellas empresas que necesitan estar en contacto directo con el exterior.

El código postal

Todo usuario de los servicios postales y telegráficos deberá añadir los cinco dígitos del código postal en los sobres, cubiertas de los paquetes, giros y mensajes telegráficos que deban ser enviados a poblaciones españolas.

Estos dígitos se colocarán inmediatamente a la izquierda y a la misma altura del nombre de la población, localidad o lugar de destino. El significado de los cinco dígitos que configuran el código postal es el siguiente:

— Los dos primeros números identifican la provincia según el código geográfico nacional.
— El tercer número identifica ciudades importantes o itinerarios básicos.
— Los dígitos cuarto y quinto identifican áreas de reparto o itinerarios de rutas de dispersión o de enlaces rurales.

Así, en la siguiente dirección:

Miguel Herrando
C/ Obispo Sivilla, 34
08022 BARCELONA

Los dígitos 08 nos dicen que se trata de la provincia de Barcelona, el 0 nos indica que se trata de la capital de la provincia y el 22, el área de reparto.

Este código postal entró en vigor en España el 1 de julio de 1984, haciéndose extensivo y obligatorio a toda la península desde el 1 de junio de 1986.

CÓDIGO GEOGRÁFICO NACIONAL

01 Álava	18 Granada	35 Las Palmas
02 Albacete	19 Guadalajara	36 Pontevedra
03 Alicante	20 Guipúzcoa	37 Salamanca
04 Almería	21 Huelva	38 Sta. Cruz de Tenerife
05 Ávila	22 Huesca	39 Santander
06 Badajoz	23 Jaén	40 Segovia
07 Baleares	24 León	41 Sevilla
08 Barcelona	25 Lérida	42 Soria
09 Burgos	26 Logroño	43 Tarragona
10 Cáceres	27 Lugo	44 Teruel
11 Cádiz	28 Madrid	45 Toledo
12 Castellón	29 Málaga	46 Valencia
13 Ciudad Real	30 Murcia	47 Valladolid
14 Córdoba	31 Navarra	48 Vizcaya
15 La Coruña	32 Orense	49 Zamora
16 Cuenca	33 Oviedo	50 Zaragoza
17 Gerona	34 Palencia	

■ La correspondencia como forma de comunicación escrita

Podremos definir la correspondencia como el arte de conversar a distancia por medio de la escritura.

Como veíamos en el capítulo anterior, la correspondencia tiene una ventaja de gran consideración sobre las comunicaciones habladas y es su perdurabilidad. «Las palabras se las lleva el viento», dice el refrán, y tiene mucha razón. Aunque hoy en día hay muchos medios capaces de «conservar» las palabras dichas, a través de una grabación, por ejemplo, una comunicación hablada es siempre mucho más fácil de olvidar o perder. No sucede lo mismo con lo escrito, ya que por haber utilizado un soporte y medios adecuados, puede ser conservado indefinidamente.

Este aspecto de la conversación escrita tiene su importancia en bastantes casos en los que, por el interés del contenido, conviene su conservación durante un determinado tiempo. Gracias al servicio de Correos, la correspondencia es una de las maneras más económicas de comunicarse a distancia. Cuando es necesaria una rapidez superior a la normal, recurrimos al correo electrónico, o en su defecto, si no se puede acceder, a la correspondencia urgente.

La correspondencia aplicada a las relaciones familiares o de amistad constituye la llamada *correspondencia particular* o *privada*. La correspondencia recibe el nombre de *comercial* cuando se aplica a los negocios, y sería el arte de tratar, de hablar de negocios mediante la escritura.

Precisamente, el objetivo fundamental de este libro es dar normas para conseguir la máxima perfección posible tanto en lo que se refiere a los aspectos formales de la correspondencia, como su presentación, como al contenido, o sea, su redacción.

Nos referiremos a continuación a las diferentes formas de la correspondencia escrita.

La carta

Se trata de la forma de comunicación escrita más frecuente. Carta es cualquier papel escrito y, ordinariamente, cerrado que una persona envía a otra para comunicarse con ella.

En cuanto al contenido, distinguiremos entre las cartas privadas o de relación social, y las comerciales. La presentación también variará. Por ejemplo, las cartas comerciales irán siempre mecanografiadas, y deberán atenerse a unas normas más estrictas.

Como consejos a la hora de escribir y mandar una carta, en general, diremos:

1. Las cartas privadas deberían escribirse siempre a mano. Hoy en día, sin embargo, es cada vez más frecuente mecanografiarlas por la facilidad de lectura que representa.
2. No echaremos nunca una carta al correo sin haberla leído al menos una vez, después de haberla terminado. Aunque escribamos primero un borrador y luego la pasemos a limpio, siempre nos podemos haber saltado una palabra, una frase, o haber cometido algún error gramatical o alguna falta de ortografía.
3. Intentaremos evitar los términos equívocos que puedan inducir a error al posterior lector, o que no expresen exactamente la idea que queríamos desarrollar o manifestar.
4. Debemos tener en cuenta que la palabra escrita compromete. En un momento dado, puede incluso usarse como prueba contra quien la escribió. Por este motivo, procuraremos evitar palabras o frases que puedan comprometernos o perjudicarnos en el caso de que terceros pudieran acceder a la carta.
5. Se aconseja no escribir cartas largas. Es preferible concretar y evitar repeticiones inútiles para no hacer aburrida la lectura.
6. Siempre las firmaremos a mano, de nuestro puño y letra. Podemos, incluso, añadir algunas frases de despedida, a mano, si la carta ha sido mecanografiada.

Las partes esenciales de una carta son:

FECHA

Es importante saber la fecha en la que una carta fue escrita, aunque se trate de una carta familiar.

Si el papel no tiene membrete impreso, escribiremos primero el nombre de la población desde donde se escribe. Si ya está impreso, sólo añadiremos el día, el mes y el año.

Por ejemplo:

> Barcelona, 19 de mayo de 1999
> *o*
> 19 de mayo de 1999 [si en el membrete ya consta Barcelona]

Podemos abreviarlo de la manera siguiente:

> Barcelona, 19/05/99

En cualquier caso, el nombre de la población lo escribiremos siempre seguido de una coma.

La fecha se acostumbra a escribir siempre en la parte superior derecha de la carta.

ENCABEZAMIENTO

La fórmula del encabezamiento variará según la relación que exista entre el remitente y el destinatario.

Si escribimos a una persona que tiene una cierta categoría social o intelectual, a la cual conocemos poco, podemos encabezar la carta de la siguiente manera:

> Distinguida señora:
> Distinguido señor:

Cuando existe cierta relación, pero no lo suficientemente estrecha para tutear, y se trata también de alguien socialmente importante, escribiremos:

> Distinguida amiga:
> Distinguido amigo:

Cuando el grado de intimidad es mayor, escribiremos:

Querida amiga: o   Querida X:
Querido amigo: o   Querido X:

Las cartas que se escriben entre jefes y subordinados guardarán un aire respetuoso, siempre en relación y proporción con el trato que se acostumbre mantener en la empresa. Así, si se trata de escribir al director de una firma, diremos:

Sr. director: o   Distinguido señor:

Cuando la destinataria de la carta es una mujer, se seguirán las mismas normas citadas anteriormente. Si es joven y soltera se le dará el tratamiento de señorita. Si es casada o ha entrado ya en la madurez, se la tratará de señora. A partir de cierta edad, suena un poco ridículo el tratamiento de señorita, aunque se trate de una mujer soltera.

Cuando las cartas se dirigen a altas personalidades del mundo político, religioso o militar, emplearemos los tratamientos correspondientes.

Las cartas que van dirigidas a personas que ostentan títulos nobiliarios, las encabezaremos así:

Sr. marqués: Sr. conde:
Sra. marquesa: Sra. condesa:

INTRODUCCIÓN

No es obligatorio hacer una introducción antes de abordar de lleno el tema central que nos ha motivado a escribir la carta, pero sí que es conveniente para evitar rigidez y conseguir un aire más agradable e íntimo.

Puede servirnos de introducción, en muchos casos, preguntar por la salud, por los asuntos que aquella persona tiene entre manos, por su familia, para luego entrar directamente a hablar del tema central.

CUERPO O TEMA CENTRAL

Debe quedar claro el motivo que ha dado origen a la carta. Por eso, es importante que el tema central quede destacado del resto de la carta en un párrafo aparte.

DESPEDIDA

En este apartado, y sólo en este, se enviarán saludos o abrazos, se expresarán buenos deseos para el receptor de la carta.

La despedida debe guardar relación con el encabezamiento. No se enviarán, pues, abrazos a quien antes se ha tratado de distinguido señor. Abrazos los enviaremos sólo a familiares y amigos, por ejemplo, reservándonos los besos para los familiares más íntimos.

Modelo de algunas fórmulas de despedida:

> Con todo mi cariño,
> Con todo mi afecto,
> Recibe un cordial saludo,
> Cariñosos saludos,
> Afectuosos saludos,
> Un atento saludo,
> Un cordial saludo,
> Un fuerte abrazo,
> Besos y abrazos,
> Les saluda muy cordialmente,
> Besos,

Estas fórmulas de despedida pueden ir precedidas de otras frases saludando a la familia, enviándoles recuerdos, respetos, etc.:

> Mis respetos a tu padre...
> Afectuosos recuerdos a los tuyos...
> Te ruego saludes en mi nombre a...
> Recuerdos a tu esposa
> Abrazos a los niños

LA FIRMA

La firma debería ser siempre legible. La mayoría de personas tienden a firmar de una manera complicada, barroca, totalmente ininteligible. Esto sólo hace, muchas veces, entorpecer la comunicación. En las cartas que enviamos a personas que no nos conocen les puede resultar un enigma adivinar el remitente.

Se firmará con el nombre de pila cuando escribimos a un familiar o amigo. En las cartas comerciales y profesionales usaremos el nombre y el apellido.

Las mujeres casadas firmarán con su apellido de solteras, pudiendo añadir, si así lo desean, el del marido:

Margarita Núñez
Margarita Núñez de Bilbao

Igual ocurre si es viuda:

Margarita Núñez
Margarita Núñez, vda. de Bilbao

LA POSDATA (P. D.)

La posdata se añade al final del escrito, después de la firma, generalmente, en el margen izquierdo. La finalidad es hacer constar algo importante que se había olvidado mencionar en el cuerpo de la carta. También se utiliza cuando se quiere aclarar algún punto que pudiera quedar oscuro.

DIRECCIÓN

La dirección está formada por el nombre de la persona o entidad a la que se dirige la carta, el domicilio, la población y el distrito postal. La dirección, sin embargo, sólo figurará en el papel de la carta cuando se trate de correspondencia comercial. En la correspondencia privada no aparecerá más que en el sobre.

Dirección en los sobres

Al escribir la dirección del destinatario en los sobres, dejaremos siempre un margen en la parte superior de la mitad de la altura del sobre y de un tercio de su anchura en el margen izquierdo.

El nombre de la persona irá precedido de Sr. D., cuando se hace constar el nombre de pila. *Don* va acompañado siempre del nombre de pila, nunca precede al apellido.

Si la persona a la que vamos a enviar la carta tiene derecho a un tratamiento honorífico, lo escribiremos delante de *Sr. D.*:

Ilmo. Sr. D. Ramón Solís

Igualmente, si ostenta algún título o cargo importante que sea conveniente hacer resaltar, este figurará debajo del nombre:

Sr. D. Ramón Solís
Director de PARBA, S.A.

Las mismas normas para las mujeres, utilizando Sra. o Srta., según el caso. Debajo del nombre, o del cargo, si lo hubiera, se escribe la dirección propiamente dicha, calle, número, piso y puerta, según el caso:

Sr. D...
Avda. General Mitre, 102.

El número de la calle se separará del número del piso mediante un espacio mayor, con una coma o un guión. El guión servirá, también, para separar el número del piso y la puerta:

Sr. D...
Balmes, 33, 2.º-1.ª

Por último, escribiremos la localidad. No debemos olvidarnos del distrito postal:

Sr. D. Ramón Solís
Balmes, 33, 2.º-1.ª
08021 BARCELONA

Si la localidad no es capital de provincia, escribiremos esta al lado, entre paréntesis:

Sr. D. Ramón Solís
Balmes, 33, 2.º-1.ª
Villanueva del Rey (CÓRDOBA)

Destacaremos el nombre de la población escribiéndolo en mayúsculas o subrayándolo:

Sra. Montserrat Toldos
C/ Virgen de la Paz, 41
LUGO

Si enviamos una carta al extranjero, el nombre del país de destino figurará en la parte superior izquierda del sobre, en castellano. La población puede escribirse en el idioma original, así facilitamos la posterior distribución en el país.

En la mayor parte de los países extranjeros, el número de la calle se coloca antes del nombre de la misma. Es conveniente que sigamos las normas del lugar al que nos dirigimos. En Alemania, por ejemplo, la población se escribe antes que la calle. Veamos el ejemplo:

ALEMANIA
H. Peter Wolf
Heidelberg 69
5, Haupstrasse

Remite

Es recomendable escribir siempre el remite en la cara posterior del sobre. Seguiremos el mismo orden que citábamos al referirnos a la dirección, pero no es necesario que lo escribamos en distintas líneas. El nombre no irá precedido de tratamiento alguno:

Ramón Salinas
Alguemesí, 49
46003 Valencia

O bien:

Ramón Salinas. Alguemesí, 49. 46003 VALENCIA

Los sellos

Siempre colocaremos los sellos en el ángulo superior derecho del sobre, evitando tapar con ellos el nombre del destinatario o la dirección.

La respuesta

Resulta de mala educación dejar una carta sin contestar, o demorar demasiado la respuesta. Toda carta debe ser, en principio, contestada. De no ser así, podemos llegar a defraudar al remitente.

Una respuesta tardía puede carecer de interés por haberse modificado las circunstancias que motivaron la primera. Es probable también que, con el tiempo, se olviden los puntos a los que era necesario dar una respuesta. El remitente puede pensar, incluso, que la carta se ha extraviado y mandarnos otra.

Tarjetas/Tarjetones

Las tarjetas de visita clásicas de pequeñas proporciones han ido desapareciendo paulatinamente. Resulta poco elegante enviar una tarjeta pequeña en un sobre de proporciones bastante mayores. Ahora se acostumbra entregar en mano. También acompañando un obsequio o documento.

Es lógico que, por comodidad, se tienda a la unificación de tamaños. El tamaño más frecuente es el que mide: 90 ∞ 140 mm. El papel más adecuado para las tarjetas y los tarjetones es la cartulina y el papel cuché.

Las tarjetas o tarjetones comerciales llevarán impresos el nombre y la dirección, así como el anagrama reducido proporcionalmente, si lo hay.

Las tarjetas de los profesionales, o de las personas con profesiones liberales, llevarán el nombre, el cargo o profesión y el domicilio profesional (calle, teléfono, población, etc.). Cuando la profesión se ejerce de forma independiente, sin estar ligado a ninguna empresa en concreto, se tendrán dos tipos de tarjetas, las llamadas de visita, en las que figura únicamente el nombre, y otras que llevan también impresa la dirección y el teléfono.

Los matrimonios suelen tener tarjetas en común, es decir, con el nombre de ambos. En ellas, el nombre de la esposa aparecerá con sus apellidos de soltera, o bien sólo con el primero y a continuación el del marido, precedido de la partícula «de». Veamos el ejemplo:

Pedro Allende Pascual
María Catalán Reberter

O bien:

Pedro Allende Pascual
María Catalán de Allende

Existe diversidad de modelos de tarjetas. Aquí nos referiremos únicamente a cómo deben ser escritas. Los mismos ejemplos sirven para los tarjetones. El tamaño que utilizamos en los siguientes ejemplos corresponde a la tarjeta apropiada para el tamaño pequeño de sobres normalizados.

Ejemplo 1

Anverso:

Alberto Pi Palau
Notario

Ruega a D. ... tenga a bien acudir
a mi despacho el día ..., para

Balmes, 33   08021 Barcelona

Reverso:

---

la lectura del testamento que su queridísimo padre
(E.P.D.) dejó en favor de los suyos

[fecha]

EJEMPLO 2

Reverso:

[fecha]

Sr. D. ...

Le agradecería se sirviera pasar por mi despacho el próximo día 21, viernes, a las cuatro de la tarde, para proceder a la lectura del testamento
que su difunto padre

Anverso:

---

dejó en favor de los suyos.
Atentamente,

Alberto Pi Palau
Notario

Balmes, 33   Barcelona

Volantes y memorandos

La función de los volantes y memorandos es la misma que la de las cartas. No son más que cartas cortas. Cuando sólo deseamos dejar un recado, escribir una pequeña nota, etc., no es necesario que redactemos una carta larga con todos los formulismos que esta trae consigo.

Actualmente se utilizan poco. Se prefiere enviar una tarjeta con el recado, si se trata de una comunicación externa, o notas interiores si circulan en el interior de una empresa, por ejemplo.

Los volantes acostumbran tener forma rectangular, con una altura más o menos tres veces mayor a su ancho, y los memorandos, forma de cuartilla. Ambos llevan el membrete en la parte superior. Sin embargo, hoy en día, cualquier papel, cualquier medida, son válidos para dejar un recado, para comunicar una pequeña noticia; los formulismos han quedado un poco aparte.

Comunicaciones urgentes

Dentro de la correspondencia como forma de comunicación escrita, no podemos olvidarnos de las comunicaciones urgentes. Ellas nos solucionan, más de una vez, problemas que con una carta, por ejemplo, no podríamos resolver.

La rapidez de las comunicaciones urgentes es, muchas veces, asombrosa. Estamos hablando, naturalmente, de los telegramas, télex, telefax, etc. A ellos nos hemos referido detalladamente en el capítulo anterior.

Características fundamentales de las comunicaciones escritas

Toda comunicación escrita debe cumplir unos mínimos en cuanto a la calidad. No podemos entregar o hacer llegar una carta con faltas de ortografía, por ejemplo. En este capítulo nos referiremos a las condiciones fundamentales de calidad que todo escrito debe cumplir. Y debemos decir que en la observancia de estas normas o condiciones que debe reunir todo escrito es más importante aquí que en la comunicación hablada, pues lo escrito, una vez escrito, queda tal como lo hemos hecho, no se puede rectificar tan fácilmente como una conversación, donde se pueden aclarar o modificar las palabras sobre la marcha.

Normas generales de calidad

Las normas de calidad para las comunicaciones escritas que desarrollaremos a continuación, son aplicables, en mayor o menor grado, a todas las clases de comunicaciones escritas: fotografías, carteles, anuncios, gráficos, etc., pues todos ellos han de estar bien presentados, estar correctamente escritos, expresar claramente las ideas de sus autores, etc.

Orden (estructural)

En una comunicación escrita, sea una carta, una tarjeta postal, etc., se pueden explicar muchas cosas.

El orden en el que redactemos el contenido del escrito es fundamental para una lectura posterior.

49

No podemos redactar el escrito de forma espontánea, que refleje el fluir de las ideas en nuestra mente. Muchas veces se hace necesario escribir primero un borrador que, una vez se ha estructurado bien, se pasa a limpio.

Todo escrito debe seguir un orden estructural. A él nos hemos referido detalladamente al hablar de las cartas. Ahora sólo lo mencionamos:

— fecha
— encabezamiento
— introducción
— cuerpo (asunto o tema de la comunicación escrita)
— despedida
— firma

Las partes complementarias son:

— posdata
— notas

y se han creado para no destruir el orden estructural de un escrito. Ciertamente, es posible que al terminar una carta o cualquier otro escrito, nos demos cuenta de que nos hemos olvidado alguna cosa, tal vez fundamental. Lo que no haremos es volver a escribir el texto en una hoja nueva. Podemos añadir esas nuevas ideas aparte, al final del documento.

No debemos, sin embargo, abusar de esta posibilidad y redactar unas posdatas o notas largas. Se trata de espacios limitados, donde el redactado debe semejarse al de un telegrama. La brevedad y la concisión son fundamentales. Si hemos olvidado dar una noticia cuya expresión va a ser muy larga, es mejor empezar a escribir una carta nueva.

Claridad

La claridad es condición indispensable. Efectivamente, al redactar un escrito debemos intentar ser claros, es decir, que nuestras palabras no lleven a confusiones al leerlas. En general, diremos que un escrito será claro cuando no se preste más que a una sola interpretación, cuando la persona que lo lee no pueda darle un sentido diferente al pretendido por la persona que lo escribió. Esta condición la debemos entender en una doble vertiente:

1. En la forma material, es decir, en lo que hace referencia a la caligrafía. Si la escritura es manuscrita deberemos aplicarnos en la letra, que debe ser bien

clara. Utilizaremos una pluma o un bolígrafo que dejen trazos bien señalados. Si se trata de un texto mecanografiado, utilizaremos una máquina en buenas condiciones, con una cinta que deje las letras marcadas impecablemente, de pulsación uniforme y con los tipos limpios. Si se trata de un texto que sacamos por una impresora, hemos de vigilar que la impresión sea clara y nítida.

2. En lo que a la semántica se refiere, debemos procurar dotar a nuestros escritos de sentido, rehuyendo las frases o expresiones vacías. La claridad en el significado se consigue evitando que la redacción tenga más de una interpretación. La persona que ha de leer posteriormente lo que hemos escrito ha de extraer una única conclusión, y esta debe coincidir con lo que hemos querido decir. Para ello, es necesario precisar los detalles que puedan dar lugar a confusión.

La corrección gramatical ayuda a la claridad, especialmente en lo que respecta a la concordancia y la elección cuidadosa del vocabulario. Utilizar frases excesivamente largas o alterar el orden lógico de las frases, por ejemplo, no hace más que dificultar la claridad.

Corrección

La corrección demuestra cultura, capacidad, inteligencia, en definitiva, una serie de cualidades esenciales e importantes para que una carta o cualquier otro escrito produzca buena impresión a quien lo lea.

Por otra parte, la corrección debemos entenderla también bajo dos puntos de vista diferentes:

1. *Gramatical:* un escrito con errores gramaticales produce una impresión muy mala. Si no estamos seguros de cómo se escribe una palabra, debemos consultar el diccionario, o bien preguntar a alguien que nos merezca confianza. Ante la duda, es mejor cambiar ese término por otro que conozcamos, o evitar alguna que otra expresión que nos podría llegar a comprometer, gramaticalmente hablando.

2. *Léxica:* nuestro vocabulario debe ser rico, con abundancia de recursos para que lo que se plasma en el papel coincida exactamente y represente a la perfección aquello que en un principio habíamos querido expresar. Bajo ningún concepto utilizaremos groserías o palabras de mal gusto. Una carta incorrecta no puede ser nunca bien acogida. Indudablemente, hemos de decir las cosas, hemos de expresar nuestros sentimientos, pero debemos procurar hacerlo con diplomacia, evitando cualquier deseo de ofensa.

Adecuación

El léxico que utilizamos en nuestros escritos debe ser adecuado a la ocasión y al tema que se trate en ellos. El estilo y el vocabulario que se utilicen deben estar de acuerdo con el tema al que se refiere el escrito y con la preparación de la persona o personas que han de leerlo posteriormente.

Si se trata de una carta privada, íntima, no emplearemos palabras difíciles, complicadas, sino aquellas que mejor expresen nuestros sentimientos, tal vez las usuales al hablar coloquialmente con ellos, familiares o amigos. En una carta comercial, el léxico debe ser, igualmente, adecuado al tema.

Concisión

No debemos extendernos innecesariamente en nuestros escritos. Prescindiremos, siempre que podamos, de palabras y frases innecesarias. Los redactados deben ser siempre tan cortos como sea posible. Los escritos largos suponen una pérdida de tiempo tanto para la persona que escribe como para la que debe leerlos.

La concisión, además, contribuye a la claridad.

Es evidente que el tamaño de las comunicaciones es algo relativo, pero al decir que se debe intentar ser breve y conciso queremos significar que no deben ser más largas de lo que sea absolutamente necesario para exponer con la debida claridad el asunto o tema que deba tratarse en el redactado. Del número de temas, naturaleza y complejidad dependerá su extensión. Si queremos tratar varios temas, haremos entre ellos una separación razonable que no alargue el texto sino que ayude a clarificar las ideas.

Conciso no es sinónimo de telegráfico, y mucho menos de incompleto. Para ser conciso, como ya hemos indicado, sólo deberemos suprimir todas aquellas palabras que resulten innecesarias, las aclaraciones o explicaciones inútiles, o las repeticiones de conceptos.

Como fenómeno curioso y a la vez paradójico, diremos que se ha observado que las cartas de propaganda y ventas por correo, especialmente cuando van dirigidas a mujeres, acostumbran ser más largas de lo normal.

Precisión

Eludiremos temas o detalles que distraigan del contenido esencial, la finalidad de la carta, a no ser que sea conveniente hacer alguna aclaración o recordatorio.

Sencillez

Evitaremos toda palabra rebuscada, todos aquellos conceptos ampulosos que resultan, muchas veces, ridículos y que solamente sirven para confundir al lector.

Utilizaremos siempre las palabras o expresiones de uso normal, cotidiano, de comprensión fácil para las personas que hayan de leer lo escrito. Intentaremos, sin embargo, no caer en la vulgaridad.

Consideración

Nuestras cartas deben ser pensadas y bien meditadas. No escribiremos jamás sin convencimiento y conocimiento plenos de lo que queremos expresar.

Compleción

En nuestras cartas, escritos, etc., no podemos omitir detalles o ideas importantes. Si nuestros redactados no son completos, podemos crear en el lector equivocaciones y confusiones lamentables u omisiones importantes en el cumplimiento del encargo o en la comprensión total del escrito.

Cortesía y diplomacia

La educación y las buenas formas deberán estar siempre presentes en nuestros escritos, serán norma esencial de nuestra correspondencia. Una carta descortés produce una impresión sumamente negativa a quien la recibe. Si tenemos motivos para escribir un texto negando, reclamando o señalando algún error, debemos intentar hacerlo sin herir los sentimientos del lector.

Si la cortesía y diplomacia faltan en nuestros escritos, provocaremos, en muchas ocasiones, efectos contrarios en nuestros lectores, que no acogerán nuestras cartas con la atención que se merecen.

Presentación

La apariencia de un escrito refleja nuestra forma de ser, es como nuestra tarjeta de visita, que nos puede abrir o cerrar puertas. Así como las personas deben presentarse correctamente vestidas y aseadas para agradar, los escritos deben gozar de un aspecto atractivo y pulcro tanto por el papel utilizado como por el membrete y por el escrito en sí, que debe estar bien distribuido, con sus apartados, puntos y aparte, párrafos, márgenes adecuados, etc. Evitaremos corregir los posibles errores borrando sin dejar señales. Entregaremos siempre nuestros escritos impecables.

Reglas elementales de gramática

La sílaba

Las palabras en español están compuestas de sílabas. Una sílaba es el fonema o conjunto de fonemas articulados que forman un núcleo fónico entre dos depresiones sucesivas de la emisión de la voz; dicho más sencillamente: es el sonido o conjunto de sonidos que se pronuncian con cada una de las intermitencias de voz.

Clases de sílabas

1. Según sea su terminación en vocal o consonante, la sílaba se divide en:

— sílaba libre (la que acaba en vocal): p. ej., *ca-ma*;
— sílaba trabada (la que acaba en consonante): *cons-pi-rar*;

2. En razón del acento puede ser:

— átona (aquella en que no recae el acento de intensidad): *lápiz*.
— tónica (aquella en que recae el acento de intensidad, lleve o no acento gráfico, es decir, tilde): *lá-piz*.

3. Por el número de letras que la componen puede ser:

— monolítera (una letra): *y*;
— bilítera (dos letras): *va*;
— trilítera (tres letras): *mes*;

— cuatrilítera (cuatro letras): *tres*;
— pentalítera (cinco letras): *trans-*.

En español no existen sílabas de más de cinco letras.

Reglas de división silábica

La lengua española divide los sonidos por sílabas según las siguientes normas:

1. *Una sola consonante* entre dos vocales se agrupa con la segunda sílaba: *me-sa*, *a-gu-je-ro*, etc.
   A esta misma regla se ajustan los dígrafos (consonantes dobles en la escritura) *ch, ll, rr*, que responden a un solo fonema y se consideran a efectos de la separación silábica como una consonante simple: *ca-lle*, *a-chi-na-do*, *ca-rro*.
2. En un grupo de *dos consonantes iguales* o *diferentes entre dos vocales*, la primera consonante se une a la vocal anterior y la segunda a la siguiente: *in-men-so*, *gim-nas-ta*, *a-cier-to*, etc.
   Las palabras con *h* intercalada también siguen esta regla, aunque en la pronunciación esta *h* sea muda: *in-ha-lar*, *al-ha-ra-ca*, *des-ho-lli-nar*, etc.
   Excepción: los grupos consonánticos *pr, pl, br, bl, fr, fl, tr, dr, cr, cl, gr, gl*, se unen a la vocal siguiente: *a-pren-si-vo*, *a-plau-so*, *a-bri-go*, *a-blan-dar*, *re-fres-co*, *a-flo-jar*, *a-tran-car*, *e-dre-dón*, *a-cre-cen-tar*, *a-cla-rar*, *a-gri-cul-tu-ra*, *a-glu-ti-nar*.
3. El grupo *tl*, a principio de palabra, forma sílaba con la vocal siguiente; entre dos sílabas, la Real Academia acepta que se divida según la regla 2 (*At-lán-ti-co*) o según la excepción a esta regla (**A-tlán-ti-co**).
4. En un grupo de *tres consonantes*, las dos primeras se unen a la vocal precedente, y la tercera, a la siguiente: *trans-mu-tar*, *obs-te-tri-cia*, *in-cre-men-tar*, etc.
   Excepción: si en el grupo de las consonantes las dos últimas forman los grupos *pr, pl, br, bl, fr, fl, tr, dr, cr, cl, gr, gl*, estas se unen a la vocal siguiente: *des-pre-cio*, *rem-pla-zar*, *in-flu-en-cia*, *en-gro-sar*, *en-tre-te-ner*, etc.
5. En un grupo de *cuatro consonantes*, las dos primeras se unen a la vocal precedente, y las dos últimas, a la siguiente: *obs-truc-ción*, *trans-gre-dir*, etc.
6. En un grupo de *dos vocales* pueden darse dos casos:

— que esté constituido por un *diptongo*, es decir, por *dos elementos vocálicos articulados en una misma sílaba*, ya abiertos (*a, e, o*), ya cerrados (*i, u*), o una combinación de ambos, en cuyo caso el elemento vocálico cerrado o débil debe ser átono, o sea, no acentuado: *bai-le, con-ti-nuo, rai-gam-bre, cuo-ta, cui-dado,* etc.

— que esté constituido por un *hiato,* es decir, por *dos vocales constituyentes de sílabas contiguas pero distintas,* que pueden ser:

a) dos vocales abiertas (caso en el que también puede darse diptongo); *b*) una vocal abierta átona y otra cerrada tónica, cualquiera que sea el orden: *dí-a, cacatú-a; c*) una vocal cerrada átona y una abierta tónica (caso en que también podría darse diptongo); *d*) dos vocales átonas abiertas o cerradas, cualquiera que sea la sucesión, caso que también podría dar lugar a diptongo.

7. En grupos de *tres vocales* contiguas pueden darse dos circunstancias:

— que estén formados por una vocal cerrada átona+vocal abierta tónica+vocal cerrada átona, en cuyo caso forman *triptongo* y se pronuncian en una misma sílaba: *va-ciáis, co-piéis, miau, dioi-co, a-guáis, buey, a-ve-ri-güéis, guau.*

— que el acento de intensidad recaiga sobre cualquiera de las dos vocales cerradas, caso en que la división silábica se efectúa agrupando las dos vocales átonas en una sílaba, y la tónica, en otra: *de-cí-ais, a-gua-í.*

Reglas de división de palabras a final de renglón

Tanto en lo manuscrito como en lo impreso, es preciso dividir una palabra cuando, al final del renglón, esta no cabe entera, lo cual ocurre con frecuencia.

En la división de las palabras ha de respetarse la integridad de las sílabas, aplicando las normas de división silábica que hemos visto, de modo que al escribir una parte del vocablo quede entera al menos una sílaba del mismo. Esta regla general debe cumplirse con las siguientes salvedades:

1. Cuando la primera o la última sílaba de una palabra sea una vocal, no debe dejarse sola a final o principio de renglón. Por tanto, no podemos dividir, por ejemplo: *a-mores, o-régano,* o *emple-o, habí-a.*

No obstante, cuando la palabra esté compuesta por una sola vocal, sí puede colocarse a final o principio de renglón: *voy/a Madrid, usted y/yo.*

2. En palabras compuestas formadas por la combinación de un prefijo (exceptuando *in-* y *an-*) y una palabra o de dos palabras, la Academia permite que estas se dividan según sus elementos o según las reglas generales de la separación silábica; ambas normas son aceptadas. Así, tan lícito será *no-sotros* como *nos-otros*, o *de-sahuciar* como *des-ahuciar*[1], o *ma-lestar* como *mal-estar*.

Cuando en los compuestos el primer elemento acaba en vocal y el segundo empieza a su vez por vocal, la división se efectúa separando las vocales: *en-tre-acto, guarda-agujas, re-unir*, etc.

Por lo demás, sólo añadir que *deben evitarse las separaciones de términos entre los cuales exista dependencia o complementariedad*; así, resultan *incorrectas* separaciones del tipo: *15-/30 días, 253/automóviles, 48/kg, 25/10-1965, apartado/a, J./F. Kennedy, SS./MM.*, etcétera.

Reglas de acentuación

En español, las palabras pueden ser *tónicas* (una de sus sílabas destaca por su intensidad y nitidez articulatoria) o *átonas* (ninguna de sus sílabas sobresale de las demás. No obstante, cualquier palabra pronunciada de forma aislada es tónica; sólo podremos saber si es átona en una secuencia de palabras.

Como norma general, conviene recordar que son palabras *átonas* las siguientes:

— los artículos determinados;
— las conjunciones;
— los pronombres relativos (excepto *el cual, la cual...*);
— el adverbio *tan*, y los relativos *donde, cuando, como, cuanto*);
— los pronombres personales *me, te, se, le, la, lo, los, las, nos, os*;
— la forma *cual* cuando equivale a *como* («cual si fueran»).

En la lengua española las palabras pueden tener como *sílaba tónica* la última, la penúltima, la antepenúltima y la anterior a la antepenúltima.

Todas las sílabas tónicas llevan acento, entendiendo por *acento* la mayor intensidad con que se distingue un sonido (el elemento vocálico de la sílaba) de los restantes sonidos próximos a él, pero no todas las sílabas tónicas llevan tilde. La *tilde* es el elemento gráfico (´) de función variable, a veces fonética (tónica), a veces diacrítica (distintiva), con el que en español se marca la sílaba tónica en los casos establecidos por las reglas de acentuación ortográfica.

Cuando la tilde tiene una función tónica **(acento tónico)**, las reglas de acentuación son las siguientes:

1. En caso de *h* intermedia, al ser una consonante muda, inexistente a efectos de pronunciación, no se considera a la hora de establecer agrupaciones silábicas.

1. Sólo llevan tilde las *palabras agudas* (aquellas cuya última sílaba se pronuncia con más intensidad) cuando terminan en *n, s* y *vocal*: **sofá, acné, benjuí, dominó, Perú, jamás, anís, camión, según**, etc.

2. Se acentúan (llevan tilde) las *palabras llanas*, es decir, aquellas cuya penúltima sílaba se pronuncia con más fuerza, cuando no terminan en *a, e, i, o, u* (vocal), *as, es, is, os, us (s), an, en, in, on, un (n)*: **alcázar, césped, fémur, Cristóbal, alféizar, alférez**, etc.

3. Las *palabras esdrújulas* (aquellas cuya antepenúltima sílaba se pronuncia con más intensidad que las otras) llevan tilde en todos los casos, independientemente de su terminación: **pirámide, crítico, fónico, lámpara, eléctrico, héroe, míralo, tómalo, decídete**, etc.

4. Asimismo, las *palabras sobresdrújulas*, que son aquellas en que se carga la intensidad tres y aun cuatro sílabas antes de la última, se acentúan siempre: **sácatelos, escríbeselo, habiéndomelo**, etc.

5. En los casos de *tiempos verbales acrecentados con pronombres enclíticos*, pueden ocurrir diversas circunstancias:

   — si al posponer un pronombre a una forma verbal, esta se convierte en palabra esdrújula, hay que acentuarla como tal: **abriéronse, devolviéronles, sacáronla**, etc.;
   — cuando una forma verbal lleva acento, lo conserva, aun cuando se le agregue un pronombre: **castigóme, conmovióla**, etc.

6. En *palabras compuestas*, deben considerarse los siguientes casos:

   — cuando un vocablo se compone de dos elementos, ha de suprimirse el acento que corresponde al primer componente, ya que este pierde el acento prosódico: **decimoséptimo, rioplatense**, etc.;
   — no ocurre así en los adverbios formados por adjetivo + *mente*, en que ambos elementos conservan su tonicidad propia; en este caso, el adverbio acabado en *mente* sólo llevará tilde si el adjetivo, es decir, su primer componente, la lleva como forma simple: **pulcra > pulcramente, magnánima > magnánimamente**, etc.;
   — cuando un vocablo compuesto está formado de dos adjetivos unidos con guión, cada elemento conserva su acento: **físico-químico**, etc.

7. En cuanto a la acentuación de *diptongos* y *triptongos*, cuando la sílaba tónica con diptongo o triptongo debe llevar acento ortográfico (tilde) según las reglas que acabamos de mencionar, este se coloca sobre la vocal abierta *(a, e, o)* del diptongo o triptongo, y si las dos del diptongo son cerradas *(i, u)*, sobre la segunda.

Atención: el diptongo formado por dos vocales abiertas (dos vocales abiertas pronunciadas en una misma sílaba: *ca-cao, Guipúz-coa*, etc.).
Se considera siempre hiato a efectos ortográficos y se acentúa siguiendo la regla que daremos para los hiatos.

8. Cuando dos o tres vocales contiguas, una de ellas tónica, se pronuncian en sílabas distintas *(hiato)*, la acentuación depende de las siguientes circunstancias:

— en caso de que la vocal tónica sea la abierta *(a, e, o)*, se siguen las reglas generales de acentuación dadas: *fastuoso, viaje, empleo, actuó*, etc.;
— en caso de que la vocal tónica sea la cerrada *(i, u)* se coloca el acento ortográfico o tilde sobre la vocal cerrada, sin tener en cuenta las reglas generales del acento ortográfico: *dí-a, bú-ho, rí-o, ca-í-amos, sonre-í-a, decí-ais, Ata-úlfo, corroí*, etc.;
— en caso de que ambas vocales sean cerradas, sólo se acentúa la vocal tónica cuando lo exijan las reglas de acentuación: *benju-í, hu-í, samu-hú* (agudas), *fri-í-si-mo, ca-su-ís-ti-ca* (esdrújulas), pero no: *semi-hi-lo, di-ur-no, jesu-i-ta* (llanas acabadas en vocal).

9. Los *monosílabos* (vocablos de una sola sílaba) por regla general no se acentúan; únicamente aceptan llevar tilde los monosílabos tónicos que podrían entrar en conflicto con otros átonos de la misma forma gráfica pero distinto significado (véase a continuación).

Seguidamente facilitamos una lista de palabras que varían su significado según lleven o no tilde (**acento diacrítico** o **distintivo**):

Adonde/adónde. No se acentúa cuando quiere decir *a la parte que*; se acentúa cuando significa *a qué parte*.
Aquel, aquella/aquél, aquélla (sing. y pl.)[2]. No se acentúan cuando son adjetivos demostrativos: *Aquel muchacho es estudioso. Me lo dijo aquella chica. Aquellos libros son los míos. Aquellas peras eran deliciosas.*
No se acentúa *aquel* cuando es sustantivo sinónimo de *gracia, donaire, atractivo*: *Josefina tiene mucho aquel.*
Cuando *aquel, aquella* y sus plurales *aquellos, aquellas* van acompañados de un pronombre, no deben acentuarse: *Ella prefiere aquel que está en el escaparate. Luis escogió aquella en que puso el ojo. El profesor premia a aquellos a quien* (o a quienes) *no tiene nada que reprochar.*

---

2. La Academia considera lícito prescindir del acento en los pronombres *éste, ése, aquél*, con sus femeninos y plurales, cuando no exista riesgo de ambigüedad.

Atención: téngase en cuenta que no debe acentuarse el pronombre demostrativo neutro *(aquello)*, error que se comete con frecuencia.

Se acentúan cuando son pronombres demostrativos: *Me lo dijo aquél* (un individuo que no es necesario nombrar). *Prefiero dormir en ésta que en aquélla* [unas camas de las cuales ya se ha hablado]. *Fueron aquéllos unos días de comprensible angustia* [fueron aquellos días unos días...].

Como/cómo.   Se acentúa cuando significa *de qué modo* o *de qué manera, por qué motivo, en virtud de qué: ¿Cómo has llegado hasta aquí? ¿Cómo le has ordenado tal cosa? Yo no sé cómo aguanta que estés todo el día detrás de él. Ignoraba cómo era su tío. ¡Si supiera usted cómo se puso! Puede ser de interés considerar cómo el peso influye en la velocidad de un barco.*

Se acentúa asimismo cuando se pronuncia con énfasis: *¡Cómo! ¿Es posible tal cosa?*, y también cuando significa «¿qué precio?». *¿A cómo lo pagaste?*, así como cuando se usa sustantivado, en cuyo caso se le antepone el artículo *el: Hay que averiguar el cómo y el porqué.*

Resulta, pues, que *como* se acentúa cuando se usa en interrogaciones o en sentido interrogativo, dubitativo, investigativo y ponderativo. Así, en los ejemplos: *Así fue como Juan se encontró solo. De manera semejante a como se estampan las medallas*, no debe acentuarse porque equivale a *el modo que* o *la manera que*, es decir, se usa en sentido expositivo.

A nuestro entender, tampoco debe acentuarse en el título *Como suprimir obstáculos*, por tener sentido expositivo, ya que viene a significar *Manera de suprimir obstáculos*. Sin embargo, algunos opinan que en los títulos, por ejemplo *Como desarrollar la memoria*, hay que acentúar *como*, puesto que se pronuncia con énfasis la sílaba *co*.

Cual/cuál (sing, y pl.).   Se acentúa cuando, como adjetivo o pronombre, se usa en interrogaciones o en sentido interrogativo y dubitativo: *¿Cuál te gusta más? ¿Cuáles de ellos son los más robustos? Se trata de saber cuáles especies son las más resistentes. Pregunta cuáles son los formularios que hay que llenar. Ignoro cuál de las dos es la más hacendosa. Depende de cuál sea su temperamento.* También se acentúa cuando se usa como disyuntivo: *Las novelas de aquel escritor, cuál más, cuál menos, son de mala calidad.* Asimismo lleva acento cuando equivale a *cómo: ¡Cuál gritan esos malditos!*

En los demás casos no se acentúa: *Cada cual hace lo que puede. Esperó un rato a su primo, el cual había ido de compras.*

Cuan/cuán.   Se acentúa cuando se usa en sentido ponderativo: *¡Cuán desdichada fue su hermana! Nunca se sopechó cuán rápidamente se propagaría la noticia.*

Como correlativo de *tan* no se acentúa: *Tan severo será el hijo cuan severo fue el padre.*

Cuando/cuándo.   Se acentúa cuando se usa en interrogaciones o en sentido interrogativo, dubitativo o investigativo, es decir, cuando significa *en qué tiempo, en qué ocasión*: *¿Cuándo llegará su hermano? No sé cuándo empezarán las clases. Pregúntale cuándo piensa llegar. Averigüe cuándo suele salir de paseo.*

También se acentúa cuando se usa como conjunción distributiva: *Siempre se le ve por casa, cuándo arriba, cuándo abajo.* O cuando se sustantiva: *No he podido saber el cómo ni el cuándo.*

En los demás casos no se acentúa: *Nos veremos cuando vengas a mi casa. Cuando lo de Julia, te mostraste muy entero.*

Cuanto, cuanta/cuánto, cuánta (sing. y pl.).   Se acentúan cuando se usan en interrogaciones o en sentido interrogativo, dubitativo, investigativo y ponderativo:

¿Cuánta leche se ha bebido? Pregúntale cuántos pasteles se comió el niño. No sé cuánto tiempo tardará. Averigüe cuánto dinero cobró. ¡Cuánta paciencia hay que tener! ¡Cuánto me alegro de su llegada! ¡Si supiera usted cuánto me gustaría confiar en ello! Las niñas me escribieron para contarme cuánto se habían divertido aquel día.

No se acentúan en los demás casos: *Come cuanto quieras (todo lo que quieras). Le compro a usted cuantos pares de zapatos tenga (todos los pares que tenga). En cuanto vuelva la señora dile que la espero. No ha de ser oro cuanto reluce* (*Celestina*, 12). *Él reconoció su falta, tanto más cuanto que ya sabía que le habían perdonado.*

Cuyo, cuya/cúyo, cúya (sing. y pl.).   Se acentúan si se usan en interrogaciones o en sentido interrogativo, dubitativo e investigativo, lo cual ha caído en desuso: *¿Cúyo ha de ser el fruto del huerto? No sé cúya culpa ha sido.* (En estos ejemplos, *cúyo* y *cúya* significan *de quién*.)

Cuyo no se acentúa cuando es pronombre relativo sinónimo de *el/del cual, la/de la cual*: *En un lugar de la Mancha, de cuyo nombre no quiero acordarme... Aquella mujer, cuya madre había sido la nodriza de mi padre, siempre se ha considerado su hermana de leche.*

Tampoco se acentúa cuando es sinónimo de *galán* o *amante*, acepción también en desuso: *Juana tiene ya su cuyo.*

De/dé.   No se acentúa cuando, como sustantivo femenino, designa la letra *d*.

Tampoco se acentúa cuando es preposición: *Cuchara de madera. Vengo de su casa. Comió de pie.*

Se acentúa cuando es forma del verbo *dar*:

Subjuntivo presente	*Imperativo*
Yo dé	Da tú
Tú des	Dé él
Él dé	Demos nosotros
Nosotros demos	Dad vosotros
Vosotros deis	Den ellos
Ellos den	

Ejemplos: *Espera que el cura le dé la bendición. Dé usted por concluido el asunto.*

Debido a que la forma verbal *dé* se acentúa sólo para distinguirla de la preposición *de*, algunos opinan que debe suprimirse el acento cuando se le agrega un pronombre, y debería, por lo tanto, escribirse: *Dele usted su merecido. Deme lo que me corresponde.*

Nosotros, en virtud de la siguiente regla de la gramática de la Academia: «Los tiempos de verbo que llevan acento ortográfico lo conservan aun cuando acrecienten su terminación tomando un enclítico», creemos preferible que no se suprima el acento de *dé* y se escriba: *Déle usted su merecido. Déme lo que me corresponde.*

Donde/dónde.   Se acentúa siempre que se usa en interrogaciones o en sentido interrogativo, dubitativo, investigativo y ponderativo: *¿Dónde has puesto su sombrero? Pregúntale dónde está su padre. ¿Por dónde pasó? ¿Dónde iremos? A veces me pregunto de dónde saca tanto dinero. ¡Hasta dónde hemos llegado!*

No se acentúa en los demás casos: *Tu hermano siempre está donde hace falta. Iremos donde nos llaman. Aquí es donde está mejor. La casa donde nací ya no existe. Allá es hacia donde se dirige. Esto me escribió, de donde infiero que ya estaba antes de acuerdo conmigo.*

El/él. No se acentúa cuando es artículo: *El hombre es un ser racional. Este es el de ayer (el niño de ayer). Hasta el del sombrero hongo se reía (el señor del sombrero hongo).*

Se acentúa cuando es pronombre: *Él se desayunaba a las seis, y ella, a las ocho. Habló él después de un acceso de tos. Al ver el obstáculo se dirigió hacia él. Vio un lago y al llegar a él descansó en la orilla. A pesar de ello, todos se dirigieron al cercado y desaparecieron detrás de él.*

Este, esta/éste, ésta (sing. y pl.). No se acentúan nunca cuando son adjetivos demostrativos: *Este árbol es muy umbroso. Estas muchachas han bailado muy bien. Estos chicos se han peleado. La fastidia el chico este* (nótese que aquí el adjetivo sigue al nombre, en vez de precederlo).

Se pueden acentuar cuando son pronombres demostrativos, y es obligatorio el acento si hay riesgo de anfibología: *Dáselo a éste* [alguien que no es necesario nombrar]. *El campo estaba cubierto de escarcha, pero ésta se fundió al salir el sol. No he traído más equipaje que éste. Ha sido éste su mayor error* [ha sido este error su mayor error].

En ningún caso debe acentuarse *esto*, que es sólo pronombre: *Esto vale más que aquello.*

Cuando *este, esta* y sus plurales *estos, estas* van acompañados de un pronombre no se acentúan: *Estos que ves aquí son los que prefiere Enrique. La rosa más bonita es esta que tengo.*

Este no se acentúa cuando es sustantivo, sinónimo de Oriente: *Viento del Este.*

Ese, esa/ése, ésa (sing. y pl.). Se acentúan y no se acentúan en los mismos casos que *este, esta, estos, estas.*

Atención: ese no se acentúa cuando es el sustantivo que designa la letra *s.*

No debe acentuarse el pronombre *eso: Dame eso.*

Mas/más. No se acentúa cuando es sustantivo, sinónimo de *masada* o *masía*, y cuando designa un peso de metales que se usa en Filipinas.

Tampoco se acentúa cuando es conjunción, sinónimo de *pero: La esperamos toda la mañana, mas en vano.*

Se tilda cuando es adverbio de cantidad: *Más vale prevenir que curar. Alberto tiene más dinero que inteligencia. Tienes que ser más prudente.*

También se acentúa cuando aparece sustantivado como equivalente de *ventaja: Todo tiene sus más y sus menos.*

Mi/mí. No se acentúa cuando, como sustantivo, designa la tercera nota de la escala musical.

No se acentúa cuando es adjetivo posesivo: *Mi libro y mis cuadernos están sobre el pupitre.*

Se acentúa cuando es pronombre personal: *Lo hizo por mí. Dámelo a mí. Sin mí no harán nada.*

O/ó. Se acentúa *en textos manuscritos* cuando se halla entre números, para que no se confunda con un cero: *Se calcula en 5 ó 6 meses el plazo de rentabilización de esta inversión.*

Porque/porqué.   No se acentúa cuando es conjunción causal: *No lo hizo porque se lo impidieron.*

No se acentúa cuando se usa como conjunción final, equivalente a *para que*: *Lo hago porque vea que me importa.*

Se acentúa cuando es sustantivo, sinónimo de *causa, motivo, porción, cantidad*: *Ignoro el porqué de su actitud. Todos reclamaron su porqué.*

Que/qué.   Se acentúa cuando se usa en interrogaciones o en sentido interrogativo, dubitativo, investigativo y ponderativo: *¿Qué desea usted? ¿Por qué llegó tarde? Dime qué barullo es ese. No sé por qué tienes tantos problemas por resolver. No comprendo por qué se oponía a ello. Trate de saber por qué se portó mal. ¡Qué de sandeces dijo! Pregúntale qué día vendrá. ¡Qué niño más lindo! Ya verás qué bien canta. ¡Qué sabe el pobre! ¡Miren qué rápido es! Vas a ver qué sencillo es.*

Se usa como exclamación: ¡Qué! ¡Pues qué!

Se acentúa cuando equivale a *el que, lo que, la que*: *Dile qué camino ha de tomar* [el camino que ha de tomar]. *No sabía qué hacer* [lo que hacer]. *Mira qué pronto ha venido* [lo pronto que ha venido]. *Sé muy bien de qué me hablas* [de lo que me hablas].

Asimismo se acentúa cuando se sustantiva o es pronombre indefinido: *Averigua el qué y el cómo. Sin qué ni para qué. Dale qué comer* [algo para comer]. *No tiene con qué entretenerlo* [nada para entretenerlo]. *Como no hay ya de qué tratar, propongo que se levante la sesión* [como no hay ya nada de que tratar].

Los oficios del vocablo *que* son muy numerosos y, aparte los casos señalados, no toma nunca acento.

He aquí unos ejemplos en que no se acentúa, a pesar de hallarse entre signos de admiración: *¡Que no digas más sandeces!* [compárese con: *¡Que baile!*] *¡Que me pilla!*

En estas tres oraciones usamos *que* sin una función definida, si no se le atribuye la de conjunción que enlaza lo que se expresa con algo que se omite, a saber: *¡Vale más que no digas más sandeces! ¡Queremos que baile! ¡Socorro, que me pilla!*

Por otra parte, el *que* de estas oraciones es vocablo átono que incluso puede suprimirse.

Quien/quién (sing. y pl.).   Se acentúan cuando se usan en interrogaciones o en sentido interrogativo, dubitativo, investigativo y ponderativo: *¿Quién es usted? Pregúntale quiénes fueron los que le acompañaron. No saben a quién agradecer tanta amabilidad. Miró hacia atrás para ver quiénes eran sus amigos. ¡Quién me lo iba a decir!*

También se acentúan en cláusulas distributivas: *Quién escogía las encarnadas, quién las amarillas.*

En los demás casos no se acentúan: *Quienes esto te aconsejan, te quieren mal. Vino acompañado de sus padres, quienes se interesaron mucho por Paquita. Soy el mismo Montesinos, de quien la cueva toma nombre. Conozco a quien regalaste las flores* [conozco a la persona a quien]. *Ya sé de quienes me hablabas ayer* [sé de las personas de quienes]. *Cuando adivinó quienes éramos nosotros, nos miró con menos aversión* [cuando adivinó que nosotros éramos tales].

Se/sé. Se acentúa cuando es persona del verbo *saber*: *Ya sé que no fuiste tú. No sé cuándo acabará el partido.*

También se acentúa cuando es persona del verbo *ser*: *Sé prudente, hijo mío.*

Sin embargo, no se acentúa cuando realiza la función de pronombre: *Se dice que se suicidó. Se lo diré mañana. Juan se lo comió todo. Se vistió en un santiamén.*

Si/sí. No se acentúa cuando es sustantivo y designa la séptima nota de la escala musical.

No se acentúa cuando es conjunción: *Si lo desea, dáselo. No sé si se lo di a Juan. Si te quedas me alegraré. Dime si sale alguien.*

No se acentúa cuando a principio de cláusula es dubitativo o da énfasis: *¡Si me lo aceptara! ¿Si estaré yo equivocado? ¡Si no puede ser!*

Se acentúa cuando es adverbio de afirmación: *¿Lo quieres? Sí. Por sí o por no. Aquello sí que le puso en ridículo.*

Se acentúa cuando como adverbio se sustantiva: **El sí de las niñas. Le dio el sí.**

Se acentúa cuando es pronombre reflexivo de 3.ª persona: *Por sí y ante sí. Para sí. Amar al prójimo es amarse a sí mismo. Juan volvió en sí.*

Solo/sólo. No se acentúa cuando es sustantivo: *El guitarra ejecutó un solo que demostraba su virtuosismo.*

No se acentúa cuando es adjetivo: *Un solo obstáculo bastó para que desistiera. Una sola cosa le interesa. Se sentía tan solo, que se marchó. La muchacha estaba sola.*

Se acentúa cuando es adverbio y equivale a solamente[3]: *Sólo tú y él podéis hacerlo. Tan sólo Juan puede haberlo dicho.*

---

3. Respecto a la palabra *solo*, la Academia dice que, en función adverbial, podrá llevar acento ortográfico si con ello se ha de evitar una ambigüedad.

Te/té. No se acentúa cuando es el nombre de la letra *t*.

No se acentúa cuando es acusativo o dativo del pronombre de segunda persona en singular: *Cada día te suelo ver por la calle. Te lo doy como recompensa.*

Se acentúa cuando designa un arbusto con cuyas hojas se hace una infusión, y cuando designa la infusión misma: *En ciertos países se acostumbra a tomar el té cada tarde. El té es un arbusto muy común en Extremo Oriente.*

Tu/tú. Se acentúa cuando es nominativo y vocativo del pronombre de segunda persona en singular: *Tú te lo guisas y tú te lo comes. A tú por tú. De tú a tú. ¡Tú, no te alejes tanto!*

No se acentúa cuando es adjetivo posesivo: *Tu corbata no gustó a Juanito. Tu pie es enorme.*

Algunas cuestiones dudosas de acentuación

1. *No deben llevar acento* los siguientes vocablos:

— *aquello* (pronombre neutro);
— *esto, eso* (pronombres neutros);
— *da* (monosílabo, del verbo *dar*);
— *di* (monosílabo tónico, del verbo *dar*);
— *di* (monosílabo tónico, del verbo *decir*);
— *fe* (monosílabo, sustantivo);
— *sal* (monosílabo tónico, del verbo *salir*);
— *sal* (monosílabo tónico, sustantivo);
— *va* (monosílabo, del verbo *ir*);
— *ve* (monosílabo tónico, del verbo *ir*);
— *ve* (monosílabo tónico, del verbo *ver*);
— *vi* (monosílabo, del verbo *ver*);
— *ti* (monosílabo, pronombre personal dativo de segunda persona);
— *fue, fui, vio* y *dio* (también monosílabos);
— las palabras agudas terminadas en los diptongos *au, eu, ou,* porque dichas terminaciones tienen origen catalán, y en esta lengua no se acentúan;
— los nombres propios *Feijoo, Campoo*;
— los vocablos terminados en *y*: **carey, rey, virrey, convoy,** etc.

2. Las *letras mayúsculas* (y también las denominadas versalitas) deben acentuarse exactamente igual que se hace con las minúsculas, siempre que la herramienta de escritura lo permita.

3. La conjunción *o*, como hemos visto, sólo lleva tilde en textos manuscritos cuando aparece entre números, para no confundirla con el cero; cuando se trata de escritura mecanográfica o de caracteres de imprenta, no hay necesidad de emplear esta tilde superflua, pues la *o* se distingue tipográficamente del cero y no hay posibilidad de confusión.

Reglas de puntuación

La coma

La coma es un signo de utilización compleja. Aparte los casos de coma obligada *(coma gramatical)*, se puede añadir o suprimir sin que, en principio, se altere el sentido. Sólo habrá variado el ritmo de la lectura y la entonación.

La coma, contrariamente a lo que muchos creen, no indica únicamente pausa para respirar o cambio de entonación; *debe usarse* también *con los siguientes objetivos*:

1. Para separar elementos de la oración o sintagma, sintagmas dentro de una oración u oraciones dentro de un periodo:

— Enumeraciones: *es dulce, delicada y atenta. Trajo dulces, pastas, bizcochos, chocolate,* etc.
— Vocativos: *¡Virgencita, ampárame en este trance!*
— Adverbios, conjunciones y locuciones: *Se hace bien lo que se hace por gusto, y viceversa. Por supuesto, pagué yo la cuenta.*
— Alteración del orden gramatical[4]: *No sabe nada de coches, este mecánico. El año pasado, la abuela volvió del pueblo.*
— Cláusulas absolutas: *Muerto el perro, se acabó la rabia.*
— Oraciones correlativas, disyuntivas y compuestas: *Hoy ríen, mañana llorarán. El niño ya ríe, ya llora. Si no has de venir, avisa. No sólo no come, sino que no deja comer. Te lo diré, ya que tanto insistes.*

2. Cuando lo imponga el sentido *(coma de sentido)*, en oraciones y periodos que, sin ella, podrían interpretarse de otro modo o resultar ambiguos: *Murió, naturalmente.* [En lugar de: *Murió naturalmente.*] *El hijo, que vive en París, no pudo venir.* [Por las comas se deduce que sólo tiene un hijo, mientras que en: *El hijo que vive en París no pudo venir,* la ausencia de

---

4. El orden normal de colocación en español es: sujeto, verbo, complemento directo o predicado nominal, complemento indirecto y complementos circunstanciales.

comas da a entender que tiene varios hijos, uno de los cuales vive en París.] *Louis Pasteur aplica, por primera vez con éxito, la vacuna contra la rabia.* [En lugar de: *Louis Pasteur aplica por primera vez, con éxito, la vacuna contra la rabia,* donde se entiende que no la ha aplicado antes, como ocurría en el caso anterior.]

3. Para encerrar incisos o aclaraciones: *El señor González, senador por Almería, no quiso hacer declaraciones. María, que trabajaba de secretaria, se dedica ahora a las relaciones públicas. Don Anastasio Pérez, hijo, acaba de llegar en viaje de negocios. Don Anastasio Pérez, padre, lo hará próximamente.*

4. Para señalar omisiones, generalmente de verbos: *A unos les gusta leer; a otros,* [les gusta] *jugar. El testimonio,* [es] *espejismo de la realidad.*

5. Para desempeñar algunos oficios técnicos, como separar los enteros y los decimales en las cantidades *(coma decimal)*: *La bolsa de Madrid ha subido 1,5 enteros.*

6. Se separa con coma el lugar desde donde se escribe una carta u otro escrito de la fecha que le sigue: *Barcelona, 29 de abril de 1992.*

7. Se usa coma para separar un enunciado de la numeración que le corresponde, se mencione u omita la palabra *número* o su abreviación; por ejemplo, en los nombres de calles, plazas, paseos, etc.: *calle Obispo Zulueta, 203; plaza de la Independencia, 4; avenida Infanta Carlota, 408.*

Se omite la coma:

1. Antes de abrir paréntesis, menos o corchetes que funcionan como inciso, y antes de puntos suspensivos: *Los candidatos (había más de diez), antes de retirarse, declararon que... La situación era..., este..., un tanto peculiar.*

2. Entre el sujeto y el verbo o entre el verbo y el predicado, salvo que en uno y otro caso se intercalen oraciones incidentales: *El uso de la coma depende, como ya se dijo, de diversos factores.*
   En algunos casos de sujeto extenso y muy explicativo, la coma no sólo puede, sino que debe colocarse entre el sujeto y el verbo: *Las mujeres que habían madrugado y aguantado a la intemperie un tiempo infernal, no quisieron cederles el lugar a las que llegaron más tarde.*

3. No llevan coma las reduplicaciones de palabras: *Me gusta el café café.*

4. No se pone coma después de *pero* cuando precede a interrogación: *Pero ¿no es esto lo que querías?*

5. Se omite la coma entre el enunciado y la numeración que le corresponde en los apartados de correos, las leyes y decretos y los elementos químicos: *apartado 426; ley 28/1980; real decreto 5/1981.*

El punto y coma

Es difícil dar normas concretas para el uso del punto y coma:

1. Delimita, como el punto, pero de forma más suave; los sintagmas u oraciones que separa guardan una relación más estrecha que los separados por punto: *Cae la nieve. El frío es intenso. Cae la nieve; los helados copos provocan un frío intenso.*
2. Cuando se enumeran varios elementos y estos pueden agruparse por una cierta similitud, se separan estos grupos con punto y coma, y con coma los elementos que constituyen cada grupo: *La mañana es gris, fría, húmeda; ruidosa y agitada.*
3. *Sin embargo* y *no obstante* van detrás de punto y coma cuando van precedidos de un párrafo largo (también pueden seguir a un punto): *No me gusta el autor ruso que me aconsejas en tu carta; sin embargo, suelo leer con gran deleite a Tolstoi.*

El punto

Separa frases independientes e indica pausa completa. *Se utiliza el punto:*

1. Cuando dos oraciones son completamente independientes van separadas por un punto: *Mañana me caso. La boda se celebrará en esta parroquia.*
2. Después de una abreviatura, en cuyo caso la palabra siguiente no lleva mayúscula, a menos que ortográficamente lo requiera: *A la atención del Sr. Barreiro, encargado del Dpto. de Contabilidad.*
3. Para separar párrafos. Se cambia de párrafo al expresar una idea distinta.
4. Para separar las horas de los minutos en la expresión horaria escrita con números: *El talgo con destino París sale a las 10.25 h.*

Se omite el punto:

1. Detrás de los símbolos de magnitudes (*v, h*...; es decir: *velocidad, altura*...) y de unidades de medida (*min, m, L*...; es decir: *minuto, metro, litro*...).
2. Siempre que no se dé pie a confusión, se separan con un espacio, no con punto, los grupos de tres cifras en números superiores a tres cifras (es decir, a partir de mil). No obstante, muchos autores recomiendan evitar confusiones poniendo punto en las cantidades que no sean años *(3.456 facturas impagadas)*, y eliminando el punto o el espacio separatorio en los años *(Colón descubrió América en 1492).*

Los dos puntos

Este signo denota una pausa intermedia entre la de la coma y la del punto. Se usa este signo:

1. Antes de una enumeración: *El aceite se compone de dos elementos: carbono e hidrógeno.*
2. Antes de las conclusiones, consecuencias o resúmenes: **Hoy no hay cáncer más terrible que la droga: por la droga se mata; por la droga se miente; la droga arruina la estabilidad de las familias.**
3. Después de *a saber, así, por ejemplo, es decir, o sea, esto es, verbigracia, del siguiente modo*, o cuando se omiten tales expresiones.
4. Para introducir una cita textual directa: *La Ley de Arrendamientos Urbanos dice: «Cuando el arrendamiento no lo fuere de industria o negocio, si la finalidad del contrato es el establecimiento por el arrendatario de su propio negocio o industria, quedará comprendido dentro de la presente ley, conceptuado como arrendamiento de local de negocio[...]»*
5. Después de las fórmulas de cortesía con que comienzan las cartas, notas, discursos, instancias, etc.: *Muy señor mío: Por la presente tengo el gusto de comunicarle... Señor Presidente: Tenemos el placer de dirigirnos a usted... Señoras y señores: La memoria que vamos a leer...*
   Normalmente, el texto que sigue a los dos puntos comienza en párrafo aparte.
6. En leyes, decretos, resoluciones, bandos, títulos, convocatorias, acuerdos, sentencias, certificaciones, memoriales, instancias y escritos semejantes, los dos puntos se colocan después de las expresiones *Certifica, Decreta, Hago [Hace] saber, Resuelve, Dispone, Expone, Acuerda, Comunica, Suplica*, etc. El texto a que estas voces se refieren comienza siempre en párrafo aparte.

Después de dos puntos se escribe mayúscula en todos los casos, salvo en los especificados en los apartados 1, 2 y 3.

Los puntos suspensivos

Signos de puntuación consistente en tres puntos seguidos (nunca más) situados en línea y sin espacios entre sí. La pausa a que dan lugar es igual a la del punto, por lo que nunca van seguidas de este signo. Se pondrán puntos suspensivos:

1. Cuando el discurso se interrumpe porque lo que sigue se da por sobreentendido.

2. Cuando la palabra que sigue es malsonante o no deseamos mencionarla: *El conductor, en un arrebato de cólera, se detuvo y dijo que Fulano era un hijo de...*
3. Cuando se quiere sorprender al lector con una salida inesperada: *Y después de tanta presentación, resultó que el invitado era... ¡un burro!*
4. Para expresar estados anímicos, como duda, expectación, emoción, etc.: *¿Sabe lo de su mujer?... Tenía que decirte..., ¡ejem!..., que tu madre...*
5. En una enumeración, para indicar que podrían citarse más datos semejantes a los enunciados, o de la misma serie, que el que escribe supone conocidos o intuidos por el lector. En este caso, hace las veces de *etcétera*.
6. Cuando el discurso queda en suspenso: *¿Pero no decías que...?*

El paréntesis

El paréntesis se utiliza para encerrar oraciones o sintagmas incidentales, palabras, cifras, etc., aclaratorios, sin enlace necesario con los restantes miembros del periodo (cuyo sentido interrumpe pero no altera). Se usa en los siguientes casos:

1. Cuando se quiere aislar elementos no absolutamente necesarios, como las explicaciones, aclaraciones, incisos, etc.: *Don Quijote de la Mancha (obra cumbre de Cervantes) será llevada al cine.*
   Cuando el inciso es una frase completa, el punto va dentro del paréntesis: *Todas las mañanas tomo al menos dos cafés con leche. (Tengo esta costumbre desde hace años.)*
2. Para encerrar datos numéricos aclaratorios: *La Giralda de Sevilla (1184-1198; 97,52 m).*
3. Para indicar los datos toponímicos (nombres de provincias, estados, departamentos, repúblicas, naciones...) que comprenden a otros de menor entidad: *El puerto de Cartagena (Murcia) es uno de los más importantes de España. En Cambridge (Massachusetts, EE.UU.) se instaló la primera imprenta estadounidense.*
4. Se encierran entre paréntesis las siglas cuando siguen a un enunciado, o, a la inversa, el enunciado cuando sigue a la sigla: *Ayer se celebró en la Organización de Estados Americanos (OEA) la decimoquinta sesión. Ayer se celebró en la OEA (Organización de Estados Americanos) la decimoquinta sesión.*
5. Las citas directas en idiomas extranjeros suelen ir seguidas de su traducción al español entre paréntesis.
6. En la numeración de párrafos y apartados de un texto suele usarse solamente el paréntesis de cierre: *1), 2), 3)*, o bien: *a), b), c)*.

El guión largo o menos

Se emplea:

1. Al transcribir un diálogo, cada vez que se cambia de interlocutor:

   — *Me voy.*
   — *Espera, por favor.*
   — *Tengo prisa.*

2. Se usan dos guiones para encerrar, entre ellos, cualquier inciso. Esta función también es propia, como se ha visto, de las comas y los paréntesis; sin embargo, hay ciertos matices y usos en que no es indiferente el empleo de unos u otros. Por el grado de dependencia del texto incidental con el resto del periodo, el orden, de mayor a menor, es: comas, menos y paréntesis.

El guión corto

Este signo tiene en español tres funciones principales:

1. Unir palabras compuestas o que mantienen entre sí algún grado de dependencia (*guión morfológico, léxico o lexical*): *Se oye el tic-tac del reloj. Se llevará a cabo un estudio teórico-crítico de esta obra. Desde hace años vive en Aix-en-Provence (Francia).*
2. Relacionar unas con otras dos o más palabras, números, etc. (*guión prepositivo*): *La distancia foco-placa* [entre el foco y la placa]. *La guerra civil española (1936-1939)* [de 1936 a 1939] *enfrentó a hermanos contra hermanos. Vive en la calle Santander, 21-23. En Los Ángeles-84, la mejor marca de salto de longitud no logró superar el récord establecido por Bob Beamon en México-68.*
3. Indicar la división de una palabra que no cabe entera en la línea o renglón (véase «Reglas de división de palabras a final de renglón»).

Las comillas

Se aplica este signo:

1. Para indicar que un texto es cita directa: *Dijo Selgas: «Se puede vivir sin dinero y sin crédito, pero no sin esperanzas».*

En una cita extensa se ponen comillas de cierre (»), llamadas *comillas de seguir*, al comienzo de cada párrafo, manteniéndose las de apertura («) del inicio de la cita y las de cierre del final.

2. Cuando una palabra está utilizada en un sentido especial (burlesco, irónico, impropio, etc.): *El «pofesor» no «zabe» nada de matemáticas. He alquilado una furgoneta «dos caballos».*

3. Para encerrar las citas de títulos de partes importantes de obras o publicaciones (los títulos generales de obras y los nombres propios de publicaciones van subrayados o en letra cursiva), como capítulos, partes, artículos, noticias, trabajos, etc.: *En el capítulo 6, «Fundición de metales», del libro Introducción a la ingeniería metalúrgica...*

4. Para citar títulos genéricos de series y ciclos televisivos (los títulos específicos de cada emisión se escriben subrayados o en letra cursiva): *Esta noche, dentro del «Ciclo Humphrey Bogart», podrán ver la película Casablanca.*

5. Cuando hacemos referencia a cursos, conferencias y discursos: *Esta tarde asistiré al curso «Introducción a la literatura española contemporánea» para oír una conferencia que promete ser interesante: «La generación del 98».*

Interrogación y exclamación

Los signos de interrogación y exclamación son signos de entonación compuestos de dos elementos: el principio de interrogación o exclamación, con punto suprascrito y abertura a la derecha (¿, ¡), y el de final de interrogación o exclamación, con subpunto, que al final de frase hace las veces de punto, y abertura a la izquierda (?, !). Respecto al *uso de estos signos* hay que hacer las siguientes precisiones:

1. Se utiliza el signo de admiración o exclamación al principio y al final de frases interrogativas directas, o de oraciones exclamativas e interjecciones: *¿Se puede saber qué pasa? ¡Virgen del Amor Hermoso, qué desastre! ¡Ay! ¡Si tu madre lo supiera!*

2. Si se dan varias oraciones interrogativas breves seguidas, sólo la primera empezará por mayúscula: *¿Por qué te comportas así?; ¿qué te hizo ella?, ¿qué te hice yo?*

3. El signo de interrogación o exclamación se pondrá donde empiece la pregunta o admiración, aunque no coincida con el comienzo de la frase: *Dime, Juan, ¿qué intenciones tienes?*

4. En las frases que sean al mismo tiempo interrogativas y exclamativas se pondrá interrogación al principio y admiración al final, o a la inversa: *¿Qué has hecho, Dios mío! ¡Que no sea yo capaz de arreglar esto, Señor?*

5. No es conveniente englobar signos exclamativos dentro de signos interrogativos, y viceversa: *¡No estoy para nadie!, ¿lo oyes?* [En lugar de: *¡No estoy para nadie, ¿lo oyes?!*

Diéresis

Se pone diéresis (¨) sobre la *u* de las sílabas *gue, gui*, para indicar que en ambas ha de pronunciarse esta vocal: *cigüeña, güira.*

Algunas reglas ortográficas

Las mayúsculas

La letra inicial ha de ser mayúscula en los siguientes casos:

1. Al principio de un escrito y después de punto.
2. Cuando se trate de nombres propios (antropónimos, apellidos, apodos, topónimos, cosmónimos, nombres propios de animales, marcas, modelos y patentes registradas, edificios, establecimientos, monumentos, instituciones, entidades, congresos, exposiciones, nombres específicos de leyes, decretos, premios y condecoraciones, movimientos religiosos, políticos y culturales, etc.): *Pedro, Pérez, Azorín, Tajo, Valencia, Marte, Rocinante, Seat Toledo, Empire State, El Corte Inglés, la Sagrada Familia, Gobierno Civil, Editorial De Vecchi, Jornadas sobre hipertensión arterial, Liber'81, ley de Prensa e Imprenta, cruz laureada de San Fernando, Contrarreforma,* etc.
3. En los casos en los que se están citando palabras textuales, justo después de los puntos suspensivos.
4. En los títulos, nombres o apodos que acompañan o califican de modo constante a un nombre propio: *Alfonso X* el Sabio; *Juan Carlos I, rey de España.*
5. En los nombres de cargos importantes si se refieren a una persona determinada.
6. En los números romanos.
7. En los tratamientos de cortesía, si están en abreviatura.
8. Hay que tener en cuenta que en las consonantes dobles en la escritura, *ch* y *ll*, cuando deben ir en mayúscula, sólo se pone en mayúscula la primera de ellas: *Manuel Chorrera y Carlos Llopis son los autores de este libro sobre peces y acuarios.*

No debe usarse mayúscula en los nombres de días, meses ni estaciones del año, aunque en otros idiomas, como el inglés, las usen.

La *b* y la *v*

1. *Se escriben con* b:

— Las palabras que comienzan con los prefijos *ab, ob, sub*. Si a ellos sigue el mismo sonido, se escribirá con *v*: *subvertir, obvio*.
— Las palabras que terminan en *-bilidad* y en *-bundo/-bunda*: ***contabilidad, posibilidad, habilidad***. *Excepciones:* ***civilidad*** y ***movilidad***.
— Los verbos terminados en *-buir* y en *-bir*: ***distribuir, atribuir, recibir, percibir***. *Excepciones:* ***hervir, servir*** y ***vivir***, con derivados y compuestos.
— Las palabras que tienen las sílabas iniciales *bu-, bur-* y *bus*: ***buzo, bula, burdo, burla, buscar, busto***.
— Las palabras derivadas de la raíz *bibl* («libro»): ***biblioteca, bibliómano***.
— Las desinencias del pretérito imperfecto de indicativo de los verbos de 1.ª conjugación, *-aba, -abas, -aban*: ***esperaba, copiabas, señalaban***.
— Las palabras en las que *b* precede a *l* o *r* más vocal: ***noble, doblar, sobre, abreviar, abrumar***.
— El prefijo *bi* y sus variantes *bis* o *biz* («dos veces»): ***bimestre, bisabuelo, bizcocho***.
— El prefijo *bene* («bien»): ***benemérito, benefactor, beneficio***.

2. *Se escriben con* v:

— Las palabras que terminan en *-ivo, -evo, -avo* (y su femenino **-ava**), y **-ave** (con excepción de *sílaba* y *árabe*): ***cautivo, iniciativa, doceavo*** (y su femenino ***doceava***), ***nave, nueva***. *Excepción:* **recibo**.
— Las palabras que comienzan en *vir-*: ***viril, virtual, virtud***.
— El verbo *venir* y sus compuestos y derivados (*prevenir, contravenir, sobrevenir*).

La *g* y la *j*

1. *Se escriben con* g:

— Las palabras que tengan la sílaba *geo* como prefijo o como sufijo o bien en mitad de palabra (infijos): ***geografía, perigeo, gente, origen***.

— Los verbos que terminan en *-ger, -gir*: **coger, proteger, corregir, surgir**. *Excepciones*: **tejer, crujir**.
— Las palabras que terminan en *-gio, -gión, -ginio* y *ginia*: **colegio, presagio, religión, misoginia, Higinio**.
— Una palabra que presente el sonido de *j* y que se derive de otra que no presenta dicho sonido: derivado de *ley*: **legítimo**; de *leer*: **legible**.

2. *Se escriben con* j:

— Palabras terminadas en *-aje*: **salvaje, carruaje, garaje**. *Excepción*: **ambage**.
— Las palabras que terminan en *-jero, -jería*: **extranjero, mensajero, granjería, cerrajería**.
— Los verbos que terminan en *-cir* y en cuya conjugación aparece el sonido de *j*: **traducir/tradujera, deducir/dedujo, decir/dijo**.

La *h*

Se escriben con h:

— Las palabras que comienzan con *hue-, hie-,* y sus derivados y compuestos: **hueco, hueso/deshuesar, hielo/deshielo**.
— Las palabras que contienen los prefijos *hiper-, hipo-, hidro-, hetero-, homo-*: **hipérbole, hipócrita, hidrófilo, heterodoxo, homogéneo**.
— Las palabras que se inician con *her-* y *hosp-*: **hermoso, herir, hospital, hospedería**. *Excepciones*: **ermita, Ernesto**.
— Las formas *he, has, ha* del verbo *haber*. (Recuerde que se utilizan en el pretérito perfecto, seguidas por los participios, que terminan en *-ado* o *-ido*.) *Ejemplos*: **he sabido, has trazado, han venido**.

La *m* y la *n*

1. Se usa *m* delante de *p* o *b*: **emblema, cambio, imprenta, tiempo**.
2. Se usa *n* delante de *d, t* y *v*: **contra, entrar, sondeo, inversión**.

La *r* y la *rr*

1. La grafía *r* representa el sonido fuerte a comienzo de palabra o detrás de *l, n* o *s*: **alrededor, enredo, desrizar**.

2. La grafía *rr* representa el sonido fuerte en posición intervocálica: *derribo, arremeter, derrochar.*

La *c* y la *z*

1. Se escribe *c* delante de *e, i*: *cerebro, cigüeña.*
2. Se escribe *z* delante de *a, o, u*: *zapato, zopenco, zueco.*

Existen palabras de idéntica pronunciación (**homófonas**), cuya diferencia de significado viene determinada por un componente ortográfico. Así, encontramos palabras que varían su sentido según se escriban con *b* o *v, s* o *x*, o con o sin *h*. Igualmente, encontramos en la lengua palabras de grafía casi idéntica y distinto significado, que pueden dar lugar a confusiones. Para superar estas y otras dificultades e incorrecciones, les remitimos al libro *Cómo evitar los errores más frecuentes en castellano*, de Editorial De Vecchi, que de una forma sencilla y práctica le permitirá resolver dudas en torno al uso de la lengua, evitar los errores más habituales en el castellano y enriquecer su vocabulario, complementando lo que aquí se expone sobre gramática española.

Abreviaturas

Abreviaturas más usuales

(a)	*alias*
art.	*artículo*
cap.	*capítulo*
cf.	*confesor*
Dr.	*doctor*
E.	*Este*
entlo.	*entresuelo*
etc. o &	*etcétera*
fund.	*fundador*
gral.	*general*
íd.	*ídem*
Lic. o Licdo.	*licencido*
N.	*Norte*
N.B.	*nota bene (nótese bien)*
NE	*Nordeste*

NO	Noroeste
n.º o núm.	número
O.	Oeste
OEA	Organización de Estados Americanos
OM	orden ministerial
ONU	Organización de las Naciones Unidas
pág.	página
p. ej.	por ejemplo
P. D.	posdata
pral.	principal
prov.	provincia
Ptas. o ptas.	pesetas
S.	Sur
s/c	su casa
SE	Sudeste
SO	Sudoeste
UNESCO	Organización Educativa, Científica y Cultural de las Naciones Unidas
v. gr. o v. g.	verbigracia
virg. o vg., vgs.	virgen, vírgenes
V.º B.º	visto bueno
Vda.	viuda

Abreviaturas de cortesía y tratamiento

afmo.	afectísimo
arz. o arzbpo.	arzobispo
ato. o atto.	atento
B. L. M.	besa la mano
D.	don
D.ª	doña
E. P. D.	en paz descanse
Excmo.	excelentísimo
Fr.	fray
Ile.	ilustre
Ilmo.	ilustrísimo
J. C.	Jesucristo
M. MM.	madre(s) (religiosas)
M. I. S.	muy ilustre señor
N. S. o Ntro. Sr.	muestro señor

Na. Sa. o Ntra. Sra.	*nuestra señora*
ob. u obpo.	*obispo*
P. PP.	*padre(s) religiosos*
pbro. o presb.	*presbítero*
Q. B. S. M.	*que besa su mano*
Q. E. S. M.	*que estrecha su mano*
Q. E. P. D.	*que en paz descanse*
R. o Rdo.	*reverendo*
R. I. P.	*requiescat in pace (descanse en paz)*
S. E.	*su excelencia*
S. o Sn.	*san*
Smo.	*santísimo*
Sr.	*señor*
Sra.	*señora*
Srta.	*señorita*
S. S. S.	*su seguro servidor*
V., Vd. o Ud.	*usted*
VV., Vds. o Uds.	*ustedes*
V. E.	*vuestra excelencia (vuecencia)*
V. S.	*vuestra señoría (usía)*

Abreviaturas comerciales

a.	*arroba*
Admón.	*administración*
admor.	*administrador*
acept.	*aceptación*
apble.	*aceptable*
bo.	*beneficio*
co.	*cambio*
Cap.	*capital*
cgo. o c/.	*cargo*
com.	*comisión*
Comp., Cía., o Ca.	*compañía*
cénts. o cts.	*céntimos*
cje.	*correlaje*
c. f. s.	
c. i. f. o bien cif.	*coste, flete y seguro*
c. a. f. o bien caf.	
cta.	*cuenta*

c/c o cta. cte.	*cuenta corriente*
ch/	*cheque*
do.	*daño*
descto.	*descuento*
d/f o d/fha.	*días fecha*
d/v	*días vista*
do. d.	*dicho día*
d. p. v.	*doble pequeña velocidad*
dna.	*docena*
$	*duros, pesos, dólares*
Ef. a cobrar	*Efecto a cobrar*
fra.	*factura*
F.C. o f.c.	*ferrocarril*
f. a b.	*franco a bordo*
frs. o fcos.	*francos*
gros.	*géneros*
f.	*favor*
g/	*giro*
g. p. o g/p.	*giro postal*
g. v.	*giro velocidad*
impte.	*importe*
Inc.	*incorporada (sociedad, compañía, etc.)*
ints.	*intereses*
kg.	*kilogramo*
L/ o l/	*letra*
lbrs.	*libras*
líq.	*líquido*
m/acep. o m/a.	*mi aceptación*
n/acep. o n/a.	*nuestra aceptación*
m/cgo. o m/c.	*mi cargo*
n/cgo. o s/c.	*nuestro cargo*
s/cgo. o s/c.	*su cargo*
m/c. o m/cta.	*mi cuenta*
n/c. o n/cta.	*nuestra cuenta*
s/c. o s/cta.	*su cuenta*
m/cc.	*mi cuenta corriente*
n/cc.	*nuestra cuenta corriente*
s/cc.	*su cuenta corriente*
m/e.	*mi entrega*
Merc. Grales.	*mercancías generales*
m/fr................................	*mi favor*

n/fr.	*nuestro favor*
s/fr.	*su favor*
m/fha.	*meses fecha*
m/fra.	*mi factura*
n/fra.	*nuestra factura*
s/fra.	*su factura*
m/g.	*mi giro*
n/g.	*nuestro giro*
s/g.	*su giro*
m/l.	*mi letra*
n/l.	*nuestra letra*
s/l.	*su letra*
m/n.	*moneda nacional*
m/o.	*mi orden*
n/o.	*nuestra orden*
s/o.	*su orden*
m/p.	*mi pagaré*
n/p.	*nuestro pagaré*
s/p	*su pagaré*
m/r.	*mi remesa*
n/r.	*nuestra remesa*
s/r.	*su remesa*
m/t.	*mi talón*
n/t.	*nuestro talón*
s/t.	*su talón*
o/	*orden*
P/ o p/	*pagaré*
pdo.	*pasado*
p/v.	*pequeña velocidad*
Pérds. y Ganans.	*pérdidas y ganancias*
pl.	*plazo*
o/o.	*por ciento*
o/oo.	*por mil*
P. A. o p/a	*por autorización*
P. O. o p/o.	*por orden*
P. P. o p/p.	*por poder*
pmo.	*próximo*
p. pdo. o ppdo.	*próximo pasado*
qq.	*quintales*
Qm.	*quintal métrico*
r/	*remesa*

s/	*sobre*
Snos., Sobs. o Sobnos.	*sobrinos*
Sdad.	*sociedad*
S. A.	*sociedad anónima*
S. A. E.	*sociedad anónima española*
S. en C.	*sociedad en comandita*
S. L., o Sdad. Ltda.	*sociedad limitada*
S. E. u O.	*salvo error u omisión*
Tm.	*tonelada métrica*
v/	*vista*
v/r.	*valor recibido*
vto.	*vencimiento*

Tratamientos

Dirigirse a una persona que tiene derecho a un tratamiento y no dárselo es una descortesía. No existe unanimidad de criterios respecto a los tratamientos que corresponden a ciertas personas y recomendamos que en cada caso de duda entre dos tratamientos se elija el de mayor categoría.

Tratamiento	Al comienzo del escrito	Durante el escrito	
Majestad	Señor	V. M.	Reyes.
Alteza	Señor	S. A. R.	Príncipes.
Excelencia	Excelencia	V. E.	Jefes de Estado.
Excelencia	Excmo. Sr.	V. E.	Ministros, capitanes y tenientes generales, generales con mando, presidentes de altos cuerpos, presidentes diputaciones, alcaldes de capitales de provincia. Rectores universidades, gobernadores y militares, embajadores.
Señoría	Iltmo. Sr.	V. S.	Subsecretarios y directores generales u ministerios, presidentes audiencias, delegados provinciales de ministerios, directores de escuelas superiores y técnicas y de institutos, jueces de primera instancia e instrucción, coroneles, auditores de guerra, alcaldes de ciudades, decanos facultades.
Santidad	Santísimo Padre	Su Santidad	Papa.
Eminencia	Emmo. y Rvdmo. Sr.	V. E.	Cardenales.
Vuecencia	Excmo. y Rvdo. Sr.	V. E.	Arzobispos, obispos, nuncios.
Reverencia	Rvdo. P.	V. R.	Párrocos y sacerdotes.

La correspondencia privada

La correspondencia particular o privada, como su nombre bien indica, es la que circula entre familiares, amigos o conocidos, o entre particulares y empresas e instituciones, y acostumbra a versar sobre asuntos privados. En la correspondencia privada existe una libertad de expresión mucho mayor que en otros tipos de comunicaciones, como la comercial, por ejemplo.

Hasta hace relativamente poco tiempo, las cartas o comunicaciones privadas se escribían siempre a mano. Sin embargo, el uso de la máquina de escribir o del ordenador se ha hecho cada vez más popular. Cada día son más las personas que escriben sus cartas íntimas con estos medios. Otras, pero, los encuentran sumamente fríos y prefieren continuar manuscribiendo sus comunicaciones. Para ello, es necesario, como ya comentábamos en el capítulo anterior, tener buena letra, fácilmente legible.

Las diferentes partes de que consta una carta se han explicado detenidamente en el capítulo referente a la correspondencia como forma de comunicación escrita. Aquí sólo daremos unas pequeñas pinceladas al respecto, concretadas en la correspondencia privada:

• Las cartas particulares se empiezan con la *fecha*, escribiéndola en la esquina superior izquierda. A continuación, el *nombre del destinatario y la población donde reside*. En las cartas familiares o de mucha intimidad suele suprimirse el nombre del destinatario y la población donde reside.

El *saludo*, que viene a continuación, admite muchísimas variaciones. Puede ir desde un «Distinguido señor» hasta «Mi querido Ángel», pasando por toda una escala, según el grado de amistad o de familiaridad que exista entre el que escribe y el que ha de recibir la carta.

El *cuerpo de la carta* se suele dividir en párrafos y utiliza mucho el punto y aparte. Ambas medidas facilitan la lectura y la comprensión.

Las cartas privadas, familiares y de amistad suelen tener un *contenido* muy variado, pues generalmente en ellas se hace ligera historia de los hechos más importantes que han sucedido al remitente y a su familia desde que escribió la última carta. En la *despedida*, al igual que hemos dicho en el saludo, debe utilizarse una fórmula de acuerdo con el grado de amistad, parentesco, familiaridad o la clase de relaciones que existan con la persona a quien se escribe.

• El *papel* usado en las cartas de este tipo normalmente es de tamaño cuartilla o media carta, escribiendo, por lo general, en sentido apaisado. El papel puede llevar impreso en la parte superior izquierda, en letras más bien pequeñas, el nombre, apellidos y la dirección de la persona que escribe, pudiendo figurar debajo del nombre, si así se desea, el título o cargo que ostente el interesado. El papel debe ser de buena calidad, pudiendo escribirse en el reverso del mismo.

Entre mujeres no es tan frecuente el uso de papel con membrete, pero, en cambio, suelen utilizar papel de diferentes colores, de formas y tamaños variables, y emplear sobres del mismo color que el papel.

• Las cartas particulares o privadas suelen dividirse en cartas de *invitación, felicitación, saludos, participación, pésame, presentación, agradecimiento, peticiones, relaciones,* etc.

Veamos unos cuantos ejemplos modelo de cada caso.

De particular a particular

Invitaciones

Distinguiremos entre las invitaciones formales y las informales. Las formales se escriben en tarjetones especialmente impresos para la ocasión, o en saludas.

Las invitaciones informales pueden formularse en una tarjeta o carta. Utilizaremos una invitación informal cuando los invitados residan en poblaciones distintas. O cuando podamos aprovechar la carta de invitación para comunicar alguna otra noticia o hacer algún otro comentario. A menudo, las invitaciones informales se hacen por teléfono.

Los tarjetones de invitación irán acompañados, muchas veces, de unas líneas manuscritas cuando es mucha la amistad que existe entre ambas partes, o cuando se tiene un interés muy especial en que la persona que invitamos asista al acto.

Escribiremos siempre a mano el nombre de las personas invitadas. Cuando se trate de saludas, las llenaremos a máquina, pero las deberemos rubricar. Utilizaremos los saludas especialmente en medios oficiales, comerciales o profesionales.

INVITACIÓN FORMAL PARA UNA CENA O ALMUERZO

> Pedro Ribas Pujol y Margarita Gómez de Ribas
> agradecerán a los Sres. ...
> tengan la amabilidad de acompañarles en la cena que, con motivo de ... (el motivo debe estar ya impreso) ofrecen a sus amistades en su casa de ..., a las ... horas del día ... del presente mes de ...
>
> Se ruega etiqueta.

(Recordemos que el texto irá todo impreso, menos el nombre de las personas a quienes queremos invitar.)

Respuesta afirmativa

> [Nombre de los invitados]
> agradecen mucho su invitación, y le confirman gustosos su asistencia a la cena, el próximo día ...

Respuesta negativa

> [Nombre de los invitados]
> agradecen muchísimo su invitación, pero lamentan no poder asistir al almuerzo que ofrecen el día ..., por tener otro compromiso anterior ineludible.
> Rogamos nos disculpen.

Invitación formal a un *cocktail*

Luis Pérez Martín y María González de Pérez
agradecerán a los Sres. ...
su asistencia al *cocktail* que el próximo día ..., a las ... horas ofrecerán en ...

Se ruega contestación.

Invitación a una exposición

M.ª Antonia Clarín de Piquer
agradecerá mucho la asistencia de ...
a la inauguración de la exposición de sus pinturas sobre ..., el día ..., a las ... horas, instalada en ..., calle ...

Se servirá un *cocktail*.

Respuesta afirmativa

[Nombre de los invitados]
Agradecemos mucho su invitación a la inauguración de su exposición que tendrá lugar el día ... del presente mes de ..., en ... Como usted ya sabe, nos contamos como unos de los muchos admiradores de su obra.
Tendremos mucho gusto en asistir.

Respuesta negativa

[Nombre de los invitados]
Agradecemos mucho su invitación, pero rogamos disculpe nuestra asistencia por tener un compromiso anterior. Con mucho gusto visitaremos otro día la exposición y tendremos el placer de comentarla con usted.

> Querida Carmen:
>
> Desde que hemos vuelto de vacaciones todavía no nos hemos visto. ¿Qué tal si vinierais tú y Carlos a cenar el próximo sábado, día ...? No faltéis. Promete ser una velada agradable.
> Os esperamos a las 9.30.
> Saludos a la familia.
>
> [firma]

En este tipo de comunicación, es adecuado el uso de los tarjetones.

Respuesta afirmativa

> Mi querida Luisa:
>
> Esta mañana he recibido tu invitación. Iremos encantados. Tienes toda la razón, hace casi dos meses que no nos vemos, y realmente, tanto Carlos como yo, tenemos muchas ganas de repetir aquellas agradables veladas. No faltaremos a la cita.
> Hasta el sábado. Saludos a tu familia.
>
> [firma]

Respuesta negativa

> Mi querida Luisa:
>
> Me alegró muchísimo recibir noticias vuestras y saber que todos estáis bien. Lamentándolo mucho, no podremos ir a cenar a vuestra casa el próximo sábado, pues coincide con nuestro décimo aniversario de boda, que celebraremos con un viaje a París. A la vuelta ya os llamaremos.
>
> Gracias de nuevo por vuestra invitación.
> Recibid un fuerte abrazo.
>
> [firma]

Invitaciones por carta

Se invita por carta a los parientes y amigos de otras ciudades o poblaciones, cuando el acto que se celebra no es de protocolo.

INVITACIÓN A UNOS AMIGOS PARA QUE PASEN UNOS DÍAS CON NOSOTROS

[lugar y fecha]

Queridos ... y ...:

Hace tiempo que no tenemos noticias vuestras. Suponemos que todo va bien y que gozáis de salud. Ya sabemos que estáis ocupadísimos con el nuevo bebé que llegó a vuestro hogar el pasado mes de mayo. A nosotros tampoco es que nos sobre mucho tiempo para disfrutar del ocio. Pero todo va siguiendo su curso. Los niños, cada vez más mayores, y nosotros... pues qué remedio nos toca...

El verano pasado alquilamos una casa en la costa y nos lo pasamos de fábula. Los niños se pasaban el día en la playa, comíamos y cenábamos al aire libre..., en fin una vida muy diferente a la que llevamos en la ciudad con tantos nervios, prisas, etc.

Este año pensamos hacer lo mismo, y se nos ha ocurrido que podríais venir a pasar una semana con nosotros. Ya sabéis que para nosotros no es ninguna molestia. Donde caben tres diablillos de niños caben dos más...

Estaríamos encantados con vuestra visita. Contestadnos rápidamente o llamadnos por teléfono.

Un abrazo,

[firma]

Respuesta afirmativa

[lugar y fecha]

Queridos ... y ...:

No os podéis imaginar la ilusión que nos hizo recibir vuestra carta. La verdad es que hace tiempo que os queríamos escribir o telefonear, pero siempre surge algún contratiempo. Ya se sabe, con los niños todavía pequeños no se puede hacer ningún plan.

Os agradecemos muchísimo vuestra invitación, y aceptamos gustosos vuestra hospitalidad. Si os parece bien, iríamos el día ... de ..., y llegaríamos a vuestra casa el fin de semana.

Hasta entonces, recibid un fuerte abrazo,

[firma]

Respuesta negativa

[lugar y fecha]

Queridos ... y ...:

No sabéis la ilusión que nos hizo recibir noticias vuestras. Verdaderamente, hace mucho tiempo que no sabemos nada unos de otros. Pero con los hijos todavía pequeños no se puede hacer nunca planes. Nos alegra saber que estáis bien y que todo sigue adelante.

Lamentamos muchísimo no poder ir a pasar unos días con vosotros en la casa que habéis alquilado para este verano. Miguel acaba de cambiar de trabajo y este año no podremos disfrutar de las vacaciones en verano. Seguramente las haremos por Navidad y aprovecharemos para ir a visitar a su familia en Bilbao.

Igualmente, y aunque no podamos ir a visitaros, queda pendiente una cena en nuestra casa cuando volváis.

Agradeciendo una vez más vuestro detalle en invitarnos, nos despedimos con un fuerte abrazo,

[firma]

INVITACIÓN A UN/A AMIGO/A QUE PASA UNOS DÍAS EN NUESTRA LOCALIDAD, PARA QUE VENGA A COMER

[lugar y fecha]

Mi querida ...:

Por Ester me he enterado de que vas a venir a ... en viaje de negocios. La verdad es que esta noticia me ha llenado de alegría. ¡Hace tantos años que no nos vemos! Desde que me trasladé a esta ciudad, son pocas las ocasiones que tengo para ver o estar con viejos amigos.

Me gustaría que me llamaras en cuanto llegues. Aquí tienes mi número de teléfono: ... Dime qué día te va mejor para venir a comer a mi casa. Espero impacientemente tu llamada.

Hasta entonces, recibe un fuerte abrazo,

[firma]

Respuesta afirmativa

[lugar y fecha]

Querida Dolores:

No sabes la ilusión que me ha causado recibir tu carta. No tenía idea de que vivieras en ... . Después de tu boda perdimos totalmente el contacto.

Voy a estar sólo una semana en ..., y el motivo de mi viaje es la apertura de una sucursal de la firma en la que trabajo, en tu ciudad.

No sé qué día podré visitarte. Como siempre, tendré las horas un poco ocupadas, pero prometo hacerlo. Te llamará nada más llegar. Yo también tengo muchas ganas de verte.

Recibe un fuerte abrazo,

[firma]

92

Respuesta negativa

[lugar y fecha]

Querida Dolores:

Hace unos días recibí tu amable carta en la que, enterada de mi viaje a tu ciudad, me invitas a pasar unas horas en tu compañía. Ciertamente, a mí también me agradaría mucho poder visitarte y conversar contigo, aunque fuera poco rato.

¡La verdad es que hace tanto tiempo que no nos vemos! Pero esta vez, desgraciadamente, va a ser imposible. Tengo todas mis comidas y cenas concertadas con posibles clientes. Finalmente, sólo voy a estar tres días en tu ciudad.

A pesar de todo, espero poder llamarte desde el hotel para saludarte. Otra vez será. Prometo reservarme una tarde para ti en la próxima ocasión.

Recibe un fuerte abrazo de

[firma]

INVITACIÓN A UNA FIESTA DE UN PUEBLO

[lugar y fecha]

Queridos ...:

Desde el verano pasado, no sabemos nada de vosotros.

¿Aprobaron vuestros hijos todas las asignaturas que les quedaron pendientes? Esperamos que sí. Y vosotros, ¿cómo estáis? Suponemos que bien.

Dentro de dos semanas serán las fiestas del pueblo. No es que sean nada del otro mundo, pero se pasa bien.

¿Por qué no os animáis a venir? No os preocupéis por las camas. Ya sabéis que tenemos de sobras. Sería estupendo que vinierais. Esperamos ansiosos vuestra respuesta afirmativa.

Sin más, nos despedimos de vosotros con un fuerte abrazo y os enviamos recuerdos para los vuestros,

[firma]

Respuesta afirmativa

[lugar y fecha]

Queridos ...:

Nos alegró mucho recibir noticias vuestras. Verdaderamente, el tiempo pasa muy deprisa, y desde el verano pasado no sabíamos nada de vosotros.

Los niños aprobaron todo. Por suerte, los dos pasaron el curso. Este año la cuestión se presenta diferente, parece que se lo han tomado más en serio y no quieren volver a tener un verano como el del año pasado.

Nos parece muy bien la idea de ir a pasar unos días con vosotros aprovechando la semana de las fiestas que se celebran en vuestro pueblo. No queremos, por eso, molestaros. Podríamos alquilar algunas habitaciones en algún hostal de las afueras.

Antes de llegar ya os llamaremos para concretar detalles.

Estamos impacientes por veros y por pasar esos días juntos.

Hasta la vista. Un abrazo.

[firma]

Respuesta negativa

[lugar y fecha]

Queridos ...:

Recibimos vuestra amable invitación. Nos gustaría mucho pasar con vosotros las fiestas de vuestro pueblo, pero este año no podrá ser. Los padres de Luis nos han invitado a pasar las vacaciones de verano con ellos. No nos hemos podido negar. Ya sabes cómo son, siempre se quejan, a veces con razón, de que no vamos a verlos nunca.

Otro año será. Muchas gracias por pensar en nosotros. Espero veros en la ciudad tras las vacaciones. Que os divirtáis.

Hasta pronto, recibid un abrazo,

[firma]

INVITACIÓN PARA REUNIR A UN GRUPO
DE ANTIGUOS COMPAÑEROS DE ESTUDIOS

[lugar y fecha]

Querido/a ...:

Hace ya diez años que terminamos nuestros estudios en la Universidad. Después de vernos casi a diario en nuestra facultad, hemos pasado a no saber nada de nosotros en todo este tiempo. Sería muy agradable que nos volviéramos a reunir el máximo número de nosotros.

Hablando el otro día con ... se nos ocurrió la idea, y contactando con la secretaría de la Universidad, nos han facilitado todas las direcciones de los que terminamos los estudios aquel junio de ...

En un principio, si no ocurre nada, el encuentro tendría lugar el día ... del mes de ..., en el restaurante ... de ..., a las ... horas.

Esperamos que la idea te parezca acertada y hagas cuanto esté en tu mano para no faltar a la cita. Te agradeceremos confirmes tu asistencia llamándonos a cualquier número de los dos que te escribimos al pie de esta carta.

Recibe un fuerte abrazo,

[firma]

P. D.: Teléfonos de contacto: ......
......

Respuesta afirmativa

[lugar y fecha]

Querido/a ...:

Recibí vuestra carta hace dos días, y hasta hoy no he podido contestaros.

Reunirnos todos otra vez me parece una idea maravillosa. La verdad es que encontraba a faltar una cita de este tipo.

Por mi parte pienso hacer lo posible por contactar con las personas de mi grupo. Creo que todos debemos hacer un esfuerzo por asistir.

Contad conmigo. No faltaré a la cita.

Gracias por avisarme. Hasta el día ......

[firma]

Respuesta negativa

[lugar y fecha]

Querido/a ...:

Habéis tenido una brillante idea, creo que maravillosa, al querer volvernos a reunir a todos en una cena. Echaba de menos un encuentro de este tipo.

Lamentándolo mucho, no podré estar con vosotros, pues el día de la cena estaré en pleno viaje de negocios en ...

Supongo que a estas alturas ya no es posible cambiar la fecha de la cena. Lo lamento mucho, de veras, pues me haría gran ilusión encontrarme de nuevo con todos vosotros.

Saludadlos de mi parte y excusad mi ausencia.

Recibid un fuerte abrazo,

[firma]

INVITACIÓN A UN SUPERIOR

[lugar y fecha]

Distinguido señor ...:

Nos complacería muchísimo que aceptara venir a cenar a nuestra casa el próximo día ...

Tanto mi mujer como yo mismo estaríamos muy honrados en recibirle, acompañado de su esposa.

Si aceptan nuestra invitación, les esperamos puntualmente a las 10 de la noche.

Reciban nuestros más cordial saludo.

[firma]

Respuesta afirmativa

[lugar y fecha]

Apreciado Sr. ...:

Agradecemos la gentileza que han tenido en invitarnos a cenar en su casa.
Aceptamos gustosos su invitación.
Les acompañaremos el próximo sábado puntualmente a las diez de la noche.

Reciban un cordial saludo.

[firma]

Respuesta negativa

[lugar y fecha]

Apreciado Sr. ...:

Agradecemos muchísimo la gentileza que han tenido en invitarnos a cenar en su casa.
Lamentablemente, nos será del todo imposible cenar con ustedes el próximo sábado día ..., ya que desde hace varios días teníamos proyectada una salida de la ciudad justamente para ese fin de semana.
Esperamos poder aceptar en otra ocasión.
Rogamos nos disculpen a mí y a mi esposa.

Cordialmente, les saludan,

[firma]

Felicitaciones

Escribir cartas o tarjetas de felicitación es signo de buena educación, de buenas costumbres y de apreciar a los demás alegrándose de sus éxitos.

Es uno de los temas de correspondencia escrita más agradables, ya que está motivado por acontecimientos felices, o por los deseos de que así lo sean.

Siempre hay un motivo u otro para felicitar a las personas, por lo que resulta imposible dar ejemplos de cada uno de ellos.

Si la felicitación es sincera, resulta fácil escribir una tarjeta o una carta: basta con dejarse llevar por los sentimientos, con la seguridad de que será siempre recibida y leída por el destinatario con agrado.

Las felicitaciones acostumbran ser cortas, a menos que se escriban a personas que tienen una relación muy íntima entre ellas o que se ven muy de tarde en tarde.

El uso del tarjetón es muy cómodo para las felicitaciones, ya que permite escribir algo más que en una tarjeta y no obliga a inventar frases inútiles para llenar una carta. También es muy apropiado mandar un telegrama para felicitar por algo acontecido inesperadamente, o para asegurarnos de que sea recibido en el momento preciso.

Un apartado importante dentro de las felicitaciones es el de las que se mandan en Navidad y Año Nuevo. Otro sería el que comprende las que se mandan con motivo de los aniversarios u onomásticas. En ocasiones se acostumbran enviar a muchas personas a las que nos unen relaciones muy diversas. Ello ha provocado la creación de frases tópicas de las que es muy difícil salir, pero que en realidad quizá no valga la pena hacer ningún esfuerzo para conseguirlo, pues ellas expresan correctamente lo que se pretende decir.

FELICITACIONES PARA ONOMÁSTICAS Y ANIVERSARIOS

Al jefe

Distinguido señor:

Reciba mi más sincera felicitación, junto con la de mi esposa, en el día de su onomástica.

[firma]

Al profesor

Distinguido Sr. ...:

No quisiera dejar pasar esta fecha de su onomástica sin felicitarle, expresándole al mismo tiempo mi admiración y reconocimiento por la labor que desarrolla y nos dedica desde su cátedra.

Reciba mi más cordial y atento saludo.

[firma]

A una antigua amiga de la familia

Querida Sra. ... [o el nombre, según el trato que se acostumbraba usar]:

Dentro de unos días será su santo, y no queremos que transcurra sin que reciba nuestra más sincera y afectuosa felicitación.

No son pocos los años que hemos pasado juntos en esta tan alegre celebración. Ahora, aunque lejos unos de otros, no dejamos de recordarla.

Deseamos vivamente que el cambio de clima le siente bien a su salud, siempre un poco delicada.

Muchas felicidades, y esperamos verla pronto.

Reciba un afectuoso saludo de toda la familia.

[firma]

A la madre

Queridísima mamá:

El martes de la semana que viene es tu santo, y yo no podré estar a tu lado. ¡Cuánto lo siento! Creo que esta es la primera vez que vamos a pasarlo separadas, y tú bien sabes que mi deseo sería poder felicitarte con un abrazo muy entrañable.

El mes que viene tengo una semana libre y espero poder ir a veros. Hasta entonces, recibe tú, mi queridísima mamá, un enorme beso.

Abraza a papá y al resto de la familia de mi parte. Os añoro a todos mucho.

Besos,

[firma]

Al padre

Queridísimo padre [o papá]:

Hace ya varios días que pensaba escribirte, pero las múltiples ocupaciones que tengo en esta ciudad me privan de cualquier actividad extra.

Aprovecho este pequeño rato que me queda antes de volver a la oficina para desearte, de todo corazón, que pases el día de tu aniversario lo más feliz que puedas.

Espero estar pronto entre vosotros y poder celebrar todas estas ocasiones con vosotros, como en los viejos tiempos, cuando éramos todos unos chiquillos y nos sentábamos alrededor de aquellos monumentales pasteles que preparaba mamá.

Muchos besos a todos, y especialmente para ti, papá.

Recibid un fuerte abrazo de vuestro hijo,

[firma]

A un hermano:

Queridísimo ...:

¡Muchísimas felicidades en el día de tu treinta cumpleaños! Tal vez pensabas que nunca llegarían, pero ya ves, ¡ahí están!, treinta años. ¡Quién lo diría! ¡Estás ya hecho todo un hombre!

¿Cómo te va todo? Hace tiempo que no recibimos noticias tuyas. Suponemos que las cosas te van bien y que poco a poco vas consolidando tu puesto en la empresa.

¿Y los niños?

¡Escríbenos pronto! Te recordamos mucho, y más en estas ocasiones. ¡Feliz cumpleaños!

Un fuerte abrazo.

[firma]

Al abuelo

Queridísimo abuelo:

Muchísimas felicidades en el día de su santo.

Aunque este año no lo podremos celebrar todos juntos, le mando mi más sinceras felicitaciones, esperando que goce de salud y de la compañía de la abuela.

Pido a Dios que le conserve esa magnífica salud y le dé una larga y feliz ancianidad junto a los suyos.

Su nieta que le quiere,

[firma]

A una tía

Queridísima tía ...:

Aunque lejos de casa, no se me olvidan las fechas. Desde esta bella ciudad de ... te mando un cariñoso saludo en el día de tu onomástica.

Te deseo lo mejor en ese día tan especial.

Tal vez el año próximo pueda felicitarte personalmente.

Mientras tanto, recibe un fuerte abrazo de tu sobrino, que tanto te quiere,

[firma]

A un amigo

Querido ...:

Muchísimas felicidades en el día de tu santo.

Quería felicitarte por teléfono, pero la verdad es que con tantas ocupaciones, uno ya no sabe en qué día vive. Me gustaría que nos viéramos algún día y charláramos un buen rato.

Por tu familia sé que las cosas te van más o menos bien, ya se sabe, todos tenemos nuestras dificultades al empezar. Yo no me puedo quejar, en la empresa de mi padre siempre he tenido un buen puesto.

No me quiero alargar. Deseo que pases un buen día de tu onomástica junto a tus seres más queridos, y espero que nos veamos algún día.

Recibe un abrazo de tu amigo,

[firma]

Al novio

Mi querido pichoncito:

¡Millones de besos y abrazos en el día de tu santo, mi amor! Siento mucho no poder estar contigo en ese día tan especial para los dos. Son estas ocasiones cuando más te echo de menos. No sabes cuánto te añoro.

¡Ojalá pudiéramos celebrarlo juntos! Estos meses sin ti se me hacen interminables. Me consuela sólo el pensar que dentro de unos meses volveremos a estar juntos y recordaremos esta separación como algo anecdótico.

Mientras tanto, recibe todo mi amor.

[firma]

OTRAS FELICITACIONES

Por el nacimiento del primer hijo

Queridos ... y ...:

Nuestra más sincera enhorabuena por el nacimiento de vuestro primer hijo.

Imaginamos lo felices que debéis sentiros ante la maravillosa experiencia de ser padres por primera vez.

Tener un bebé es algo tan natural, pero tan extraordinario a la vez, que hace brotar aquellos sentimientos más escondidos en el corazón de todo ser humano.

No sé si podremos ir a conocer a vuestro pequeño antes del verano. Ya os llamaremos antes.

Felicidades de nuevo. Esperamos que ... se restablezca pronto.
Recibid un fuerte abrazo de,

[firma]

Por el nacimiento de un hijo (no el primero)

Queridos ... y ...:

Nuestra más sincera felicitación por el nacimiento de vuestro tercer hijo. Debéis sentiros orgullosos con esta ya familia numerosa.

Vuestra madre, que ha sido quien nos ha dado la noticia, nos ha dicho que los otros dos son una preciosidad.

Deseamos poder ir un día a vuestra ciudad a conocerlo y pasar unas horas junto a toda la familia.

Esperamos que ... se encuentre bien pronto restablecida.

Recibid, una vez más, nuestra enhorabuena y un fuerte abrazo de vuestros amigos,

[firma]

Por el nacimiento de un nieto

Queridos ... y ...:

Nuestra más sincera enhorabuena por el nacimiento de este bebé, vuestro primer nieto.

Convertirse en abuelo es, sin duda, una de las recompensas más bonitas que tiene la vida.

Compartimos con vosotros estos bellos momentos de felicidad familiar.

Felicitad a ... y a ... de nuestra parte.

Recibid nuestro más afectuoso saludo.

[firma]

[lugar y fecha]

Mi querida ...:

Por tu madre me he enterado del éxito que está teniendo tu labor como asistente social en la India.

Siempre he admirado tu generosidad, tu capacidad de entrega a los más necesitados, y jamás he dudado de que llegarías a triunfar, si es que en este terreno podemos hablar en tales términos.

Sigue adelante, mi buena amiga. Sabes que cuentas con el apoyo de todas nosotras.

Con nuestra más sincera felicitación, recibe un afectuoso saludo.

[firma]

[lugar y fecha]

[Membrete]
Sr. D. ...

Apreciado amigo:

Al conocer los éxitos obtenidos por ... que usted dirige, en el mercado internacional de ..., donde su firma ha conseguido varios premios y distinciones, plácenos con estas líneas manifestarle nuestra más sincera satisfacción por el resonante triunfo, tan merecido por la dedicación y el esfuerzo con que realiza su labor.

Con nuestra más cordial y sincera felicitación, reciba un afectuoso saludo.

[firma y antefirma]

Felicitación por un éxito obtenido

[lugar y fecha]

Querido ..:

Me ha llenado de alegría leer en las páginas de crítica de los más prestigiosos periódicos que tu última novela ha ganado el Premio Cervantes.

Siempre me han entusiasmado tus novelas y jamás he dudado de que llegarías a triunfar.

Me hubiera gustado felicitarte personalmente, pero motivos personales me impiden viajar a la capital hasta finales de año. Mientras tanto, recibe mi más cordial y sincera felicitación.

Saluda a tu esposa de mi parte. ¡Hasta pronto!

[firma]

A una amiga que va a casarse

[lugar y fecha]

Querida ...:

No te puedes imaginar cuánto me alegré al saber que pronto os vais a casar Ricardo y tú. Ya sabes la gran estima en que os tengo a los dos, y hubiera sentido mucho que vuestras relaciones no hubieran terminado bien. Creo que podéis formar un matrimonio extraordinario.

Felicita al afortunado de mi parte, y recibid los dos un fuerte abrazo.

[firma]

Respuesta de cortesía

[lugar y fecha]

Mi buena amiga ...:

Ayer recibí tu carta de felicitación por mi inminente enlace matrimonial.
La verdad es que sentí que alguien se me hubiera adelantado en comunicarte la noticia. Pero estos días me siento absorbida por los preparativos de la boda.
No me olvido de ti, ni de la gran estima en que nos tienes a Ricardo y a mí. Ambos deseamos que nuestra unión sea tan acertada como tú misma siempre nos has augurado.
Muchas gracias por tu cariñosa carta.

Recibe un fuerte abrazo de

[firma]

Felicitaciones para Navidad y Año Nuevo

La existencia de felicitaciones impresas, llamadas *christmas*, facilita enormemente la tarea de felicitar las Navidades, pues la mayoría de ellas llevan impreso el texto. En muchos casos, tan sólo hace falta firmarlos.

Frecuentemente, cuando hay que enviar un gran número de estas felicitaciones, se acostumbra a hacerlas imprimir con el texto deseado.

Los textos navideños clásicos giran alrededor de conceptos tales como la paz, el amor, la comprensión, la alegría...; los de Año Nuevo, sobre la prosperidad, el éxito, el bienestar, el futuro...

Cuando en una misma felicitación se formulan los mejores deseos para el conjunto de todas estas fiestas, se aúnan conceptos de los dos apartados: paz y prosperidad, alegría y bienestar, por ejemplo.

Ofrecemos aquí una pequeña muestra:

- «Feliz Navidad y un próspero Año Nuevo»

- «Deseamos que tengan unas Navidades llenas de paz y de alegría, y un Año Nuevo próspero y feliz»

- «Que la Navidad avive en todos nosotros el sentimiento de fraternidad humana, y que el año ... traiga al mundo el bienestar y la máxima igualdad entre los hombres»

- «Nuestra más sincera felicitación para estas Navidades, y nuestros mejores deseos de prosperidad para el año ...»

- «Que Dios les colme de bendiciones en estas fiestas de Navidad, y en el año ... que va a comenzar»

Muchas veces se trascriben textos bíblicos, pontificios o literarios, que hacen referencia a la Navidad o al Año Nuevo.

Saludas y besalamanos

El besalamano era una esquela con la abreviatura B.L.M. que se redactaba en tercera persona y que no llevaba firma. En la actualidad, el saluda ha venido a ocupar prácticamente el lugar de los besalamanos. De hecho, tiene la misma función y está mucho más acorde con el proceder de nuestros días. La finalidad de ambos es saludar y ofrecerse desde un nuevo cargo, invitar, felicitar...

Normalmente, van impresos en papel de buena calidad, en hojas del tamaño cuartilla, o algo menores, en sentido longitudinal, dejando espacios en blanco para escribir, casi siempre a máquina, el cuerpo del escrito, que variará según los casos, el nombre de la persona a quien se dirige y la fecha.

En la parte superior del saluda va impreso el cargo que ostenta en aquel momento la persona que lo envía. Debajo, la palabra SALUDA, bien destacada. Seguidamente se deja un espacio en blanco para llenar con el nombre del destinatario y el cuerpo del escrito.

En la parte inferior va impreso el nombre y los apellidos de quien ostenta el cargo y, debajo del mismo, una frase cortés de despedida.

Al pie de la hoja figurará la localidad y los espacios correspondientes para escribir la fecha.

Las frases de despedida serán las acostumbradas:

- «Aprovecha esta oportunidad para saludarle muy atentamente»
- «Aprovecha esta ocasión para testimoniarle su consideración»

Veamos a continuación un esquema de saluda:

EL

DIRECTOR GENERAL

DE POLÍTICA COMERCIAL

SALUDA

....
....
....

Carlos Gómez Fuentes

aprovecha esta oportunidad
para testimoniarle su consideración

[lugar y fecha]

Un ejemplo de saluda escrito sería:

EL

DIRECTOR GENERAL

DE POLÍTICA COMERCIAL

SALUDA

a D. Ramón M.ª Estévez, y le invita al acto que, con motivo de la inauguración del Salón ..., tendrá lugar en la sala de actos del ... el próximo sábado, día ..., a las ...

Carlos Gómez Fuentes

aprovecha esta ocasión para
saludarle muy atentamente

[lugar y fecha]

Participaciones

Las participaciones tienen como finalidad comunicar a los familiares y amigos acontecimientos de la vida familiar que tienen alguna repercusión en la vida social. En algunos casos, las participaciones pueden tener carácter comercial.

Su formato puede ser múltiple: rectangular, cuadrado, díptico, tríptico, doblado en cuatro... Sin embargo, existe la tendencia a simplificar y se ha extendido el uso de la cartulina blanca, de forma rectangular, adaptada a cualquiera de los sobres de tamaño estándar.

No está de menos que el tamaño de las participaciones se acomode a las normas dictadas por el servicio de Correos; de lo contrario, se deberá pagar franqueo doble o triple. El capricho, muchas veces, no vale la pena, a no ser en casos excepcionales en los que el valor artístico de la participación no pueda sacrificarse al precio.

Se acostumbra imprimirlas en cartulina blanca o clara, aunque hay también quien utiliza el color y papeles de distinta calidad, tanto superior como inferior.

El sistema de impresión y los tipos de letra pueden ser muy distintos. Se pueden emplear una o varias tintas, esto es, uno o más colores. Naturalmente, cualquier variación influye directamente en el precio.

El caso más corriente es el de la participación de boda.

El nacimiento, la petición de mano, etc., son también motivos para la impresión y envío de participaciones, pero parece que hoy en día ya no se utilizan tanto.

En la actualidad se discute si han de ser los padres o los contrayentes quienes deben enviar la participación. No existe una norma fija. Hasta ahora eran los padres quienes hacían partícipes a familiares y amigos de la boda de sus hijos.

Pero los jóvenes aceptan cada vez menos que sean los demás quienes actúen en su nombre, y quieren ser ellos mismos quienes comuniquen a sus amigos un acontecimiento que modificará el curso de sus vidas, no sus antecesores.

Veamos algunos ejemplos de participaciones:

PARTICIPACIONES DE BODA

En las participaciones de boda no suele indicarse el día exacto de la celebración, ya que al imprimirse con bastante antelación, muchas veces aún no se ha fijado.

Puede omitirse también la iglesia donde va a celebrarse. A los invitados ya les constará en la invitación.

Los nombres de los padres del novio figurarán a la izquierda y los de la novia, a la derecha; el nombre del novio figurará también primero que el de la novia.

Al pie de la participación puede imprimirse la dirección de las dos familias, una a la izquierda y la otra a la derecha, en letra más pequeña.

Puede también discutirse si se debe tratar de tú o de usted a los invitados. El «tú» en singular no parece apropiado; sí en plural, ya que puede confundirse con el antiguo tratamiento de «vos», que es respetuoso.

Cuando se trata de participar de un matrimonio civil, suele invitarse únicamente a la recepción.

Veamos algunos ejemplos:

Cuando son los padres los que participan

José Moreno Ruiz   Juan Piera Manzana
María Giménez de Moreno   Teresa Miró de Piera

Se complacen en participarles el próximo enlace de sus hijos

Carlos y Mireia

que tendrá lugar (D.m.), durante la primera quincena de diciembre, en la Iglesia Parroquial de ...

[lugar y fecha]

Balmes, 33   Vía Augusta, 124

Si uno de los padres es viudo

En este caso se imprimirá:

José Moreno Ruiz   Juan Piera Manzana
María Giménez de Moreno   Vdo. de Teresa Miró

Si uno de los contrayentes no tiene padres

Si se da este supuesto, pueden participarlo los abuelos, aunque parece más lógico que sean los mismos novios quienes lo hagan:

Antonio Muñoz Ochoa
Marta Fuentes Ginés

Se unirán en santísimo matrimonio la primera quincena
del mes de marzo, en la iglesia de ...
Junto con sus familiares, tienen el gusto de participároslo.

[lugar y fecha]

Antonio Muñoz Ochoa
Marta Fuentes Ginés

Se complacen en anunciaros que se casarán la segunda
quincena de marzo, en la Real Basílica de ...

[lugar y fecha]

Si la boda se ha celebrado en la intimidad

En algunas ocasiones, si la boda, por motivos imprevistos, o por deseo expreso de los contrayentes, se ha celebrado en la más estricta intimidad y no se ha comunicado a las amistades, puede hacerse después, una vez celebrado el enlace.

En estas ocasiones puede aprovecharse para ofrecer el domicilio en la misma tarjeta de participación:

Antonio Muñoz Ochoa
Marta Fuentes Ginés

Se complacen en comunicarles su enlace matrimonial,
celebrado el pasado ... de ..., en ... y os ofrecen su nuevo domicilio.

Balmes, 34, pral. 2.ª   *tel.: 44 432 56 78*   *08023 BARCELONA*

PARTICIPACIONES DE NACIMIENTO

Los padres de un recién nacido acostumbran hacer partícipes de la noticia a sus familiares y amigos a través de una tarjeta impresa, ahorrándose de esta manera multitud de cartas o de llamadas telefónicas.

Las participaciones de nacimiento tienen un tamaño menor que las de boda. Llegan incluso a imprimirse en tarjetas bastante pequeñas, simulando que es el propio bebé quien anuncia su llegada a este mundo. Esta variedad, sin embargo, puede llegar a caer en la cursilería.

Lo normal y lógico es que sean los padres quienes comuniquen la noticia, o junto con sus otros hijos, de tenerlos. Esta fórmula sirve de recordatorio a las amistades sobre el número de hijos que tiene el matrimonio.

112

El día del bautizo se acostumbra obsequiar a los presentes con una pequeña bolsa o caja de dulces. A ellas se añade una tarjeta del recién nacido en la que figura el nombre, fecha de nacimiento y la del bautizo.

Veamos algunos ejemplos de cómo se debe redactar una participación de nacimiento:

Cuando son los padres quienes lo participan

> *Pedro Blas Pérez y Mónica Batlle Oriol*
>
> *se complacen en comunicarles el nacimiento de su hijo ...,*
> *que tuvo lugar el pasado día ... de ... de ...*
>
> *[lugar y fecha]*

> *Pedro Blas Pérez y Mónica Batlle Oriol*
>
> *se complacen en partiparles el nacimiento de su segundo hijo ...,*
> *que tuvo lugar el pasado día ... de ... de ...*
>
> *[lugar y fecha]*

Cuando consta el nombre de los otros hermanos

> *Pedro Blas Pérez y Mónica Batlle Oriol*
> *junto con María y José luis*
> *se alegran de comunicarles el nacimiento de*
>
> *Pedro*
>
> *que tuvo lugar en [lugar y fecha].*

Tarjetas

Pedro Blas Batlle
Madrid, 23 enero 1998

Pedro Blas Batlle

Nacido 23-01-98   *Bautizado 10-02-98*

Invitación formal para un bautizo

Pedro Blas Pérez y Mónica Batlle Oriol
se complacen en invitarles a la fiesta que, con motivo
del bautizo de su hija Mónica, celebrarán el próximo
sábado, día ..., a las 6 de la tarde en su finca de ...

[lugar y fecha]

Puede hacerse una invitación más formal, dejando un espacio en blanco para escribir a mano el nombre del invitado.

PRIMERAS COMUNIONES

Las primeras comuniones van dejando de ser un acto social, ajustándose cada vez más a su sentido religioso y litúrgico originario. Las grandes fiestas de antes se van convirtiendo en reuniones estrictamente familiares, amenizadas, muchas veces, con una pequeña fiesta infantil.

Para hacer partícipes de las primeras comuniones a familiares y amigos no se acostumbra enviar participaciones. Se imprimen estampas recordatorios del día.

El tamaño de las estampas recordatorios suele ser pequeño, entre una tarjeta postal y una de visita. En el anverso se suele imprimir algún dibujo o fotografía que tenga relación con este hecho religioso. En el reverso, el nombre del niño que va a recibir la primera comunión, el lugar donde se va a celebrar el evento y la fecha.

Observemos estos ejemplos de estampas recordatorios:

> *Ramón Fernández Ochoa*
> *ha recibido por vez primera el*
> *Sacramento de la Eucaristía,*
> *el día ... de ... de ... en la*
> *Parroquia de ...*
>
> *[lugar y fecha]*

> *M.ª Luisa Ferrán Capanella*
> *ha celebrado su primera comunión*
> *el día ... de ... de ... en la*
> *Capilla de ...*
>
> *[lugar y fecha]*

Si la primera comunión la celebran varios niños a la vez

Pueden imprimirse los nombres de todos ellos en la misma estampa recordatorio:

> *Elvira Romero Cabezal*
> *Luis Jiménez Clavé*
> *María Bello Esbodedo*
> *Rosa Capellán Rubio*
> *Eusebio Tirón Billó*
> *Carlos Pérez Roca*
>
> *han recibido por primera vez el*
> *Sacramento de la Eucaristía en la*
> *Iglesia Parroquial de ..., el*
> *día ... de ... de ...*
>
> *[lugar y fecha]*

115

PARTICIPACIÓN DE PETICIÓN DE MANO

Normalmente, son los padres de la novia quienes participan a los familiares y amigos de tal evento.
Veamos algunos ejemplos:

José Espinal Lloret y María Pedal de Espinal

se complacen en comunicarles que los
Sres. de ... han pedido la mano de su
hija María para su hijo Carlos.

[lugar y fecha]

José Espinal Lloret
María Pedal de Espinal

se complacen en anunciarles la petición de mano
de su hija María por los señores de ... para su hijo Carlos,
que tendrá lugar el próximo día ... de ...

[lugar y fecha]

José Espinal Lloret
María Pedal de Espinal

se complacen en anunciar, para el próximo día ...
de ..., la petición de mano de su hija ... por D. ...

[lugar y fecha]

Pésames y condolencias

Las cartas de este tipo son las más delicadas de escribir. Su finalidad es consolar a familiares o amigos que han pasado un trance doloroso. Nuestra carta no les liberará del pesar, pero podremos lograr con ella que la persona se sienta más acompañada, que sepa que tiene personas a su lado con las que puede contar.

Este tipo de cartas acostumbra a ser corto. No es necesario extendernos en la suma delicadeza con que deben estar escritas estas cartas; hay que tener presente que el receptor se halla en un estado de hipersensibilidad y que necesita nuestro consuelo.

Evitaremos, siempre que podamos, las típicas frases hechas que suenan a vacío. Quien las reciba tendrá la impresión de que escribimos por puro compromiso, no por simpatía. Si de verdad se ama a la persona fallecida, a la que ha sufrido la pérdida o el percance, lo mejor es dejarse llevar por el sentimiento experimentado al conocer la noticia y expresarlo sencillamente, tal y como nos salga de nuestro corazón. Las frases habituales sirven de pauta para quienes tienen dificultades de expresión, pero siempre sonará mejor lo espontáneo.

En este apartado incluiremos no sólo las cartas de pésame por la muerte de un ser querido, sino también todas aquellas con las que nos unimos al dolor y sufrimiento de otra persona ocasionado por desgracias diversas.

Las tarjetas, tarjetones y telegramas se utilizan sólo en el caso de fallecimiento repentino, o para expresar deseos de restablecimiento en un accidente grave, por ejemplo.

POR LA MUERTE DEL ESPOSO (O ESPOSA)

Telegrama

> Apenados fallecimiento amado esposo. Inmejorable compañero. Rogamos a Dios. Te acompañamos en tu dolor. Sinceramente. Abrazos.

Tarjeta

> Nuestro más sincero pésame por la muerte de tu amado esposo, inmejorable compañero que recordaremos siempre. Oraremos a Dios por él y por todos vosotros.

Tarjetón

La repentina muerte de tu esposo nos ha conmovido profundamente. Sabes la mucha estima que sentíamos por él. Comprendemos tu inmenso dolor, uniéndonos a él y a tus oraciones. No hay palabras que puedan consolarte y que nosotros podamos escribir, pero cuenta con nuestra más sincera amistad en estos momentos de dolor.

Carta

[lugar y fecha]

Queridísima ...:

La noticia de la repentina muerte de tu querido esposo nos ha conmovido profundamente. Imaginamos cuánto debe ser tu dolor ante semejante pérdida. Enrique era una de esas personas difíciles de olvidar, hombre, compañero, amigo admirable.

Es imposible consolarte de su partida, no encontramos palabras que reemplacen su amor y compañía; pero sí ha de darte paz y esperanza el pensar lo mucho que ha querido, lo mucho que te ha querido a ti y a los tuyos, y lo mucho que le hemos querido los que con él hemos tratado.

Sabes que siempre nos tienes a tu lado. Jamás debes dejar de recurrir a nosotros cuando nos necesites.

Iremos a visitarte pronto.

Un fuerte abrazo y nuestras más sinceras oraciones.

[firma]

POR LA MUERTE DEL PADRE (O MADRE)

Telegrama

Profundamente afligidos por fallecimiento padre. Nos unimos a vuestro dolor y oraciones. Abrazos.

Tarjeta

Nuestro más sincero pesar por la muerte de vuestro querido padre. Hombre ejemplar al que admirábamos y al que recordaremos siempre. Oraremos por él.

Tarjetón

Sinceramente apenados por la muerte de tu estimado padre, nos unimos a vuestro dolor y a vuestras oraciones.
Se trataba de un hombre admirable, de gran humanidad y de conducta ejemplar. Guardaremos siempre un afectuoso recuerdo de él en nuestros corazones.
Te rogamos que transmitas nuestro sentimiento de condolencia a todos tus familiares.
Un abrazo entrañable.
Buen recuerdo.

Carta

[lugar y fecha]

Querida ...:

Recibimos muy apenados la triste noticia de la muerte de tu querido padre. De todos es sabido que se trataba de un hombre admirable que despertaba el afecto de todos los que hemos tenido la suerte de conocerlo.
Es envidiable dejar tras de sí una vida tan eficaz; en estos momentos de dolor debe serviros de gran consuelo a todos vosotros.
Su recuerdo permanecerá siempre vivo en nuestros corazones.
Tan pronto como nos sea posible iremos a veros. Sabed que podéis contar con nosotros para lo que sea necesario y que os tenemos muy presentes en nuestras oraciones.
Recibid un fuerte abrazo.

[firma]

POR LA MUERTE DE UN HIJO (O HIJA)

Telegrama

Consternados ante noticia súbito fallecimiento de vuestro hijo. Os acompañamos profundo dolor. Abrazos.

Tarjeta

Estamos muy apenados por la triste noticia del fallecimiento de vuestro hijo, Nicolás.
Os enviamos nuestro más sincero pésame y rogamos a Dios por su alma y para que os dé paz y serenidad.

Tarjetón

Profundamente afligidos por la noticia de la muerte de vuestro estimado hijo Nicolás, no hallamos palabras para manifestaros el pesar que esta pérdida nos produce.
Deben ser muy amargos para vosotros, los padres, y para sus hermanos estos momentos.
Os enviamos nuestros sentimientos de profundo dolor que están unidos a los vuestros, sinceramente.

Carta

[lugar y fecha]

Queridos ... y ...:

Deseamos expresaros nuestro más profundo pesar ante la noticia de la muerte de vuestro querido hijo Nicolás.

Nos sentimos incapaces de hallar palabras de consuelo para vuestro dolor, que sabemos atroz.

Quisiéramos que os llegara nuestro sentir, callado, pero profundo y sincero, y que nos sintierais cerca, acompañándoos en estos momentos, infundiéndoos la esperanza de que volveréis a estar con él algún día.

En cuanto nos sea posible, iremos a veros.

Recibid un abrazo muy entrañable.

[firma]

POR LA MUERTE DE UN HERMANO

Telegrama

Apenados triste noticia fallecimiento querido hermano. Os acompañamos en vuestro dolor y oraciones. Abrazos.

Tarjeta

Sentimos muchísimo la muerte de vuestro estimado hermano, tan querido por todos nosotros. Os acompañamos en vuestro dolor y rogamos a Dios por él en nuestras oraciones.

121

Tarjetón

Estamos profundamente apenados por la pérdida de vuestro hermano Juan, al que nos unía un gran afecto y amistad. Sabemos que ha sido un golpe duro ver desaparecer a un familiar tan cercano, tan entrañable, a una edad tan llena aún de posibilidades.
Rogamos a Dios por él y os mandamos desde aquí nuestro más sincero pésame.

Carta

[lugar y fecha]

Queridos ...:

Con profundo pesar nos enteramos de la muerte de vuestro hermano Pedro, tan querido por todos nosotros. Se nos hace muy difícil expresaros lo que en estos momentos sentimos en nuestros corazones.
Con estas modestas líneas os queremos hacer llegar nuestro sentir, callado y profundo, y que nos sintierais cerca, muy cerca, acompañándoos en vuestro dolor, infundiéndoos la esperanza de que, sin duda, volveréis a estar con él algún día.
Os acompañamos en vuestro dolor y oraciones.
Recibid un fuerte abrazo.

[firma]

RESPUESTAS

Es de buena educación responder a todas las cartas, aunque sean de condolencia. Si la escasez de tiempo nos impide contestar con una larga carta o tarjeta, podemos enviar un recordatorio o una tarjeta impresa de agradecimiento.

En este tipo de tarjetas acostumbran a figurar los nombres de los familiares más íntimos, por orden de parentesco, y una frase de agradecimiento.

Veamos unos ejemplos:

122

Si el finado es un hombre casado y con hijos

El tarjetón lo encabezará el nombre de la esposa, seguido del de los hijos, colocados de mayor a menor, y el de las nueras y yernos, empezando por el casado con la mayor o el mayor. Se colocarán uno debajo del otro.

Al pie se escribirá:

«agradecen su condolencia»
o bien
«muy agradecidos por su sentido pésame»

Tarjetón de agradecimiento del pésame

Queridos ...:

Agradecemos muchísimo vuestra cariñosa carta.
Nos sentimos muy reconfortados al ver que no estamos solos en estos dolorosos momentos y comprobando que Carlos era tan estimado por todos.
Muchas gracias.

Un abrazo de

[firma]

Condolencia a un amigo que ha sufrido un revés de la fortuna

[lugar y fecha]

Querido ...:

Por tu madre he sabido que las cosas no te van tan bien como quisieras. Tal vez pensabas que cambiando de trabajo tus problemas económicos se solucionarían, y no ha sido así.
No desesperes. Estoy convencido de que pronto te abrirás de nuevo camino. Confía en ti mismo, como siempre has hecho, sabes que tienes talento, que vales mucho y que sólo hace falta que te den una oportunidad.
En estos momentos difíciles y, como siempre, cuenta conmigo, sabes que me tienes a tu lado y que haré cuanto esté en mis manos para ayudarte.
Recibe un cordial abrazo de tu amigo,

[firma]

*Carta de condolencia por un accidente grave sufrido
por un cónyuge o por los hijos*

[lugar y fecha]

Querido ...:

Con gran consternación recibimos la noticia del grave accidente que ha sufrido tu... en el jardín de vuestra torre.

Imaginamos los angustiosos momentos que estarás pasando, en la constante duda del resultado de la intervención quirúrgica a que fue sometido.

Pero no desesperéis. Tened confianza. Todo saldrá bien.

Quisiéramos poder ayudaros al menos compartiendo con vosotros estos momentos de dolor. Acudid a nosotros sin dudarlo siempre que lo necesitéis, aunque tan sólo sea para desahogaros. Prometemos visitaros pronto.

Recibid un fuerte abrazo y nuestros mejores deseos de restablecimiento para...

[firma]

Carta a un amigo que ha roto su compromiso matrimonial

[lugar y fecha]

Querido ...:

La verdad es que ha sorprendido mucho la noticia de tu ruptura con ..., ¡se os veía tan enamorados!

No sé si soy indiscreta al escribirte estas cuatro líneas, mas no me gustaría avivar en ti el recuerdo de tan desagradable momento, sino ofrecerte mi amistad por si necesitas charlar un poco y desahogarte.

Recibe un cordial y sincero abrazo de tu amiga,

[firma]

Agradecimientos

Agradecer a través de una carta un gesto que han tenido para con nosotros es señal de buena educación. Es muy frecuente que entre amigos o familiares se pidan favores, pero todavía es más frecuente olvidar agradecerlos. Algo parecido ocurre con los obsequios.

Debemos agradecer siempre los detalles que los demás tienen con nosotros, aunque la gestión realizada no haya tenido éxito, aunque el regalo no nos haya gustado en absoluto, o aun cuando hubiéramos preferido que no se metieran en nuestros asuntos personales.

No recibir unas líneas de agradecimiento cuando se ha hecho un favor, o se ha tenido una delicadeza para con alguien, despierta en uno el desagradable sentimiento de sentirse un poco usado como medio para satisfacer necesidades puntuales o solucionar problemas; en definitiva, muy poco valorado como persona que uno es.

Según la importancia del favor, o según la persona de quien provenga, escribiremos una tarjeta, carta o tarjetón. Los regalos se acostumbra agradecerlos con una pequeña tarjeta, a no ser que sean excepcionales, en cuyo caso se obrará en consecuencia.

A continuación ofrecemos algunos ejemplos:

CARTA O TARJETA DE AGRADECIMIENTO POR UN FAVOR DE UN AMIGO

[lugar y fecha]

Querido ...:

Te agradezco muchísimo que acompañaras a casa a mi hija pequeña ante semejante tormenta.

Gracias a ti llegó a casa sana y salva, y muy contenta por haber podido jugar un poco más con tus hijos.

Recibe un abrazo mío y de mi esposa,

[firma]

Querido Pedro:

Muchísimas gracias por todo. No te puedes imaginar el enorme favor que me has hecho.

Un fuerte abrazo,

[firma]

[lugar y fecha]

Querido ...:

No sé cómo darte las gracias por el enorme favor que me has hecho. Gracias a tu carta de recomendación he conseguido que me aceptaran en la empresa.
Sin tu colaboración me hubiera sido todo más difícil, y tal vez imposible.
Te agradezco infinitamente tu ayuda y te mando un cordial saludo.

[firma]

CARTA AGRADECIENDO UN FAVOR A UNA PERSONA INFLUYENTE

[lugar y fecha]

Distinguido señor:

Con esta carta quisiera agradecerle todas las molestias que se ha tomado por mi caso. De no ser por usted, en estos momentos me encontraría sin trabajo, lo que implicaría un grave problema para mí y para mi familia.
Ruego disculpe las molestias que le haya podido ocasionar dedicarse a mi caso.
Reciba un afectuoso saludo de mi familia entera.

[firma]

[lugar y fecha]

Distinguido señor:

Permítame que le haga llegar estas cuatro líneas con las que me atrevo a expresarle mi agradecimiento por la gentileza que ha tenido conmigo brindándome la oportunidad de participar en las reuniones de la junta directiva.
No se arrepentirá de haber tomado esta decisión. Por mi parte, lo voy a considerar con mi más gran interés.
Muchas gracias de nuevo.
Reciba un respetuoso saludo.

[firma]

AGRADECIMIENTO POR UN SERVICIO PRESTADO

[lugar y fecha]

Querida ...:

Te agradezco infinitamente que hayas sido tú la que te hayas ofrecido a sustituir-me durante esos días que voy a estar de viaje.

Siempre he creído que tú eras la persona indicada para hacerlo, pero no me había atrevido a pedírtelo. Te agradezco tu disponibilidad para con tus amigos.

Muchísimas gracias de nuevo y recibe un fuerte abrazo de tu compañera de oficina,

[firma]

AGRADECIMIENTO POR UNA ATENCIÓN RECIBIDA

[lugar y fecha]

Mis queridos ...:

Os agradecemos mucho las atenciones que tuvisteis con nuestros suegros en su viaje a vuestro país.

De no ser por vosotros no hubieran conocido ni la mitad de cosas que visitaron.

Sin quizá pretenderlo, hicisteis que pasaran unos días inolvidables con vuestra compañía en vuestra maravillosa ciudad.

Gracias una vez más.

Recibid un fuerte abrazo.

[firma]

[lugar y fecha]

Queridísima señora ...:

Recordaré siempre con mucho cariño los días que pasé en su casa. No sabe cuánto le agradezco su amable hospitalidad para conmigo.

He pasado unos días muy agradables; usted hizo que me olvidara de los problemas, de mis situaciones cotidianas en la oficina, visitando a fondo su país, entablando nuevas y entrañables amistades. Para mí ha sido como desaparecer unos cuantos días de mi realidad urbana. Casi como una estancia en un balneario.

Espero poder abrazarla de nuevo bien pronto.

Mientras tanto, reciba todo mi afecto y gratitud.

[firma]

[lugar y fecha]

Queridos ...:

Ya estamos otra vez en casa. Parece mentira lo rápido que han pasado los días que estuvimos en vuestra compañía, gozando de vuestra amistad.

Para los niños ha sido un corto paréntesis muy saludable. No hacen más que hablar de vosotros, de las pequeñas excursiones que hicieron con el todoterreno, de la piscina.

Sois unos anfitriones fenomenales, de verdad que nos hemos sentido como en casa.

Os agradecemos muchísimo todas las atenciones que tuvisteis con nosotros. Recibid un cariñoso abrazo.

[firma]

AGRADECIMIENTO POR LA FELICITACIÓN POR UN ÉXITO OBTENIDO

[lugar y fecha]

Querido ...:

Te agradezco la cariñosa carta que me enviaste al enterarte del éxito de mi última novela.

La verdad es que yo mismo estoy sorprendido de que el jurado de un premio tan importante haya fallado en mi favor.

Ya ha pasado una semana y todavía no me lo acabo de creer.

Gracias por tus palabras, que sé que no son vacías. Gracias porque sé que nunca me ha faltado tu ánimo y por haber creído siempre en mi obra. El premio nos pertenece a los dos.

Recibe un fuerte abrazo de tu buen amigo.

[firma]

AGRADECIMIENTO POR LA FELICITACIÓN
DE UN FAMILIAR AL TERMINAR LOS ESTUDIOS

[lugar y fecha]

Querido ...:

Te agradezco tu cariñosa felicitación por la buena calificación que he obtenido en mi licenciatura. Tú también has pasado por esta facultad y sabes lo duro que es el último curso.

Estoy satisfecho de mis resultados, no en vano, como bien sabes, he trabajado fuerte para conseguirlos. Ahora tengo esperanzas en el porvenir, y en que todos los esfuerzos dedicados al estudio me sean útiles para convertirme en un buen profesional, consciente de mis obligaciones y de mi responsabilidad social.

Gracias una vez más por tu felicitación y por tu constante ánimo durante mis estudios.

Recibe un entrañable abrazo de tu ...,

[firma]

AGRADECIMIENTO POR LA FELICITACIÓN RECIBIDA
AL OBTENER UN CARGO IMPORTANTE

[lugar y fecha]

Querida ...:

No sabes cuánto te agradezo tu felicitación, que sé del todo sincera. Tú siempre te has alegrado con mis éxitos, también me has acompañado en aquellos momentos no tan felices. Siempre has estado a mi lado y has procurado ayudarme y alentarme aun cuando yo misma dudaba de mi capacidad para desempeñar los puestos de trabajo que se me proponían.

Tu carta me llenó, una vez más, de confianza; de confianza en mí misma y en tu amistad. Gracias. Sé que podré llevar a buen término lo que desde ahora se me exige en el trabajo. Conozco mis ganas de trabajar y de ser eficaz.

Gracias una vez más por todo.
Recibe un fuerte abrazo de tu amiga,

[firma]

AGRADECIMIENTO POR LA FELICITACIÓN RECIBIDA
POR LA SUERTE EN LA LOTERÍA

[lugar y fecha]

Mi muy querido ...:

Gracias por tu felicitación. La verdad es que todavía no he reaccionado ante la noticia. Debería dar saltos de alegría, pero todavía no me hago a la idea.

Tu felicitación no fue la única, como muy bien te puedes imaginar. Han sido muchas las personas que se han acordado de mí en esta circunstancia tan dichosa. Pero sé que la tuya era sincera. Sé que tú realmente te alegras por este éxito totalmente azaroso. Sé que no hay ningún interés escondido en tus intenciones, y esto me llena aún más de gozo, porque sé que un puñado de pesetas no va a hacer tambalear nuestra amistad.

Recibe un cordial abrazo de

[firma]

AGRADECIMIENTO POR LA FELICITACIÓN POR EL ANUNCIO DE UN COMPROMISO MATRIMONIAL

[lugar y fecha]

Querida ...:

Muchas gracias por tu cariñosa carta, sabía que la noticia de mi inminente matrimonio con Carlos te llenaría de gozo y de alegría.

Ya hacía tiempo que le dábamos vueltas al asunto y, finalmente, el ascenso en el puesto de trabajo de Carlos nos ha hecho decidir.

¡No te puedes imaginar lo ilusionada que estoy! Sé que seremos muy felices.

Tengo muchas ganas de verte y de poder charlar contigo.

Gracias una vez más por tu carta.

Recibe un fuerte y cariñoso abrazo.

[firma]

AGRADECIMIENTO POR LA FELICITACIÓN DE BODA Y POR EL REGALO

[lugar y fecha]

Queridos ...:

Os agradecemos mucho vuestra sincera felicitación y vuestro magnífico regalo.

Lamentamos que no podáis acompañarnos el día de nuestro enlace matrimonial. Para nosotros se trata de una fecha muy importante en la que desearíamos estar rodeados de todos aquellos seres queridos.

Seguro que os echaremos mucho de menos.

Un abrazo muy fuerte de

[firma]

AGRADECIMIENTO POR LA FELICITACIÓN
POR EL NACIMIENTO DE UN HIJO

[lugar y fecha]

Queridos ...:

Recibimos, hace ya una semana, vuestra cariñosa felicitación con motivo del nacimiento de nuestro bebé. Debéis disculparnos el retraso en agradecérosla, pero esto de ser padres es más complicado de como nos lo habían contado. ¡No tenemos tiempo para nada!

Estamos un poco asustados ante la responsabilidad que esto lleva consigo; suponemos que a todos los nuevos padres les sucederá lo mismo, pero esperamos que la vida irá serenando nuestros sentimientos sin que estos pierdan su emotiva profundidad.

Muchas gracias, una vez más, por vuestra felicitación y porque sabemos que vosotros os alegráis tanto como nosotros.

Recibid un fuerte abrazo.

[firma]

AGRADECIMIENTO POR LA FELICITACIÓN
POR EL NACIMIENTO DE GEMELOS

[lugar y fecha]

Queridos ...:

Agradecemos vuestra felicitación muy de veras. La verdad es que somos tan felices que es imposible expresarlo. Después de casi nueve años de matrimonio, cuando ya habíamos perdido la esperanza de ser padres, llega, de pronto, la noticia de que al cabo de unos meses vamos a ser padres, y no de uno, ¡sino de dos a la vez!

Los meses han pasado y ahí están, dos niños sanos y fuertes.

No te puedes imaginar la ilusión que nos hizo verlos la primera vez.

En casa sólo se habla de niños. Mi esposa está también muy animada y ya se ha recuperado del todo.

Esperamos vuestra visita bien pronto.

Recibid un fuerte abrazo.

[firma]

Agradecimiento por regalos recibidos

Regalos de boda

• *A personas mayores que no son de la familia:*

Agradecemos muchísimo el magnífico detalle que han tenido con nosotros con motivo de nuestro enlace matrimonial.

Su obsequio ocupará, sin duda, un lugar preferente en nuestro nuevo hogar, no sólo por lo mucho que nos gusta, sino por proceder de ustedes, personas que tanto apreciamos.

[firma]

• *A unos amigos de los padres:*

Estamos muy agradecidos por su espléndido regalo. Era algo que siempre habíamos deseado tener. Ahora, a la ilusión de gozarlo, se unirá el grato recuerdo de ustedes.

[firma]

• *A un amigo de los novios:*

Muchísimas gracias por tu obsequio. Nos ha hecho mucha ilusión, y más que pensaras en nosotros en esta ocasión tan feliz.

Esperamos poder disfrutar de él, a menudo, en tu compañía.

Recibe un cariñoso saludo.

[firma]

• *Tarjetas de agradecimiento por regalos de boda:*

«Muchísimas gracias por su obsequio.»

«Agradecidos por su acertado regalo.»

«Su regalo nos ha hecho muchísima ilusión. Gracias.»

«Infinitas gracias por su obsequio.»

«Agradecidísimos por su maravilloso regalo.»

«Encantados con su magnífico obsequio.»

«Muchas gracias por su detalle, de un gusto exquisito.»

«Les estamos muy agradecidos por su bonito detalle.»

Regalos recibidos con motivo del bautizo o de la primera comunión

Este tipo de tarjetas o tarjetones los acostumbran a escribir los padres; los niños que han recibido la primera comunión, en algunos casos, añaden unas líneas, o firman al final.

[lugar y fecha]

Queridos ...:

Os agradecemos muchísimo este detalle que habéis tenido con nosotros con motivo del bautizo de nuestro bebé.
Tenéis un gusto exquisito y sabéis acertar siempre.

Recibid un cordial saludo.

[firma]

Os agradecemos mucho vuestro obsequio para nuestro bebé, pero no debisteis molestaros, de veras.

Un abrazo.

[firma]

[lugar y fecha]

Queridos ...:

Muchísimas gracias por vuestro precioso regalo para la primera comunión de Miguel.
Ha estado muy contento; era un regalo que estaba esperando con mucha ilusión.

Un abrazo.

[firma]

María está encantada con vuestro precioso regalo. Ya sabes lo que le gusta jugar con muñecas, y esta nos la había pedido ya por Reyes.

Ahora os escribe ella unas letras, que adjuntamos a nuestra tarjeta.

Recibid un abrazo.

[firma]

Regalos de santos o de cumpleaños

Podemos usar las mismas fórmulas dadas para todo tipo de regalos, cambiando *boda* por *santo*, etc. Lo mismo ocurre con los regalos de Navidad.

En los santos y cumpleaños, igual que en Navidad, se suelen recibir dos tipos de obsequios: los que provienen de familiares y amigos, y los obsequios de fuentes comerciales o relacionados con el mundo del trabajo, donde nos desenvolvemos.

Los obsequios que recibimos en el trabajo suelen ser consecuencia de algún favor hecho a alguien, o de la conducta de servicio desde el puesto que ocupamos. Pueden ser también causa del cargo que ostentamos, con el que muchos pretenden estar bien. Para agradecer este tipo de regalos sirven prácticamente las mismas fórmulas que en los otros ejemplos, especialmente si los obsequios proceden de familiares o amigos. Si están relacionados con el trabajo, podemos agradecerlos de la manera siguiente:

Muchísimas gracias por su atención.

Reciba un atento saludo.

[firma]

Agradezco muchísimo su magnífico obsequio, pero no debía haberse molestado.

Cordialmente,

[firma]

Agradezco de veras su atención y el espléndido obsequio que me ha hecho llegar. Reciba un afectuoso saludo.

[firma]

Petición de favores. Encargos

Tal vez sean las cartas más difíciles y delicadas de escribir. Por una parte, intimidan y cohíben a quien las escribe y, por otra, a menudo resulta incómodo recibirlas, porque tanto para el remitente como para el destinatario suponen hallarse en una situación de compromiso mutuo.

Cuando nos dirigimos a un familiar o amigo, no tendremos problema alguno al expresar lo que nos ocurre y el favor que nos gustaría que nos concedieran. El problema suele surgir cuando tenemos que pedir favores a personas influyentes y que nos resultan distantes o desconocidas, en el peor de los casos por ejemplo.

Antes de pedir un favor debemos pensar en las molestias que puede ocasionar, no sólo a la persona que va a recibir el encargo, sino, tal vez, a terceros. Sin embargo, debemos tener claro también que es muy humano y conveniente pedir favores cuando verdaderamente se necesitan. Y otorgarlos es siempre motivo de satisfacción, o por lo menos debería serlo.

En este tipo de cartas evitaremos exponer la petición de entrada, de forma que coaccione a la persona que la reciba nada más empezar a leerla. Usaremos un lenguaje llano, pero convincente y seguro, que impulse a actuar sin sentirse forzado a ello.

Evitaremos también todo tipo de servilismo, dar la imagen de estar mendigando un favor. El hecho de que necesitemos algo de alguien que está en una situación más privilegiada no significa en absoluto que debamos menospreciarnos.

Si lo que vamos a pedir es dinero, debemos actuar con tacto, pues se trata de un asunto más delicado. Procuraremos ofrecer siempre la garantía de su íntegra devolución.

Si el favor que solicitamos es para terceros, deberemos dar una descripción, la más completa posible, del amigo o familiar para el que nos atrevemos a pedir la ayuda y por qué lo hacemos.

Veamos algunos ejemplos de este tipo de cartas que expresan con absoluta corrección los favores y necesidades que solicitamos.

136

[lugar y fecha]

Querido ...:

Como bien sabes, este es mi último año en la Universidad. Como tema de mi trabajo de final de carrera he escogido el mismo que tú leíste ante el tribunal hace cinco años.

La verdad es que lo encuentro muy interesante y resume, de alguna manera, el cuadro de materias que he ido escogiendo a lo largo de los cinco años de facultad.

Te agradecería, si te es posible, que me prestaras tu trabajo, tan sólo unos días, para hojearlo y, tal vez, obtener alguna idea nueva.

Espero que esto no suponga demasiada molestia para ti y que aún conserves el trabajo en tu poder.

En espera de noticias tuyas, te envío un cordial saludo.

[firma]

Respuesta afirmativa

[lugar y fecha]

Querido ...:

Ayer recibí tu carta en la que me preguntas si te puedo dejar mi trabajo de final de carrera.

La verdad es que hasta ahora nadie más que tú se ha interesado por él.

Estaré muy complacido de poder echarte una mano. Cuando quieras, pásate por casa y lo recoges. De paso charlaremos un rato al respecto. Me gustará saber qué has investigado tú de nuevo sobre este tema.

Un fuerte abrazo, y hasta pronto.

[firma]

Respuesta negativa

[lugar y fecha]

Querido ...:

Ayer recibí tu carta en la que me pides mi trabajo de final de carrera. Siento tener que decirte que, en estos momentos, no obra en mi poder.

Al terminar mis estudios lo publiqué en la editorial de la facultad y no me devolvieron el original.

Lo siento, tal vez lo puedas encontrar en la biblioteca de la Universidad.

Que tengas suerte; un abrazo.

[firma]

PETICIÓN A UN AMIGO INFLUYENTE

[lugar y fecha]

Querido Sr. ...:

Siento mucho tenerle que molestar para pedirle un favor, pero es muy importante para mí, y usted es la única persona a la que puedo recurrir.

Como usted bien sabe, actualmente en su empresa se han convocado dos puestos de trabajo en el área comercial.

Creo que estoy ampliamente capacitado para ocupar un cargo de este tipo, y ello representaría un importante paso en mi carrera profesional.

Quisiera que usted, como buen amigo que lo tengo, le hablara de mí al gerente de la empresa para que me concediera una entrevista.

Espero que no le ocasione muchas molestias hacerme esta gestión, que le agradezco de veras por lo mucho que puede representar en mi porvenir profesional.

Reciba mi más cordial saludo.

[firma]

Respuesta afirmativa

[lugar y fecha]

Querido ...:
Con mucho gusto hablaré con el gerente de la empresa sobre tu caso. No hace falta que me convenzas sobre tus capacidades. He trabajado contigo muchos años y sé lo mucho que vales.

Espero que mi gestión te pueda ayudar y que consigas lo que te has propuesto.

Recibe un cordial saludo.

[firma]

Respuesta negativa

[lugar y fecha]

Querido ...:

Lamento muchísimo no poder ponerte en contacto con el gerente de la empresa. Ciertamente, es un buen amigo mío, pero tengo como norma no mezclar la amistad con los asuntos profesionales.
No creas que no quiero complacerte, pues conozco tu interés y tu valía, pero el hacer un favor de este tipo va contra mi manera de pensar.
Sin embargo, pídele una entrevista y dile que eres buen amigo mío. Yo se lo confirmaré en caso de que me pidiera referencias tuyas.
Siento no poder hacer más por ti; te deseo mucha suerte.

Recibe un abrazo.

[firma]

[lugar y fecha]

Mi querido ...:

Siento de veras tenerte que escribir para pedirte un favor; tú bien sabes que no es mi costumbre, pero en estos momentos me encuentro en un grave apuro.

El año pasado decidí establecerme como autónomo dentro del ramo de las manufacturas de algodón, terreno que creía conocer bien en todos sus aspectos.

Sin embargo, no todo ha ido tan bien como me esperaba. En la actualidad, mi economía está por los suelos; tengo una gran cantidad de facturas impagadas; las gestiones con la mayoría de mis clientes para que me las hicieran efectivas no han dado resultado. Es este un momento difícil y todos me solicitan el aplazamiento de los pagos.

Lo peor del caso es que yo también debo hacerlo. He de abonar medio millón de pesetas el mes que viene, en concepto de una compra que hice el año pasado.

Como no tengo efectivo, he pedido un crédito bancario por valor de un millón. Me piden un avalista. ¿Podrías ser tú? Te prometo liquidar el crédito tan pronto como me sea posible.

A la espera de tus prontas noticias, recibe un fuerte abrazo de

[firma]

Respuesta afirmativa

[lugar y fecha]

Querido ...:

Ayer recibí tu carta en la que me pides que te avale en un crédito bancario. Con mucho gusto lo haré.

La verdad es que siento mucho que te encuentres en esta situación económica, de la que espero te repongas pronto. Me alegra que hayas recurrido a mí. Los amigos de verdad no sólo estamos para los momentos alegres.

Llámame y quedaremos en el día que debo acompañarte al banco a firmar.

Hasta entonces, recibe un fuerte abrazo.

[firma]

Respuesta negativa

> [lugar y fecha]
>
> Mi querido ...:
>
> Ayer recibí tu carta en la que me pides que te haga de avalista en un crédito bancario que has tenido que pedir para solucionar tu delicada situación económica.
> Siento tener que negarte mi ayuda. Para mí, estos momentos no son tampoco muy alegres. No me veo capaz de adquirir nuevas responsabilidades económicas.
> Cree, de veras, que lo siento mucho, y te ruego me disculpes.
>
> Un abrazo.
>
> [firma]

PETICIÓN DE UN FAVOR A UN AMIGO PARA QUE NOS PRESENTE UNOS DOCUMENTOS

> 142[lugar y fecha]
>
> Querido ...:
>
> La última vez que nos vimos ya te hablé de mis deseos de presentarme a las oposiciones de... Finalmente se han convocado y ya tengo toda la documentación lista.
> Quería enviarla por correo certificado, pero tengo miedo de que no llegue a su destino.
> Si no es mucha molestia para ti, preferiría que me la presentaras tú y, de esta manera, obtener de inmediato el resguardo de entrada.
> Te lo agradezco de veras, y en espera de tus noticias, te mando un abrazo.
>
> [firma]

CARTA PIDIENDO QUE NOS INFORMEN SOBRE LOS PRECIOS DE UNOS APARTAMENTOS PARA PASAR EL VERANO

[lugar y fecha]

Mi querido Nicolás:

Hace tiempo que no coincidimos en el bar. Espero que tú y tu familia sigáis bien.

El motivo de mi carta es el siguiente: a mi familia le gustaría veranear en la Costa Brava. Como sé que vosotros os desplazáis allí cada fin de semana a vuestra torre, te agradecería me miraras algo por esa zona.

Quisiera saber precios y condiciones para el mes de julio.

Espero no ocasionarte muchas molestias con mi petición.

Recibe un fuerte abrazo.

[firma]

ENCARGAR LA COMPRA DE UN REGALO DE BODA A UN AMIGO

[lugar y fecha]

Mi buen amigo ...:

Sé que tú también estás invitado a la boda de ... Será un acontecimiento único, pues parece que nos reuniremos todos los compañeros de la promoción.

Te escribo ahora para pedirte un pequeño favor.

Creo que tienen la lista de boda en una tienda de tu ciudad, a la que, si bien supongo, deberás acudir tú también.

Te agradecería mucho te encargaras, si no te es molestia, de comprarles un regalo en mi nombre, que oscile entre las ... y las ... pesetas.

El día de la boda me comunicas el importe exacto y te lo pagaré inmediatamente.

Muchas gracias por todo. Recibe un cordial saludo de

[firma]

142

[lugar y fecha]

Reverendo D. ...

Querido padre:

Tal vez le hayan contado nuestros padres nuestro deseo de unirnos en matrimonio muy pronto, precisamente dentro de un par de meses.

Para nosotros, representa un momento muy importante, en el que quisiéramos vernos rodeados de todos aquellos a los que queremos y admiramos.

Usted no puede faltar; además de invitado predilecto, quisiéramos que celebrara la ceremonia religiosa y bendijera nuestro enlace.

Le agradeceremos que nos indique si tiene alguna especial preferencia o inconveniente en alguna fecha de la segunda mitad del mes de mayo.

Esperando sus noticias, le mandamos un afectuoso saludo.

[firma]

Relaciones, noviazgo y boda

CARTA MODELO PARA UN JOVEN QUE HA CONOCIDO
A UNA CHICA QUE LE AGRADA

[lugar y fecha]

Querida ...:

Tal vez te extrañe recibir esta carta ahora que me encuentro tan lejos, cumpliendo el servicio militar, pero quizás ha sido la distancia la que me ha hecho ver lo mucho que echo de menos aquellas tardes en aquel café, charlando contigo animadamente, olvidándonos de todo...

Han sido tan pocas las veces que me he sentido tan a gusto con una chica... La verdad es que siempre tengo algo que decirte y comentarte, tú pareces comprenderlo todo y estar interesada por todo lo que te cuento.

Me gustaría mucho que nos escribiéramos, aunque sea poco. Pero no quiero perder el contacto con una persona tan maravillosa como tú.

Te mando un cariñoso saludo.

[firma]

Respuesta positiva

[lugar y fecha]

Mi querido ...:

No sabes con qué ilusión leí tu carta. Yo también sentí que te fueras a cumplir el servicio militar.

Al igual que tú, me siento muy cómoda cuando estoy contigo y charlamos. Contigo no me veo obligada a fingir y a hablar de tonterías como me pasa con la mayoría de chicos que normalmente trato.

Acepto feliz la idea de cartearnos.

Hasta pronto y recibe un cariñoso saludo.

[firma]

Respuesta negativa

[lugar y fecha]

Querido ...:

Agradezco mucho tu carta y todas las cosas agradables que en ella me dices, pero creo que no podré complacerte en tu deseo de que nos carteemos.

Desde hace unos días estoy en relaciones con un chico del lugar donde paso el verano.

Creo que a él no le gustaría en absoluto que me escribiera con otro chico, aunque sólo fuera como buenos amigos. Tal vez lo vería distinto si se tratase de una amistad de años, pero tal como han ido las cosas, creo que es mejor no empezar.

Quisiera, sin embargo, que me consideraras una buena amiga, y me gustaría mucho que te incorporaras a nuestro grupo de amigos cuando regreses.

Recibe un cordial y amistoso saludo.

[firma]

> [lugar y fecha]
>
> Mi querida ...:
>
> Cada día estoy más impaciente por recibir tus cartas. No me arrepiento en absoluto de haberte convencido para que iniciáramos una relación por carta.
>
> A través de la correspondencia de estas últimas semanas me he dado cuenta de lo interesante y atractiva que eres como persona. Creo que me estoy enamorando de ti. Tal vez te asuste leer estas palabras, pero no quiero rectificarlas, sería como avergonzarme de algo tan hermoso como es el amor.
>
> Quisiera tener la certeza de que tú sientes algo parecido por mí. Escríbeme, ..., y dime si puedo sentirme desde hoy el hombre más feliz del mundo.
>
> Si no fuera así, contéstame también; sé sincera.
>
> Recibe un fuerte abrazo de
>
> [firma]

Respuesta negativa

> [lugar y fecha]
>
> Mi querido ...:
>
> Siento que confundieras mi amistad con algo más. La verdad es que tu carta me ha sorprendido un poco. Jamás hubiera llegado a pensar que el aprecio que sentíamos el uno por el otro se convertiría, de repente, en amor.
>
> Siempre has sido, y serás, un maravilloso amigo; mas mis sentimientos no van más allá. No sabes cuánto lo siento y me duele decírtelo.
>
> Temo que estas últimas cartas perjudiquen nuestra amistad, sentimiento hermoso y desinteresado, que me gustaría compartir siempre contigo.
>
> No quiero entristecerte; lo que yo siento por ti puede ser tan maravilloso como el amor, pero es distinto.
>
> Recibe un abrazo de
>
> [firma]

Respuesta positiva

[lugar y fecha]

Mi querido ...:

No te puedes ni imaginar lo contento que se ha puesto mi corazón al leer tu carta. Hace ya algunos días que esperaba que me dijeras estas cosas quizá porque yo no osaba escribírtelas.

Yo también me he ido enamorando de ti, y muchas veces he temido no ser para ti más que una buena amiga.

Estoy muy feliz. Gracias, gracias una vez más por tus palabras, tan sinceras, tan bellas.

Tengo ganas de verte, de hablarte, de sentirte cerca...

Recibe, mientras tanto, un cariñoso abrazo de

[firma]

RUPTURA DE NOVIAZGO

[lugar y fecha]

Querida ...:

La verdad es que ni yo mismo sé cómo debo empezar esta carta, mi querida .... No sabes lo triste y confundido que me siento en estos momentos.

Hace ya varias semanas que en mi cabeza va dando vueltas la misma idea: nuestra relación y los problemas por los que está atravesando.

Creo, sinceramente, que los dos hemos cambiado, y mucho. Ya no somos los mismos del día que nos prometimos amor eterno.

En todo este tiempo no hemos aprendido a vivir el uno para el otro.

Tal vez tú hayas pensado lo mismo, o tal vez en estos momentos te duelen mis palabras; por nada del mundo quisiera hacerte daño a ti, que tan buenos momentos me has dado.

Quizá mi actitud interior cambie con el tiempo, pero ya hace mucho tiempo que me siento totalmente indiferente hacia ti, y me invade una total apatía que no puedo ya ocultarte más.

Perdóname, mi querida ..., si te hago daño con mis palabras, pero creo que la separación es lo mejor para los dos.

Te abraza eternamente,

[firma]

Respuesta lamentándolo

[lugar y fecha]

Mi querido ...:

Tu carta heló la sangre de mis venas. Ciertamente, desde hace ya algún tiempo nuestra relación no es lo que era. Los dos hemos cambiado mucho. Pero siempre creí que se trataba de una crisis pasajera, que el tiempo lo curaría todo y volveríamos a nuestros momentos más felices.

Ahora me doy cuenta de lo grave que ha sido esta crisis y de lo mucho que he perdido. Pero no te preocupes por mí; sabré superarlo. Pero no esperes que ahora mi vida sea como siempre, pues he perdido aquello que más quería.

Recibe un cordial y fuerte abrazo.

[firma]

Respuesta estando de acuerdo

[lugar y fecha]

Mi querido ...:

Tu carta me sorprendió un poco, tal vez por lo directo que tratas un tema que yo ya hacía tiempo preveía.

Sí, es un hecho, nuestra relación no funcionaba bien. Parece que la llama que se encendió en nuestros corazones cuando nos prometimos amor eterno se ha apagado.

Pero estoy contenta de haber compartido contigo estos agradables momentos de felicidad, del recuerdo que nos quedará y, especialmente, de la amistad que ha nacido entre nosotros.

Adiós, mi querido ..., hasta siempre.

Un abrazo.

[firma]

PETICIÓN DE MATRIMONIO

[lugar y fecha]

Querida ...:

Hace ya tiempo que nos conocemos y nuestra amistad ha ido haciéndose cada vez más profunda en los últimos meses. Creo que me sería muy difícil encontrar a otra persona que me comprendiera mejor que tú y con la que me sintiera tan bien.

Hace varias semanas que estoy dándole vueltas a la idea del matrimonio; la verdad es que me atemoriza dar un paso tan importante, pero el amor que siento por ti es tan grande que no puede ahogar esa fuerza que me lanza al matrimonio.

No concibo la idea de vivir sin ti. Me faltaría la mitad de mi ser e iría errante paseando mi vacío por el mundo.

Nunca hemos hablado de matrimonio. ¿Tienes deseos de casarte conmigo? Dime, por favor, que quieres ser mi esposa.

Escríbeme ahora, sin perder un minuto: estoy impaciente.

Un abrazo muy, muy fuerte.
Te quiero.

[firma]

Respuesta afirmativa

[lugar y fecha]

Mi querido ...:

¡Claro que quiero casarme contigo! No sabes lo feliz que me has hecho con tu decisión. Nunca habíamos hablado del matrimonio, es cierto, pero yo sentía en mí que se iba acercando, poco a poco, al tiempo que nuestro amor se hacía más grande.

Yo también tengo miedo, no creas, pero en la vida hay que correr riesgos, y el hacerlo contigo me da tranquilidad, seguridad. Quiero afrontar el futuro juntos.

No concibo la felicidad sin ti. Te quiero mucho... Tengo muchas ganas de verte; hablando podremos decidir mejor la fecha, que yo también deseo sea muy cercana.

Con todo mi amor,

[firma]

[lugar y fecha]

Querido ...:

Tu carta me ha dejado un poco triste y pensativa. Muy triste por ver lo poco cosa que soy, la pobreza de mi personalidad, y pensativa porque has hecho que me plantee en serio nuestra relación.

Soy más cobarde de lo que pensaba. No me veo capaz de afrontar la vida matrimonial.

Para mí representa un compromiso muy serio. Perdóname, mi querido ..., sé lo dolorosas que son para ti mis palabras.

Perdóname otra vez, mi querido ... No sé qué me ocurre; quizás es que no te quiero con la misma intensidad que antes, no porque no lo merezcas, sino porque mi introversión me va convirtiendo en un ser incapaz de darme a los demás. Y el matrimonio lo concibo como un darse; un darse que yo no estoy ahora en condiciones de afrontar.

Perdóname por haberte retenido tanto tiempo a mi lado, quisiera aún retenerte más, si fuera posible.

Créeme, me será difícil vivir sin ti, a mi manera te quiero mucho. Pero yo no necesito más, estoy bien así.

Te ruego que me disculpes y procures, una vez más, comprenderme.
Te quiero.

Un fuerte abrazo.
Hasta siempre.

[firma]

[lugar y fecha]

Mi querida ...:

No sé cómo vivir sin ti. Te quiero, te quiero mucho. No, no estoy loco; lo estaba cuando decidí romper contigo creyendo que había dejado de querete; que deseaba vivir y tener otras experiencias, que estar contigo me impediría hacerlo a mi manera... ¡Qué tonto fui!

Ahora me he dado cuenta de que no puedo vivir sin ti. Sin ti mi vida carece de sentido.

Te necesito, te quiero a mi lado otra vez. Pero tú, mi amor, ¿me quieres todavía? ¿Podrás volver a confiar en mí? Sé que no me merezco ni tan sólo tu respuesta, pero quiero intentarlo de nuevo. Por favor, contéstame pronto. Me aterra la idea de que ya me hayas olvidado, que, tal vez, otra persona haya llenado el vacío que yo dejé.

Por favor, acéptame otra vez entre tus brazos.
No sé qué hacer sin ti.
No me dejes.

[firma]

Respuesta positiva

> [lugar y fecha]
>
> Mi querido ...:
>
> Después de tu decisión no he hecho nada positivo. ¡He llorado tanto durante estos meses!
>
> ¿Olvidarte? Imposible; aún no me había hecho a la idea de que no quisieras saber nada de mí, que nada de lo vivido tuviera ya sentido y se hiciera realidad.
>
> Estoy muy contenta, no te puedes imaginar cuánto. Ahora ya no volveremos a separarnos jamás, esta prueba ha sido demasiado dura para los dos.
>
> Te quiero mucho, mucho; más que antes.
>
> Ven pronto; espero tu llegada con los brazos muy abiertos.
>
> [firma]

Respuesta negativa

> [lugar y fecha]
>
> Querido ...:
>
> Tu carta me ha entristecido mucho. Y pensar lo feliz que me hubiera hecho hace unos meses...
>
> Me pediste que te olvidara, y yo lo intenté. Te mentiría si te dijera que lo he conseguido. No, todavía queda algo en mí. Pero no puedo volver; he perdido la confianza, la seguridad en ti. Me da mucho miedo volver a empezar, volver a encariñarme contigo y volver a perderte sin saber bien el porqué.
>
> Estoy decepcionada, cansada. No podría darte lo que esperas de mí. Lo siento mucho, de veras, pero no puedo. Ya nada puede ser como antes, y eso es algo que sabemos tú y yo.
>
> Hasta siempre.
>
> Guardaré un bonito recuerdo de nuestra relación.
>
> [firma]

151

[lugar y fecha]

Queridos padres:

Ya hace días que quiero haceros partícipes de mi alegría, de lo que está ocupando por completo mi existencia, pero no encuentro ni el tiempo ni las palabras.

Desde hace ya algunas semanas estoy saliendo con una chica de la facultad. Es encantadora. Al menos, a mí me lo parece. Es una de las primeras de la promoción y la conozco desde el curso pasado. Ella me dio algunas clases de repaso en verano. Se llama ... Para mí se trata de un ser muy especial, de la persona más completa, más sencilla, si cabe, y con la que mejor me siento.

Con ella puedo hablar de todos los temas, ir al cine, bailar, estudiar... En fin, mis queridos padres, esta chica me ha robado el corazón...

Me gustaría que la conozcáis pronto y que participéis de nuestra felicidad. Espero ansioso noticias vuestras y vuestro parecer.

Os abraza y os quiere,

[firma]

Respuesta

[lugar y fecha]

Querido hijo:

Nos alegró mucho recibir noticias tuyas. Ya nos tenías preocupados. Hacía casi un mes que no sabíamos de ti.

Ahora ya sabemos el motivo y nos alegramos al verte tan feliz. Deseamos en el alma que todo cuanto dices sea cierto, que no te hayas dejado deslumbrar por el amor y que este no te permita ver las cosas claramente.

Tú siempre has sido un muchacho juicioso y responsable, y estamos seguros de que cuando has dado este paso es porque la conocías a fondo.

¡Claro que nos gustaría conocerla! Sería estupendo que la trajeras algún fin de semana, si esto no resulta violento para ella. Lo dejamos a vuestro juicio, ya sabes lo mucho que te queremos y respetamos tus decisiones.

Recibe un cariñoso abrazo de tus padres.

Varios de relación familiar

CARTA A UN HIJO QUE QUIERE DEJAR LOS ESTUDIOS

[lugar y fecha]

Querido ...:

Acabamos de recibir la carta de tu tutor en la que nos da la triste noticia de que quieres dejar de estudiar.

Nunca hubiéramos imaginado que, después de los enormes esfuerzos que hemos hecho todos para que pudieras tener unos estudios, quieras ahora dejarlos, de repente, sin más razón que el haberte cansado de estudiar.

Creemos que haces mal, muy mal; hoy en día es muy necesario tener un título. No te pedimos que hagas una carrera, cosa que nos agradaría mucho, pero sí que termines tu bachillerato, del que sólo te quedan dos cursos.

Estamos seguros de que dentro de un tiempo, tal vez breve, desearás obtener un título superior y te arrepentirás de no haber completado ahora tus estudios.

Nunca nos ha gustado forzarte, pero esta vez se trata de un bien para ti que, sin duda, nos agradecerás.

Debes terminar, hijo; termina tus estudios en el instituto, luego, ponte a trabajar en lo que quieras mientras vas madurando tu decisión de ingresar o no en la Universidad.

Te pedimos sólo estos dos años que te quedan y el aprobado final. Por la experiencia que tenemos de la vida, creemos que estamos obligados a pedírtelo.

Un fuerte abrazo de tus padres que mucho te quieren.

[lugar y fecha]

Querido hijo:

Siempre habíamos pensado que te encontrabas a gusto en el trabajo que hasta ahora tenías. La verdad es que tu carta nos ha sorprendido un poco.

Creemos que es bueno mejorar, pero asegúrate bien antes de dar el paso. Aquí siempre te han tenido una consideración especial, cosa muy importante; además te pagaban relativamente bien. Nos sabría muy mal que más tarde te arrepintieras de haberlo dejado sin pensarlo lo suficiente.

Pero confiamos en tu decisión; si tú lo ves claro, arriésgate. Eres joven, no tienes una familia que dependa de tu sueldo, te puedes permitir aún algún que otro error.

Analiza bien las ventajas y las desventajas, si las hubiera, que tu decisión puede proporcionarte.

Un abrazo de tus padres que quieren lo mejor para ti.

[lugar y fecha]

Mis queridos padres:

Como bien sabéis, en mi colegio, los que terminan el bachillerato organizan un via-je de fin de estudios. Este año se ha decidido ir a ... y se ha pedido a tres profesores que nos acompañen.

A mí me hace mucha ilusión, pues nunca he estado fuera del país y será un buen momento para disfrutar de la compañía de mis compañeros.

El precio del viaje son ... pesetas, sin contar las comidas, claro. En este precio se in-cluye el hotel y los desplazamientos. Pero en comida gastaremos poco, pues pensamos comer de bocadillo o plato combinado. Hemos calculado que con ... pesetas más ten-dremos bastante.

Espero, mis queridos padres, que me dejaréis ir; no he sido mal estudiante. Me gustaría mucho que me dijerais que sí.

Contestadme pronto. Estoy ansioso por recibir noticias vuestras y por apuntarme al viaje.

Un fuerte abrazo.

[firma]

AL DIRECTOR DE LA ESCUELA PREGUNTANDO POR EL COMPORTAMIENTO DEL HIJO

[lugar y fecha]

Sr. Director de ...
....
....

Distinguido señor (o Sr. Director):

Perdone las molestias que con mi consulta le pueda ocasionar, pero al serme prácticamente imposible trasladarme a la sede del colegio para las reuniones de padres, no llevo un seguimiento muy exhaustivo de la evolución de mi hijo.

No trae malas notas, pero he observado en él algunas irregularidades que me gustaría comentarle.

Gracias anticipadas por su respuesta, que no dudo dará a mi carta, y reciba un cordial saludo.

[firma]

CARTA DE UN HIJO A SU MADRE, QUE SE ENCUENTRA ENFERMA

[lugar y fecha]

Mi querida mamá:

Tengo noticias de que tu estado de salud no es muy bueno y que los médicos te han recomendado reposo absoluto.

¿Qué te ha ocurrido? ¿Por qué no nos lo has comunicado?

A veces me preocupa pensar que no quieres molestarnos o entorpecer nuestras actividades, y que prefieras pasar estos malos ratos sola.

Escríbeme ahora mismo y cuéntame cómo estás, cómo te sientes.

Si debes guardar cama, iría rápidamente a cuidarte.

Espero con ansia tu carta, mamá; escríbeme pronto.

Un beso de tu hijo que te quiere.

[firma]

CARTA A UN AMIGO DE LA FAMILIA,
QUE HA SUFRIDO UNA PEQUEÑA INTERVENCIÓN QUIRÚRGICA

[lugar y fecha]

Querido ...:

Por mi prima que trabaja en el hospital donde le operaron sé que todo fue muy bien. Ahora, en casa, sólo deberá hacer un poco de reposo.

Desearíamos que la recuperación fuera más rápida y le permitieran pronto reanudar sus actividades normales, que tanto le agradan y motivan.

En cuanto nos sea posible iremos a verle. Si quiere pasar unos días con nosotros mientras dure la convalecencia, estaremos encantados con su compañía.

Esperamos sus noticias y le mandamos un cariñoso abrazo de toda la familia.

[firma]

Recomendaciones

Las cartas de recomendación son siempre algo comprometidas. Si no conocemos muy a fondo a la persona interesada en la misma y no podemos dar una garantía absoluta de su capacidad y honestidad, es mejor no escribirlas.

Sin embargo, con mucha frecuencia hay que redactarlas, pues siempre hay alguien que necesita de nuestro aval personal para llegar a alguna meta que se han propuesto.

Por norma debemos ayudar a los demás, pero procurando no comprometernos demasiado elogiando a personas de las que no conocemos muy bien la manera de actuar; en estos casos nos limitaremos a describir lo que de ellas sabemos y rogaremos que se les tenga en cuenta al decidir acerca de quién debe ocupar un puesto de trabajo, por ejemplo.

En algún caso puede ocurrir que alguien de nuestra entera confianza nos haya informado sobre el particular, en cuyo caso nos fiaremos de nuestro amigo, teniendo la seguridad de que si él lo cree de esta manera, sin duda será la persona idónea.

Veamos algunos ejemplos de cartas de recomendación:

[lugar y fecha]

Querido amigo:

Hace tiempo que no nos vemos ni vamos a cenar juntos. Ya se sabe, los negocios, el tiempo, la familia... Espero que estéis todos bien.

Me he enterado de que en tu empresa, debido a la ampliación de la sección comercial, tenéis varios puestos de trabajo vacantes, para uno de los cuales deseo recomendarte a un joven amigo, compañero de estudios de mi hijo mayor.

Ha cursado sus estudios brillantemente y ahora lleva casi dos años trabajando en ... como ..., habiendo demostrado su capacidad y eficacia.

No parece estar muy satisfecho con el trabajo que actualmente desempeña. Preocupado por su actual situación, vio en el periódico la noticia de la ampliación de vuestra sección.

Rápidamente vino a verme y me solicitó una carta de recomendación, pues sabía la buena amistad y relación que nos une.

El muchacho se llama ... y ha enviado ya su solicitud al apartado de Correos que figuraba en el anuncio.

Espero que tengas un lugar para él, convencido de que no lamentarás que pertenezca a la plantilla de tu empresa.

Recibe un cordial saludo para ti y tu familia.

[firma]

[lugar y fecha]

Sr. Director de ...

....

Distinguido señor:

Desde que mis hijos acabaron los estudios en su prestigiosa escuela no he tenido el gusto de saludarle personalmente; la verdad es que lo siento y lo echo de menos.

Hoy quisiera pedirle un favor para el hijo de un buen amigo de la familia. Desearía enormemente que fuera admitido en su escuela, aunque comprendo lo difícil que puede resultar la gestión a estas alturas, habiéndose empezado el curso académico hace ya dos meses.

Hasta ahora ha estudiado en ..., pero los padres no estaban muy satisfechos con la enseñanza que allí se impartía, considerando que sus métodos eran un poco anticuados.

A esta insatisfacción se ha sumado el hecho de que, por cuestión de reformas en el patio, han suprimido la educación física, asignatura en la que parece que el chico despunta.

Agradecería hiciera cuanto esté en su mano para admitirlo; el padre me ha dicho que ha pedido hora para una entrevista con usted. Se trata del Sr. ...

No dudo del interés con que tomará el asunto. Con el deseo de poder saludarle pronto personalmente, le envío mis más afectuosos saludos.

[firma]

CARTA PARA RECOMENDAR AL HIJO DE UN AMIGO
QUE SE PRESENTA A UNAS PRUEBAS PARA ACCEDER A UN PUESTO DE TRABAJO

[lugar y fecha]

Querido ...:

Siento abusar de tu amistad para pedirte siempre favores, me deberás disculpar. Pero para mí es difícil exponer mis problemas a alguien que no sea de confianza. Como ya sabes, tú eres para mí como un hermano. Al menos, yo te tengo así considerado.

Un muchacho, hijo de otro buen amigo mío y compañero de profesión, se presenta a unas pruebas en la empresa que diriges. El chico va bastante bien preparado, pero ya sabes que el número de plazas es muy limitado, y la verdad, está muy nervioso. De alguna manera, se lo juega todo en estos exámenes.

Su padre, conocedor de nuestra amistad, vino a verme el otro día y me rogó que te escribiera para que lo recomendaras.

Por supuesto que no te estoy pidiendo un aprobado si realmente no se lo merece, pero sí una revisión y valoración más justa de su examen.

Como ya te he dicho, se trata de un chico muy estudioso y brillante. Si no fuera así, no hubiera recurrido a recomendación alguna.

Te doy las gracias por el favor que no dudo me dispensarás, y te mando un afectuoso saludo.

[firma]

[lugar y fecha]

Queridos Sres. ...:

A través de su hijo sé de las dificultades con que se encuentran para hallar una familia que se encargue de cuidar de su finca en .... Realmente quedan pocas personas de entera confianza que se ofrezcan para realizar trabajos de este tipo.

Sin embargo, creo haberles encontrado la solución: ayer, y de una forma muy casual, vino a vernos un joven matrimonio de Sevilla y nos hablaron, entre otras cosas, de sus deseos de abandonar aquella ciudad y venirse a vivir aquí, lugar que consideran mejor para que sus hijos puedan tener unos estudios más completos.

Me permití la osadía de hablarles de su finca y de la amistad que unía, desde ya hacía mucho tiempo, a su familia con la nuestra, y me rogaron que les escribiera para recomendarles sus servicios. En caso de interesarle, el marido vendría personalmente a la finca para hablar directamente con ustedes.

El marido es un perfecto conocedor de las tareas del campo, y su esposa, una mujer muy limpia y ordenada, trabajadora y servicial. El hecho de encontrar vivienda y no tener que cambiar de tipo de trabajo les interesa mucho, pues les sería difícil acostumbrarse, por ejemplo, al trabajo de una fábrica, tan rutinario y tan deshumanizado.

Espero ser oportuno con mi carta y no parecer que me entrometo en asuntos que no me importan. Por encima de todo he intentado ayudarle, mi buen amigo.

Reciba un afectuoso saludo de

[firma]

Presentaciones

Una carta de presentación sirve de apoyo a quien la solicita cuando tiene que pedir favores, hacer gestiones a personas o entidades que le desconocen.

Este tipo de cartas es muy parecido al de las de recomendación, pero son un poco menos comprometidas ya que a través de ellas no se acostumbra solicitar nada en concreto, sino únicamente que se atienda a una persona, conocido o amigo nuestro.

Podemos presentar a la persona como tal, o en función de la entidad o labor que represente. Es decir, a alguien que pretende conseguir una ayuda para sí, o que representa los intereses de una asociación, fundación, etc., y solicita ser atendido en nombre de la misma. En este último caso podríamos incluir, por ejemplo, los que pretenden recoger afiliados para una asociación determinada, vender libros, etc. Todos ellos llevan consigo una carta o documento de presentación, que avala su personalidad con respecto a la entidad que representan.

Muchas veces se escriben cartas o tarjetas de presentación para que sean usadas en momentos difíciles, sin una determinada e inmediata finalidad. Un caso sería, por ejemplo, el del muchacho que sale de viaje y que lleva consigo una carta de un familiar o amigo, para unas determinadas personas a las que puede recurrir en caso de encontrarse enfermo, o en alguna situación extrema, pero a las que no acudirá, evidentemente, si durante la marcha del viaje no ocurre nada anormal.

Veamos algunos ejemplos:

CARTA DE PRESENTACIÓN PARA UNA CHICA DE PUEBLO
QUE BUSCA TRABAJO EN LA CIUDAD

[lugar y fecha]

Querida ...:

Me es muy grato presentarte a la señorita ..., hermana de la novia de nuestro hijo Miguel.
Esta señorita desea trasladar su residencia a ... y buscar ahí un trabajo de ...
Ella conoce la gran amistad que nos une y me ha rogado que te escribiera una carta de presentación.
Nosotros la consideramos una persona formal, trabajadora y juiciosa, con extrema disponibilidad para el trabajo que desea desempeñar. Estoy seguro de que será un placer para ti ayudarla.

Aprovecho la ocasión para mandarte un cordial abrazo y mis más sinceras gracias.

[firma]

CARTA DE PRESENTACIÓN PARA UN AMIGO QUE NECESITA ENCONTRAR TRABAJO

[lugar y fecha]

Querido ...:

Me complace mucho presentarte a D..., de profesión ..., buen amigo de la familia desde hace ya muchos años.

Por motivos familiares se encuentra obligado a partir a la capital en busca de trabajo.

Espero de ti que le puedas ayudar en esta difícil tarea; sé que lo harás gustoso, dada la amistad que nos une y lo muy introducido que estás en la ciudad.

Recibe mi más cordial saludo y agradecimiento.

[firma]

CARTA DE PRESENTACIÓN PARA UNA MUCHACHA QUE QUIERE COLOCARSE DE *AU PAIR* EN ESPAÑA

[lugar y fecha]

Queridos ...:

Tengo mucho gusto en presentaros a ..., hija de unos buenos amigos nuestros que conocimos en Alemania hace ya tres veranos.

Esta muchacha desea seguir unos cursos de español en la Universidad de Salamanca. Para poder costearse estos estudios y la estancia en España, le gustaría encontrar alguna familia con la que poder vivir y que, a cambio de algunos servicios domésticos o de cuidar de los niños durante algunas horas al día, pudiera recibir una contribución para pagarse las clases y sus pequeños gastos particulares.

No dudando de que la atenderéis con sumo gusto, y agradeciéndoos vuestra colaboración, os mandamos un afectuoso saludo.

[firma]

163

CARTA DE PRESENTACIÓN PARA UNOS AMIGOS QUE VISITAN UNA CIUDAD EXTRANJERA

[lugar y fecha]

Queridos ...:

Tengo el gusto de presentaros a unos buenos amigos míos, los Sres. ..., que se encuentran de viaje de novios por .... Les hemos rogado que os saluden de nuestra parte, y nos hemos tomado la libertad de indicarles que acudan a vosotros en cualquier dificultad en que puedan encontrarse durante su estancia en ....

Con la seguridad de que os será grata su visita y agradeciéndoos las atenciones que no dudamos les dispensaréis, recibid un afectuoso abrazo de

[firma]

CARTA DE PRESENTACIÓN A UN AMIGO QUE HA SIDO TRASLADADO A OTRA CIUDAD PARA PONERLE EN CONTACTO CON OTRO AMIGO DE LA MISMA

[lugar y fecha]

Querido:

Me complace presentarte a ..., buen amigo, que ha sido trasladado recientemente a la sucursal de la empresa ... en tu ciudad.
Por ser la primera vez que visita ... y no tener ahí conocidos, le he aconsejado que vaya a saludarte.
No dudo que lo atenderás con mucho gusto. Aprovecho la ocasión para enviarte mi más afectuoso saludo y agradecerte la gestión.

[firma]

CARTA DE PRESENTACIÓN PARA UN AMIGO NUESTRO DIRIGIDA A OTRO AMIGO NUESTRO PARA QUE LE SOLUCIONE UN PROBLEMA

[lugar y fecha]

Querido ...:

Tengo mucho gusto en presentarte a ..., buen amigo mío y de la familia, que debe desplazarse a ..., para hacer unas gestiones en ...

Te agradecería muchísimo le ayudaras a solucionarlas, ya que él no tiene conocidos en ..., y menos dentro de este organismo.

Espero y deseo que lo atiendas como si de mí se tratase, y te agradezco todo lo que puedas hacer por él.

Recibe un cordial saludo de

[firma]

CARTA DE PRESENTACIÓN PARA UN JOVEN CAMARERO

[lugar y fecha]

Querido ...:

Me es grato presentarte a ..., joven amigo de la familia y al que conozco desde la niñez, que desea trasladarse a ... durante la época turística, por coincidir con la escasez de trabajo en el campo, y colocarse de camarero.

Te ruego le recibas con el mayor afecto y hagas por él cuanto esté en tu mano. Supongo que no te será difícil ayudarle por lo introducido que estás en el sector hotelero y teniendo, además, dos bares de tu propiedad.

Recibe mi agradecimiento y un afectuoso saludo.

[firma]

Ofrecimiento de domicilio, particular y profesional

Ofreceremos el domicilio al instalarnos por primera vez en casa propia, o al cambiar de localidad, a las nuevas amistades o compromisos nuevos adquiridos.

Podemos ofrecer tanto el domicilio particular como el profesional. En el último caso, es frecuente incluir alguna frase de ofrecimiento de servicios.

OFRECIMIENTO DE DOMICILIO PARTICULAR

Un nuevo matrimonio

Pedro Martínez Pujol
Rosa Cabré de Martínez
se complacen en ofrecerle su domicilio

Balmes, 33, ático 1.ª; tel.: ...   08045 BARCELONA

Observamos el siguiente caso, en el que la esposa utiliza únicamente sus apellidos de soltera:

Pedro Martínez Pujol
Rosa Cabré Rota
le ofrecen su domicilio

Balmes, 33, ático 1.ª; tel.: ...   08045 BARCELONA

OFRECIMIENTO DEL DOMICILIO PROFESIONAL

Ramón Roca Gutiérrez
Médico estomatólogo
se complace en ofrecerle su consultorio
y se pone a su disposición

Gerona, 45, pral. 1.ª; tel.: ...   08035 BARCELONA

Cambio de domicilio, particular y profesional

Si cambiamos de domicilio, tanto el particular como el profesional, debemos comunicarlo a nuestras amistades y a los clientes, según sea el caso.

En el momento de recibir la tarjeta, se anota el cambio en la libreta de direcciones y se evitan muchas confusiones y pérdida de tiempo.

CAMBIO DE DOMICILIO PARTICULAR

Miguel Ángel Izquierdo Salcedo
Rosa M.ª Puertas de Izquierdo

Se complacen en ofrecerle su nuevo domicilio

Vía Augusta, 45; tel.: ...   08034 BARCELONA

CAMBIO DE DOMICILIO PROFESIONAL

José Alegre Pérez
Médico estomatólogo

Ruega tome nota del nuevo domicilio de su consulta

Río Rosas, 45; tel.: ...   08067 BARCELONA

Margarita Ríos Agullón
Enfermera titulada
se complace en ofrecerle su nuevo domicilio
profesional y le ruega tome debida nota

Avda. de Madrid, 70, 3.º; tel.: ...   08045 BARCELONA

Cambio de teléfono

A causa de los constantes reajustes de la compañía telefónica, es más frecuente el cambio de teléfono que el de domicilio.

A las personas de negocios y profesionales en general, puede ocasionarles distorsiones y perjuicios si no se preocupan de avisar rápidamente del cambio a sus clientes.

Se aconseja, pues, que tan pronto tengamos conocimiento del nuevo número, imprimamos las tarjetas y las enviemos a las amistades, si el cambio se ha producido en nuestro teléfono particular, y a nuestros clientes y proveedores, si es en el profesional.

CAMBIO DEL NÚMERO DE TELÉFONO EN UN DOMICILIO PARTICULAR

Antonio Puertas Jiménez
Margarita León Ríos
se complacen en ofrecerles su nuevo número de teléfono

Vía Augusta, 45, 1.º; tel.: ...   08067 BARCELONA

Maribel Díaz Aguado
Anestesista
Ruega tomen nota de su nuevo número de teléfono

Mallorca, 56, 1.º; tel: ...   08045 BARCELONA

Del particular a la empresa

A la agencia de viajes

[lugar y fecha]

Agencia de viajes ...
....

Desearíamos nos enviaran presupuesto para un viaje de una semana a ..., en barco, clase turista y en hoteles de tres estrellas, para dos personas. Necesitaríamos dos habitaciones individuales con baño o ducha.

En espera de sus noticias, les saludamos atentamente

[firma]

CARTA MODELO PARA PEDIR INFORMACIÓN SOBRE VIAJES ORGANIZADOS

[lugar y fecha]

Agencia de viajes ...
....

Les agradeceríamos nos facilitaran información sobre los viajes organizados a ..., de una duración aproximada de ... días y que tuvieran su salida durante el mes de julio.
Puede interesarnos tanto los que se realizan en autocar como en avión.

Agradecemos de antemano su atención y les saludamos atentamente.

[firma]

CARTA PARA HACER UNA RESERVA EN UN VUELO

[lugar y fecha]

Agencia de viajes ...

....

Agradecemos que tomen nota de una reserva para dos personas en el vuelo Madrid-El Cairo, del día ... de ..., en clase turística.

Nos han informado de que por la mañana existe un vuelo de la compañía ..., con la que nos gustaría viajar por las muchas atenciones que siempre dispensan a sus pasajeros.
Rogamos nos indiquen la forma más sencilla de pago de los pasajes.

En espera de sus prontas noticias, les saludamos atentamente

[firma]

CARTA PARA RESERVAR BILLETES DE TREN

[lugar y fecha]

Agencia de viajes ...

....

Les rogamos que tomen nota de la reserva de tres plazas para el tren Talgo Barcelona-París, en primera clase, para el próximo mes de ..., día ...

De no tener ustedes inconveniente, recogeríamos y abonaríamos los billetes el mismo día de la salida, por la mañana, en sus oficinas centrales.

Atentamente,

[firma]

CARTA PARA PEDIR INFORMACIÓN
SOBRE POSIBLES DESCUENTOS A GRUPOS NUMEROSOS

[lugar y fecha]

Agencia de viajes ...
....

Agradeceríamos que nos enviasen información sobre los descuentos que nos pueden ofrecer a un grupo de ... personas, en viaje a ..., en ..., durante ... días.
En espera de sus noticias, les saludamos cordialmente

[firma]

CARTA PARA PEDIR INFORMACIÓN SOBRE POSIBLES DESCUENTOS
EN UN VIAJE EN AVIÓN AL EXTRANJERO PARA FAMILIAS NUMEROSAS

[lugar y fecha]

Agencia de viajes ...
....

Les rogamos que nos informen sobre la posibilidad de conseguir reducción en las
tarifas de avión, para viajes al extranjero, para poseedores del carnet de familia numerosa.

Agradecemos de antemano su atención y les enviamos un cordial saludo.

[firma]

CARTA PARA PEDIR INFORMACIÓN SOBRE UN *FORFAIT*

[lugar y fecha]

Agencia de viajes ...
....

Agradeceríamos mucho que nos informaran sobre los viajes que anuncia su agencia, que incluyen viaje y estancia de ... días y ... noches en París.

Mientras esperamos sus noticias, les saludamos atentamente

[firma]

CARTA PIDIENDO RESERVA DE BILLETES, HABITACIÓN Y UN COCHE DE ALQUILER SIN CHÓFER

[lugar y fecha]

Agencia de viajes ...
....

Desearía que hicieran una reserva a mi nombre de diez billetes de avión para el vuelo Barcelona-Mallorca, para el próximo día ... de ..., clase turista, así como de cinco habitaciones dobles, con derecho a baño, en un hotel céntrico de la isla.
Una vez allí, nos gustaría alquilar un coche sin chófer para realizar excursiones por los alrededores. Les agradecería que se ocuparan también de ello y que lo pudiéramos tener a nuestra disposición al día siguiente de nuestra llegada, en el hotel.

En espera de sus noticias, le saluda atentamente

[firma]

CARTA PARA PEDIR PRESUPUESTO DE VIAJE, SEGÚN DISTINTOS MEDIOS DE TRANSPORTE

[lugar y fecha]

Agencia de viajes ...

....

Les agradeceríamos que nos enviaran presupuestos e itinerarios para realizar un viaje de una semana de duración, para ocho personas, por el País Vasco y Galicia, en hoteles de primera categoría y habitaciones dobles con baño.

Les rogamos nos envíen un presupuesto del viaje en tren y otro en avión.

Esperamos sus noticias y les saludamos atentamente

[firma]

CARTA PARA PEDIR INFORMACIÓN SOBRE LOS REQUISITOS EXIGIDOS PARA REALIZAR UN VIAJE A ÁFRICA

[lugar y fecha]

Agencia de viajes ...

....

Tenemos ya los billetes para realizar el viaje que ustedes organizan a África para el mes de ..., pero ahora quisiéramos conocer todos los requisitos burocráticos que son necesarios cumplimentar, así como los certificados médicos y de vacunación que deben acompañarles.

Suponíamos que ustedes nos habrían enviado esta información junto con los billetes, tal y como nos indicaron el día que formalizamos las reservas.

En espera de sus noticias, les enviamos un atento saludo

[firma]

173

CARTA PARA PEDIR INFORMACIÓN
SOBRE LA POSIBILIDAD DE VIAJAR ACOMPAÑADOS DE ANIMALES

[lugar y fecha]

Agencia de viajes ...
....

Tenemos reservadas tres plazas para el viaje que su agencia organiza a Perú, y desearíamos saber si podemos llevar con nosotros a nuestro ... [tipo de animal], pues no tenemos a nadie que pueda hacerse cargo de él durante nuestra ausencia.

En espera de sus noticias, les saludamos atentamente.

[firma]

CARTA PIDIENDO INFORMACIÓN SOBRE CÓMO
DEBEN TRASLADARSE LOS ANIMALES

[lugar y fecha]

Agencia de viajes ...
....

Agradeceríamos que nos informaran en qué condiciones debemos trasladar a nuestro ... [tipo de animal], que llevamos con nosotros en el viaje que ustedes organizan a América del Sur.
Si realmente debe ir enjaulado, les rogamos nos indiquen qué requisitos debe reunir la jaula y a partir de qué peso.
De no poder viajar con nosotros, sírvanse informarnos sobre el modo de facturarlo.

Reciban un atento saludo.

[firma]

CARTA PIDIENDO INFORMACIÓN
SOBRE LA POSIBILIDAD DE EMBARCAR EL COCHE

[lugar y fecha]

Agencia de viajes ...
....

Tenemos reservados billetes para el viaje que su agencia organiza la primera semana de ..., a ..., y queríamos informarnos sobre la posibilidad de embarcar el coche con nosotros.

Les rogamos nos informen de todos los requisitos que hemos de tener en cuenta y cumplimentar, así como de la tarifa correspondiente para un coche ... (tipo de coche).

Agradecidos por su atención, les saludamos atentamente.

[firma]

CARTA MODELO PARA CANCELAR UN VIAJE

[lugar y fecha]

Agencia de viajes ...
....

Sentimos mucho comunicarles la imposibilidad de realizar con ustedes el viaje programado a ..., por motivos familiares.

Rogamos se sirvan anular nuestras reservas y nos disculpen.

Como es de esperar, pagaremos los derechos de reserva.

Agradeciendo sus atenciones y esperando poder viajar con ustedes en otra ocasión, les saludamos atentamente.

[firma]

CARTA PARA CANCELAR UNA RESERVA DE APARTAMENTO

[lugar y fecha]

Agencia de viajes ...
....

Les rogamos anulen nuestra reserva de un apartamento en ..., que teníamos hecha para el mes de ...
Un motivo, ciertamente imprevisto, nos impide desplazarnos fuera de la ciudad para pasar las vacaciones.

Agradecidos, les saludan atentamente.

[firma]

AGRADECIMIENTO POR LA PERFECTA ORGANIZACIÓN DE UN VIAJE

[lugar y fecha]

Agencia de viajes ...
....

Acabamos de llegar de nuestro viaje a ..., organizado por su agencia.
Permítanos felicitarles por el éxito del mismo, la perfecta coordinación y lo acertado de los itinerarios escogidos, así como por la amabilidad y la buena preparación de los guías que nos acompañaban.
Tendremos mucho gusto, en un futuro que esperamos sea próximo, en volver a confiar en ustedes para que organicen nuestras salidas de vacaciones.

Reciban nuestro más cordial saludo y felicitación.

[firma]

176

CARTA RECLAMANDO LA PÉRDIDA DEL EQUIPAJE

[lugar y fecha]

Agencia de viajes ...
....

Después de nuestro feliz viaje de novios organizado por su agencia, sentimos tener que lamentar la mala organización al llegar al aeropuerto.

No pudimos encontrar nuestras maletas, aunque hicimos las correspondientes reclamaciones a la compañía aérea, que nos proporcionó, a tal efecto, el PIR n.° ...

Se lo adjuntamos para que efectúen las gestiones pertinentes a fin de que podamos recuperar el equipaje lo antes posible,

En espera de sus noticias, les saludamos atentamente.

[firma]

CARTA RECLAMANDO UN EQUIPAJE QUE FUE ROBADO

[lugar y fecha]

Agencia de viajes ...
....

Acabamos de llegar del magnífico viaje que realizamos a través de su agencia a ... Pero debemos lamentar la poca atención prestada a los equipajes de los componentes del viaje.

Casi nunca pudimos disponer de ellos a la llegada a los hoteles hasta un par de horas después y, para acabar de rematar el asunto, tres maletas —una de las cuales era nuestra— fueron robadas del coche que las transportaba.

No podemos contener nuestra indignación y, si se diera el caso de que no se encontraran, nos veremos obligados a exigirles la correspondiente indemnización económica por el valor de las prendas de abrigo que hemos tenido que reemplazar, y por los objetos de regalo que habíamos adquirido durante el viaje.

Rogamos lleven a cabo, de inmediato, cuantas gestiones estimen oportunas y nos satisfagan por los daños que su negligencia nos ha causado.

Atentamente,

[firma]

[lugar y fecha]

Agencia de viajes ...
....

Lamentamos tener que escribirles esta carta, después de lo bien que ustedes se han portado con nosotros cambiándonos nuestras reservas cerradas para un día, a otro; pero creemos que es nuestra obligación exponerles nuestras impresiones sobre la organización del viaje.

Excepto en algunas poblaciones, la categoría de los hoteles donde nos alojamos no correspondía a la que ustedes previamente nos habían indicado, y ni mucho menos al precio que por ellos habíamos pagado.

Pensamos que, tal vez, la causa haya sido el escaso conocimiento por su parte de los establecimientos en que se reservaron las plazas. Pero, aunque así fuera, es un error imperdonable en una agencia de su prestigio.

Esperamos tengan en cuenta nuestra queja, que seguramente no habrá sido la única que ustedes hayan recibido respecto al citado viaje, y pongan remedio a situaciones similares que se les puedan presentar en el futuro.

Reciban nuestro saludo.

[firma]

RECLAMACIÓN A UNA COMPAÑÍA AÉREA
PROTESTANDO POR EL RETRASO DE UN VUELO

[lugar y fecha]

Compañía aérea ...
....

El pasado día ..., a las ... horas, realicé un vuelo de ... a ..., donde debía personarme para un asunto familiar importante.

Reservé billete para el vuelo que salía a las ... horas, lo que me permitía llegar a la ciudad de destino con tiempo suficiente. Pero a la hora de la verdad, eso no fue así, pues el avión despegó con más de una hora de retraso, sin que se diera explicación alguna a los pasajeros.

El vuelo fue también muy lento, como nunca. De manera que llegué a la citada ciudad con más de dos horas de retraso, con el considerable perjuicio que ello representó.

Deseo expresarles mi más firme protesta sobre el hecho y, especialmente, por la falta de atención hacia los pasajeros, que, como ya les he indicado, no recibimos en ningún momento la más mínima excusa o explicación.

Atentamente,

[firma]

A los hoteles

[lugar y fecha]

Hotel ...
....

    Rogamos tomen nota de nuestra reserva de una habitación doble, con baño, para los días ..., del mes de ...
    Seguramente realizaremos nuestro viaje en coche, por lo que les agradecemos que no anulen la reserva aunque lleguemos a altas horas de la noche.
    En espera de su confirmación, les saludamos atentamente

[firma]

CARTA ROGANDO QUE NOS ENVÍEN UN OBJETO OLVIDADO
EN LA HABITACIÓN DE UN HOTEL

[lugar y fecha]

Hotel ...

    Estuvimos pasando nuestras vacaciones de verano en su hotel, ocupando la habitación número ...
    En el armario olvidamos ...
    Les agradeceríamos mucho que, si lo encuentran, nos lo remitan por correo, o a través de una agencia de transportes, a pagar en destino.
    Esperamos no causarles demasiadas molestias con nuestro ... olvidado en su hotel.

    Atentamente,

[firma]

[lugar y fecha]

Sr. Director del Hotel ...
....

Sentimos tener que enviarle esta carta cuyo contenido no creemos que resulte de su agrado, pero nos parece que debería estar informado de las pocas atenciones que sus empleados tienen para con los huéspedes de su hotel.

Mi marido y yo tuvimos el gusto de pasar nuestro viaje de novios, hace ya diez años, en su hotel, y la verdad es que guardábamos un grato recuerdo de nuestra estancia. Recuerdo que no se ha parecido en nada a lo que hemos visto estos días.

Ciertamente, el servicio que ofrece su hotel es muy defectuoso, empezando por la limpieza de las habitaciones y terminando por la calidad de la comida.

No esperábamos un servicio tan deficiente en un hotel como el suyo, que pretende encuadrarse entre los de cuatro estrellas.

Sentimos mucho esta carta, igual que sentimos tener que decirle que, tal vez, no volvamos nunca más a su hotel si las condiciones no mejoran.

Atentamente

[firma]

Cartas al banco

El banco ha dejado de ser aquel lugar en el que se depositaban los ahorros para que nos devengaran unos intereses. En los últimos años se ha ido convirtiendo en una entidad totalmente imprescindible para cualquier ciudadano.

Los múltiples servicios que nos ofrece representan una ayuda sumamente eficaz, especialmente por la escasez de tiempo con que todos contamos. A través de la cuenta corriente, o de la libreta de ahorro, podemos hacer efectivos todos los recibos periódicos, ahorrándonos preocupaciones, gestiones y tiempo.

Los bancos disponen de unos impresos que, con sólo rellenarlos y firmarlos, conseguimos que nos domicilien los recibos. Pero no siempre podremos personarnos en el banco para hacer estas gestiones. En tales casos, remitiremos una carta indicando lo que necesitamos que se realice en nuestra cuenta.

Veremos, pues, ahora, algunos ejemplos de cartas sobre operaciones bancarias que se presentan con suma frecuencia:

CARTA A UNA ENTIDAD BANCARIA PARA QUE NOS DOMICILIEN
LOS RECIBOS DEL ALQUILER DEL PISO

[lugar y fecha]

Banco ... (o caja)
Agencia (o sucursal) n.° ...

    Ruego a ustedes que, a partir de esta fecha y hasta nuevo aviso, se sirvan pagar con cargo a mi cuenta corriente (o libreta de ahorro), los recibos correspondientes al alquiler de mi piso y cuyos detalles especifico al pie de este documento.

    Con la seguridad de verme complacido, aprovecho la ocasión para saludarles muy atentamente

[firma]

- Nombre del titular del piso ...
- Domicilio ... (ciudad, calle, número y piso) ...
- Cantidad mensual ...
- N.° cuenta corriente (o libreta de ahorro) ...
- Titular de la cuenta ...

CARTA A UNA ENTIDAD BANCARIA PARA QUE NOS DOMICILIEN
LOS RECIBOS DE LA LUZ Y DEL GAS

[lugar y fecha]

Banco ... (o caja)
Agencia (o sucursal) n.° ...

Ruego a ustedes se sirvan atender, con cargo a mi cuenta corriente n.° ..., los recibos que, a partir de hoy, lleguen de las compañías de gas y de electricidad, de mi piso, situado en la calle ..., n.° ..., puerta ..., y que figuren a mi nombre.
Agradecido de antemano, les saludo atentamente

[firma]

CARTA A UNA ENTIDAD BANCARIA PARA QUE NOS DOMICILIEN
UNA SUSCRIPCIÓN

[lugar y fecha]

Banco ... (o caja)
Agencia (o sucursal) ...

Les agradeceré que, a partir de la fecha de hoy, se sirvan atender los recibos correspondientes a las suscripciones de la revista ... con cargo a mi cuenta de ahorro n.° ... de su agencia.

En espera de verme complacido, les saluda atentamente

[firma]

CARTA A UNA ENTIDAD BANCARIA ROGANDO QUE DEJEN DE PAGAR
UNOS RECIBOS DOMICILIADOS EN NUESTRA CUENTA HASTA LA FECHA

[lugar y fecha]

Banco ... (o caja)
Agencia (o sucursal) n.º ...

Les agradeceré que, a partir del primero del próximo mes de ..., no paguen los recibos correspondientes a nuestra cuota de socios del Club de Natación Barcelona, por habernos dado de baja.

Suponemos que no los presentarán al cobro, pero ante la posibilidad de algún error, rogamos tomen nota de ello.

Atentamente, les saluda

[firma]

CARTA A UNA ENTIDAD BANCARIA PARA QUE CANCELEN
NUESTRA CUENTA CORRIENTE

[lugar y fecha]

Banco ... (o caja)
Agencia (o sucursal) ...

Agradecería cancelaran mi cuenta corriente n.º ..., traspasando el saldo que hay en ella a la libreta de ahorro, que poseo juntamente con mi esposa, n.º ...

Atentamente les saluda

[firma]

184

[lugar y fecha]

Sr. director del banco ...
....

Distinguido señor:

Ya hace casi dos años que opero con su entidad bancaria, teniendo domiciliados en ella todos mis recibos y gestionando, a través de ustedes, todas las operaciones que llevo a cabo.

Durante el transcurso de todo este tiempo, usted habrá podido observar seriedad y prontitud en mis pagos, así como la liquidez que presentan siempre mis cuentas corrientes y libretas de ahorro.

En estos momentos, necesitaría que ustedes me concedieran un préstamo, por valor de ... pesetas, para poder efectuar el pago de una máquina nueva que he adquirido en mi empresa textil. Como usted comprenderá, no dispongo de una cantidad tan elevada, por lo que recurro a ustedes en solicitud de ella.

Espero puedan atenderme y me informen más ampliamente de los requisitos necesarios para la tramitación del préstamo.

En espera de sus noticias, le saluda atentamente

[firma]

- Nombre completo ...
- Dirección ...
- N.º de cuenta ...

CARTA A UNA ENTIDAD BANCARIA PARA QUE UTILICEN NUESTRA LIBRETA
DE AHORRO EN CASO DE NO TENER SUFICIENTE SALDO EN LA CUENTA
CORRIENTE PARA PAGAR UN RECIBO O UNA LETRA

[lugar y fecha]

Banco ... (o caja)
Agencia (o sucursal) ...

Agradecería que, en caso de no disponer en nuestra cuenta corriente n.º ... del saldo suficiente para efectuar algún pago a nuestro cargo, se sirvan utilizar el depositado en nuestra libreta de ahorro n.º ...
Gracias, una vez más, por sus servicios.

Reciban un atento saludo.

[firma]

CARTA A UNA ENTIDAD BANCARIA PARA SOLICITAR UNA APERTURA
DE CRÉDITO CON PIGNORACIÓN

[lugar y fecha]

Banco ... (o caja)
Agencia (o sucursal) ...

Agradeceríamos nos comunicaran, lo antes posible, si pueden abrirnos un crédito por valor de ... pesetas, para lo cual depositaríamos los siguientes títulos ... (relación de los títulos).
Les rogamos que nos indiquen si son suficientes como garantía los valores más arriba detallados.
En espera de sus noticias, les saludan atentamente

[firma]

[lugar y fecha]

Sr. director del banco (o caja) ...
Agencia (o sucursal) ...

Distinguido señor:

Desde hace varios años vengo operando en su banco, efectuando a través de él todas las operaciones de mi empresa. Durante todo este tiempo habrá podido comprobar la prontitud con que hacemos los pagos, y la buena liquidez con que siempre hemos contado.

En estos momentos nos vemos obligados a ampliar nuestros locales, el alquiler de los cuales pasa a ascender a ... pesetas más que los anteriores. En estos momentos no disponemos de la cantidad.

Agradeceríamos nos concediera un anticipo del 40 % sobre las letras que a partir de ahora presentemos al cobro.

Todas las letras son a cargo de empresas de conocida solvencia, por lo que no creo que sea ningún riesgo para ustedes concedernos dicha línea de descuento.

En espera de su respuesta afirmativa, les saluda atentamente

[firma]

Cartas de órdenes de crédito

Este tipo de cartas son aquellas mediante las cuales una persona o entidad se dirige a otra solicitándole que pague al beneficiario de la carta una cantidad, cuyo límite determina, en una o varias veces, e indicando también el plazo máximo para hacerlo.

Las cartas de crédito se entregan al beneficiario, quien firmará al pie, y cuya firma sirve de comprobante de su personalidad en el momento de efectuar el cobro.

Se extiende un recibo por duplicado del pago efectuado, uno de los cuales se envía a quien ha extendido la carta de crédito, como comprobante de haber efectuado el pago.

Las cartas de crédito circulares son las que van dirigidas a varias personas o entidades de distintas localidades.

Las entidades bancarias acostumbran extenderlas para que sus clientes puedan efectuar cobros en todas sus sucursales.

En estos casos, las cantidades entregadas se anotan al dorso, para que en las sucesivas entidades bancarias puedan comprobar qué cantidad pueden hacer efectiva para no excederse del importe máximo que figura en la carta de crédito.

Cartas a un gestor

Cada día necesitamos más los servicios que nos puede ofrecer un gestor. Este se ocupa de todos los trámites referentes a nuestro coche, pasaporte, declaración de renta, etc.

Es tal la complicación que el papeleo requiere, y tanto el tiempo que se pierde ocupándose uno mismo de los asuntos, que es mucho más rentable y eficaz encargar a un gestor que nos los tramite.

Este nos asesorará debidamente y nos avisará cuando se acerque la caducidad de los documentos y haya que tramitar la consecuente renovación.

Lógicamente, las gestiones las podemos hacer nosotros mismos dirigiéndonos directamente a los organismos competentes.

Veamos algunos ejemplos de cómo deben ser los redactados para pedir las partidas de nacimiento, la tramitación de los pasaportes, los permisos de conducir, etc., a un gestor de nuestra confianza.

Como es de suponer, si se trata de nuestro primer contacto con el gestor, haremos constar siempre nuestra dirección completa.

Podemos solicitar que nos envíe los documentos con carácter de urgencia, si el tiempo apremia.

PETICIÓN DE LA PARTIDA DE NACIMIENTO

[lugar y fecha]

Sr. D. ...
....

Agradecería mucho me hiciera llegar, contra reembolso, mi partida de nacimiento legalizada.
Mis datos son los siguientes:

- Nombre ...
- Apellidos ...
- Nacido en ...
- Provincia de ...
- Fecha ...
- Nombre del padre ...
- Nombre de la madre ...

En espera de sus noticias, le saluda atentamente

[firma]

PETICIÓN DEL CERTIFICADO DE PENALES

[lugar y fecha]

Gestoría administrativa ...
....

Agradecería que me enviaran, lo antes posible, un certificado de penales para el pasaporte.
Mis datos personales son los siguientes:

- Nombre ...
- Apellidos ...
- Edad ...
- Natural de ...
- Nombre del padre ...
- Nombre de la madre ...

Puede enviármelo contra reembolso.
Agradecido de antemano, le saluda atentamente

[firma]

189

CARTA PARA PEDIR LA TRAMITACIÓN DE UN PASAPORTE

[lugar y fecha]

Gestoría administrativa ...
....

A la atención del Sr. ... (en caso de ser clientes habituales y conocer al gestor personalmente)

Les ruego me tramiten un pasaporte nuevo, ya que el actual me caducará aproximadamente dentro de un mes.
Les adjunto las fotografías necesarias, y les agradeceré que me hagan llegar por correo los impresos que debo firmar.
Desearía que me comunicaran con cierta antelación el día concreto que debemos encontrarnos en Jefatura de Policía, en la sección de pasaportes, para la firma del documento.

Atentamente, les saluda

[firma]

CARTA AL GESTOR PARA RENOVAR EL PERMISO DE CONDUCIR

[lugar y fecha]

Gestoría administrativa...
....

Estoy en posesión del permiso de conducir de 2.ª clase desde el año ... Dentro de pocas semanas me caduca, por lo que les agradecería se hicieran cargo de tramitarme la renovación.

En espera de sus noticias, les saluda atentamente

[firma]

- Nombre ...
- Apellidos ...
- Lugar y fecha de nacimiento ...
- Domicilio ...
- N.º del carnet de conducir ...
- Expedido en ... con fecha ...

CARTA AL GESTOR PARA QUE NOS TRAMITE EL PAGO DEL IMPUESTO DE CIRCULACIÓN Y DE LUJO

[lugar y fecha]

Gestoría administrativa ...
....

    A la atención de D. ...

    Le agradecería se hiciera cargo del pago del Impuesto de Circulación y de Lujo de mi vehículo marca ..., de CV ..., con matrícula ..., a nombre de ..., con domicilio en ... de ...
    Le abonaré los gastos en el momento de la recepción de los documentos, contra reembolso.

    Atentamente, le saluda

[firma]

CARTA AL GESTOR PARA QUE NOS TRAMITE LA DECLARACIÓN DE RENTA Y PATRIMONIO

[lugar y fecha]

Gestoría administrativa ...
....

    A la atención del Sr. ...

    Le adjunto los impresos, debidamente cumplimentados, según me indicó, referentes a la Declaración de la Renta y del Patrimonio, para que los presente, en el momento oportuno, en la delegación de Hacienda.
    Ruego me comunique si falta algún documento para proceder a su rápida cumplimentación y envío.

    Reciba un cordial saludo.

[firma]

[lugar y fecha]

Gestoría administrativa ...
....

    Les agradecería se hicieran cargo de la tramitación de mi carné de familia numerosa, para lo cual les ruego que tengan a bien enviarme los formularios que deba rellenar y los documentos que deben acompañarles.
Pagaré sus servicios al recibir el carné, contra reembolso.

Gracias anticipadas y un atento saludo.

[firma]

Cartas a la Seguridad Social, mutua y compañía de seguros

Hoy en día, no existe prácticamente nadie que no pertenezca a la Seguridad Social, esté afiliado a alguna mutua, o no tenga extendida alguna póliza de seguros.

Es también muy frecuente suscribir seguros de vida, de entierro, de accidentes, de enfermedad... Serán, pues, muchas las ocasiones en las que deberemos ponernos en contacto con la Seguridad Social o con las diferentes compañías particulares aseguradoras.

Los que pertenecen a la Seguridad Social del Estado deben hacer sus gestiones por medio del Instituto Nacional de Previsión, en los departamentos pertinentes, según el asunto de que se trate.

Veamos algunos ejemplos de cartas escritas a estas entidades:

AVISO DE CAMBIO DE DOMICILIO

[lugar y fecha]

Compañía ...
....

     Rogamos tomen nota, a los efectos oportunos, de nuestro traslado de domicilio a la calle ..., n.º ..., tel. ..., a partir del próximo mes de ...

Atentamente,

[firma]

- Nombre del afiliado ...
- N.º de póliza ...
- Domicilio hasta el momento ...

AVISO DE CAMBIO DE DOMICILIO A LA SEGURIDAD SOCIAL, SOLICITANDO, AL MISMO TIEMPO, EL NOMBRE DEL NUEVO MÉDICO DE CABECERA CORRESPONDIENTE

[lugar y fecha]

....
....

     Rogamos tomen nota de nuestro domicilio, calle ..., n.º ..., a los efectos oportunos, y les agradeceremos nos indiquen el nombre y dirección del médico de cabecera que nos corresponde en el nuevo sector de la ciudad al que nos hemos trasladado.
     Gracias por su atención. Esperamos noticias suyas.

[firma]

- Nombre del abonado o afiliado ...
- Domicilio hasta el momento ...
- N.º de póliza ...

ALTA DE UN FAMILIAR EN LA ASISTENCIA MÉDICA

> [lugar y fecha]
>
> ....
> .... [entidad y dirección]
>
> Rogamos incluyan en nuestro seguro médico n.° ... a mi padre, trasladado recientemente a vivir con nosotros, y cuyos datos detallamos a continuación:
>
> - Nombre ...
> - Apellidos ...
> - Edad ... [lugar y fecha de nacimiento]
> - Domicilio ...
>
> Agradeceríamos nos notificaran el cambio que esta alta representa en nuestra cuota mensual, y si tenemos que cumplimentar alguna formalidad.
>
> Esperando sus noticias, les saludamos atentamente.
>
> [firma]

BAJA DE UN FAMILIAR EN LA ASISTENCIA MÉDICA

> [lugar y fecha]
>
> ....
> .... [entidad y dirección]
>
> Agradeceremos tomen nota de la baja del hasta ahora asegurado D. ..., con cartilla n.° ..., por fallecimiento del mismo,.
>
> Atentamente,
>
> [firma]

Baja de una asociación médica por servicios defectuosos

[lugar y fecha]

....
.... [entidad y dirección]

Sentimos tener que darnos de baja de su asistencia sanitaria, después de tantos años de cotizar en la misma.

Afortunadamente, nunca, hasta el momento, habíamos necesitado de sus servicios. Ahora, en el momento de precisar de ellos, hemos quedado muy descontentos, tanto de la asistencia médica, como de los servicios sanitarios.

Rogamos que, a partir del próximo mes, seamos considerados baja de los mismos y dejen de pasar al cobro las correspondientes cuotas.

Atentamente,

[firma]

- Nombre de los afiliados ...
- N.° ...
- Domicilio ...

Por irregularidades en el cobro de una pensión

[lugar y fecha]

....
....

Desde hace ya algunos meses, he observado ciertas irregularidades en las cantidades mensuales de la pensión que percibo desde la muerte de mi esposo.

Además, creo que tengo derecho, desde enero último, a un aumento de ... pesetas.

En espera de que se subsanará el error y se me abonarán los atrasos devengados, les saludo atentamente.

[firma]

- Nombre ...
- Domicilio ...

[lugar y fecha]

Compañía de seguros ...

....

Hace tres años exactamente que suscribí una póliza contra incendios en su compañía, cuyo importe he venido satisfaciendo puntualmente.

La semana pasada se prendió fuego en la parte trasera de mi casa, a consecuencia de un rayo caído durante la fuerte tormenta que azotó toda la ciudad. Rápidamente se extendió hacia el garaje, teniendo graves dificultades para sofocarlo, aun con la ayuda del vecindario.

Les ruego manden un perito para valorar los daños del siniestro y proceder a su rápida indemnización.

Atentamente,

[firma]

- Nombre ...
- Domicilio ...
- Población ...
- N.º de póliza ...

A LA COMPAÑÍA DE SEGUROS POR UN ACCIDENTE DE COCHE

Cuando se tiene un accidente de coche, se debe tomar nota de los datos del conductor con el que colisionamos, del domicilio, número de póliza, compañía aseguradora, etc., para poder dar parte a nuestra compañía para que haga las reclamaciones pertinentes o cubra los daños causados en el otro vehículo, según quien fuera el culpable.

[lugar y fecha]

Compañía de seguros ...

....

    Circulando esta mañana, día ..., a las ... horas, por la calle ..., conduciendo mi coche marca ..., con matrícula n.º ..., asegurado en su compañía con póliza n.º ..., he colisionado con un automóvil marca ..., matrícula n.º ..., conducido por su propietario D. ..., en el cruce de las calles ... y ...

    Al poner el coche en marcha, cuando se encendió la luz verde, y cruzar la calle, el mencionado automóvil, sin prestar atención a su disco rojo, atravesó la calle ..., colisionando con la parte delantera de mi utilitario, no siendo grave el accidente debido a la poca velocidad que había tomado mi vehículo.

    La colisión ha causado considerables desperfectos en la parte derecha de mi automóvil.

    Espero tomen las medidas oportunas y manden a un perito al garaje ..., de la calle ..., donde lo he dejado para que procedan a la reparación.

Atentamente les saluda

[firma]

Envío de la factura de reparación al causante de los desperfectos en una colisión

---

[lugar y fecha]

Sr. D. ...
....

Le adjunto factura de la reparación de mi automóvil, a consecuencia de la colisión habida en la calle ..., a la altura de ..., el pasado día ... de ....

Ruego la transmita a su compañía aseguradora a fin de que sea resarcido del desembolso de dicha cantidad.

En espera de sus noticias, le saluda atentamente

[firma]

Cuando se solicita a alguien que ha visto la colisión que actúe como testigo

---

[lugar y fecha]

Sr. D. ...
....

Distinguido señor:

Siento tener que molestarle, pero me he tomado esta libertad ya que usted amablemente se ofreció a declarar en mi favor, en el supuesto de que me fuera exigida alguna responsabilidad con respecto a la colisión de mi coche con el de marca ... y matrícula ..., perteneciente a D. ..., habida en la calle ..., el pasado día ....

Como sea que el citado señor niega rotundamente su culpabilidad, el caso se ha llevado ante el juez, por lo que le ruego acuda como testigo de mi parte el próximo día ..., a las ... horas, en el Juzgado n.° ....

Ruego disculpe las molestias y le agradezco de antemano su desinteresada colaboración.

Atentamente le saluda

[firma]

Suscripciones y afiliaciones

Normalmente, tanto las suscripciones como las afiliaciones se formalizan mediante la cumplimentación y la firma de los impresos pertinentes.

Las revistas y periódicos acostumbran a llevar un boletín de suscripción adjunto, en el cual se indican el nombre, la dirección, la forma de pago escogida para el abono de las cuotas, etc. En el caso de afiliaciones, los organismos, entidades, clubs, etc., disponen también de impresos para la formalización de las condiciones.

De hallarse en distinta ciudad, o de no poder desplazarse a las oficinas correspondientes, puede solicitarse la suscripción o afiliación por carta, al recibo de la cual la oficina receptora enviará los correspondientes impresos para ser cumplimentados debidamente.

MODELOS DE BOLETINES DE SUSCRIPCIÓN

[Membrete de la casa, con nombre y dirección]

D. ...
Con domicilio en ... Tel. ...
Domicilio ...
Profesión ...
Edad ...

Desea suscribirse al semanario ...

El abono de las cuotas lo hará

| trimestral ☐
| semestral ☐
| anualmente ☐

a través de   c/c. n.° ... del banco (o caja) ...
                     libreta de ahorro n.° ... del banco (o caja) ...

[firma]

[Lugar y fecha]

..., a ... de ... de 19...

Deseo suscribirme a su revista ..., a partir del próximo n.º de ...

— Domiciliaré los pagos en (banco o caja).
— Envío el importe por (cheque, transferencia, giro).
— Espero recibir contra reembolso.

Nombre ...
Profesión ...
Domicilio ...
Población ... Cód. Postal ...
Provincia ...

Si se desea domiciliar los pagos se llenará la parte inferior de la hoja:

Banco o caja de ahorros ...
Sucursal ...
Población ...
N.º de cuenta ...
Titular de la cuenta ...

[firma]

CARTA PIDIENDO EL ENVÍO DEL BOLETÍN DE SUSCRIPCIÓN

[lugar y fecha]

Publicaciones ...
....

    Considero muy interesante su publicación, tanto por los temas que generalmente trata como por la manera de plantearlos. Desearía que me enviara un boletín de suscripción para cumplimentarlo debidamente y recibir en mi domicilio su semanario.

    Atentamente, les saluda

[firma]

Nombre ...
Domicilio ...
Población ...

MODELO DE UN BOLETÍN PARA LA AFILIACIÓN A UN CLUB

D. ...
Domicilio ... Tel. ...
Profesión ...
Estado ...
Nombre del cónyuge ...
Hijos ...

    Desea ser admitido como socio del club ..., comprometiéndose al cumplimiento de las normas que en él rigen.
    El abono de las cuotas mensuales lo hará mediante su

c/c n.° ...
L. ahorros n.° ...
Agencia ...
Población ...

[firma]

[Lugar y fecha]

Quejas y reclamaciones

A LA COMPAÑÍA TELEFÓNICA

[lugar y fecha]

Compañía telefónica ...
....

Desde hace ya algunos días, nos encontramos sin línea en nuestro aparato, pudiendo recibir llamadas pero no realizarlas.

Los arreglos efectuados por ustedes ante nuestras continuas quejas son de escasa duración, ya que a los dos o tres días volvemos a encontrarnos como antes.

Rogamos hagan una inspección a fondo del tendido de nuestra zona, pues ya son varios los casos que se encuentran con los mismos inconvenientes, muchos de los cuales, como los nuestros, son domicilios profesionales a los que estas deficiencias en el servicio trastorna sensiblemente.

Esperando den rápida solución al asunto, les saludamos atentamente.

[firma]

A LA COMPAÑÍA DEL GAS

[lugar y fecha]

Compañía del gas ...
....

Desconocemos las causas, pero actualmente estamos pagando los efectos de un mal e irregular servicio de la compañía del gas.

Sin recibir explicación alguna, el suministro se corta, muy frecuentemente, en las horas punta del día. Puede que la anomalía sea debida a las obras que se efectúan en la calle, frente al inmueble en el que vivimos, situado en la calle ..., n.º ...

Rogamos se subsanen estas deficiencias lo antes posible y, de tener que cortarse el suministro en algún momento, seamos los vecinos debidamente informados, para poder organizar al efecto las tareas de limpieza.

En espera de ser correctamente atendidos, les saluda atentamente

[firma]

[lugar y fecha]

Nombre del comercio ...
Domicilio ...

Hace ya unos meses, compré en su tienda de la calle ..., un lavavajillas, marca ..., modelo ....

A los pocos días sufrió una pequeña avería, la que ustedes arreglaron inmediatamente; otro desperfecto apareció al cabo de poco, que también fue reparado por sus técnicos. Muy a nuestro pesar, no acabó todo aquí: no han pasado tres o cuatro semanas sin que haya surgido algún nuevo contratiempo. Les agradeceremos que pasen por nuestro domicilio y efectúen el cambio de dicho electrodoméstico por otro de la misma marca, pero sin defectos de fabricación, como el que ustedes nos sirvieron hace seis meses.

Creo que es de su incumbencia hacer las debidas reclamaciones a la fábrica. Nosotros se la compramos a ustedes, al contado, y tiene todavía medio año de garantía.

No queremos una nueva reparación, sino el cambio de la máquina por otra en óptimas condiciones, tal como lo requiere el prestigio de la marca y la seriedad de su tienda de electrodomésticos.

En espera de sus noticias, les saluda atentamente

[firma]

Nombre ...
Domicilio ...
Ciudad ...

Cartas para recuperar objetos perdidos u olvidados

En el caso de que queramos recuperar un objeto perdido u olvidado, nos dirigiremos primero al lugar donde suponemos lo hemos olvidado.

Si nos lo hemos dejado en un autobús, tren, taxi, aeropuerto, etc., deberemos acudir a las correspondendientes oficinas de objetos perdidos, y de no encontrarlo allí, a la oficina municipal que presta el servicio en aquella zonpa.

[lugar y fecha]

Estación de ...
....

    Anteayer por la tarde viajé en el Talgo de Barcelona a París, y olvidé un pequeño bolso de piel negro en el portamaletas.

    Viajaba en primera clase, en un compartimiento con litera, en el vagón n.° ...

    El bolso contenía toda mi documentación personal. Por la importancia de su contenido, ruego a ustedes que, en caso de haberlo encontrado, me lo comuniquen urgentemente. Agradecida, reciban un atento saludo.

[firma]

- Nombre ...
- Domicilio ...
- Localidad ...
- Teléfono ...

[lugar y fecha]

Ayuntamiento de ...

....

Oficina de objetos perdidos

El pasado jueves, día ..., me encontraba en su ciudad, y olvidé mi cartera en un taxi, con toda mi documentación en su interior.

Llamé a la central del taxi y me dijeron que la habían entregado a su oficina municipal.

Les rogaría que me la guardasen hasta el día ..., en que pasaré a recogerla en mi viaje de regreso.

Gracias de antemano por su interés y atención.

[firma]

- Nombre ...
- Domicilio ...
- Localidad ...

Del particular a la administración

El particular se dirige normalmente a la Administración mediante instancias, declaraciones, denuncias, cartas, etc. En este apartado hablaremos de cada una de ellas en particular, señalando las normas oportunas que se exigen en cada caso.

Cartas

Aunque la forma más habitual de dirigirse a la Administración es la instancia, los particulares pueden hacerlo a través de las cartas, siempre que las normas de procedimiento no exijan que se adopte una forma especial.

Deberá procurar que el contenido sea breve y concreto, cuidando la claridad de la exposición y la debida separación de párrafos.

En la parte superior de la carta, colocaremos el membrete con el nombre, apellidos y dirección, impresos o escritos a máquina, o a mano. En este último caso, debe cuidarse la claridad de la letra. Se aconseja el uso de las mayúsculas o letras de palo.

Veamos ahora algunos ejemplos de cartas a la Administración, donde podremos observar que, en el cuerpo de las mismas, se toma un aire más coloquial, si se conoce a la persona a quien se dirige; y se reservan las fórmulas de tratamiento para la dirección, y, en algún caso, el encabezamiento.

RECLAMACIÓN POR EL MAL SERVICIO DE RECOGIDA DE BASURAS

[lugar y fecha]

Ilmo. Sr. Alcalde de ...
....

Ilmo. Sr.:

Todavía no se ha solucionado el problema de la recogida de la basura en nuestro barrio. Parece que en otras zonas se han tomado medidas más o menos efectivas, pero en nuestras calles todo sigue igual.

Por la falta de regularidad en las horas de recogida, las bolsas de basura permanecen dos o más horas en la calle, precisamente en aquellas en que los chicos juegan.

Se trata de un problema de higiene. A menudo, su contenido se esparce por las aceras, a consecuencia del juego de los niños, o de los perros y gatos del lugar.

Todos esperamos mayor diligencia por parte de este servicio, que ya está agotando la paciencia del vecindario del barrio de ...

Reciba un respetuoso saludo.

[firma y antefirma]

[lugar y fecha]

[Membrete]
Ministerio de ...
Departamento de ...
MADRID

Distinguidos señores:

De todos es conocida la gran labor que ustedes vienen desarrollando, desde hace ya varios años, de promoción turística de pueblos y lugares, con singular belleza y personalidad, que permanecían ignorados tanto en el extranjero como en nuestro propio país. Es por este motivo que les escribo esta carta.

Existe un pequeño pueblo, en la provincia de ..., llamado ..., con varias edificaciones pertenecientes a los siglos XVII y XVIII, desgraciadamente en muy mal estado de conservación. Incrementa el interés del lugar un buen número de jóvenes dedicados a la artesanía.

Desearía saber si podríamos contar con la ayuda y colaboración de ustedes para iniciar el desarrollo turístico de la zona.

En espera de sus noticias, y con la seguridad de que tomarán el máximo interés en el asunto, me despido con mi más atento saludo.

[firma]

[lugar y fecha]

[Membrete]
Ref./
Ilmo. Sr. D. ...
Director general de ...
Ministerio de ...
MADRID

Distinguido señor:

En nombre de la directiva y de toda la plantilla de nuestra factoría de ..., situada en ... y que usted visitó hace ya un mes, me gustaría agradecerle el interés que ha demostrado por su puesta en marcha, desde que tuvo conocimiento del proyecto, y que ha hecho posible la realización de una obra tan necesaria.

Creo, sinceramente, que obtendremos inmejorables resultados, ya que son muchos los factores que se unen al propósito de que así sea. En primer lugar, la entidad promotora, que, con una clara visión de las necesidades de la comarca en particular, y del país en general, puso todos sus esfuerzos para lograr una rápida puesta en marcha; después, el cuadro de técnicos escogido con suma atención, que une a su competencia un interés digno de alabar. Y, por último, los productores —tanto peones como especializados— que encuentran puestos de trabajo en la propia localidad.

Gracias, una vez más, por su interés.

En espera de verle de nuevo entre nosotros, le saluda cordialmente

[firma y antefirma]

Instancias y solicitudes

La instancia es un escrito con el que se pide o solicita algo de la Administración, o de algún organismo o entidad.

La instancia recibe distintos nombres, según a quien se dirija:

— *Memorial:* si se dirige al sumo pontífice, a un monarca, al jefe de Estado, etcétera.
— *Exposición:* si se dirige a las Cortes.
— *Solicitud:* si se dirige a cualquiera de los órganos o cargos no citados.

FORMA DE PRESENTAR UNA INSTANCIA

Deberemos escribirla en un papel de formato folio. Se aconseja, a ser posible, el empleo del UNE A4 (210 ∞ 297 mm).

Escribiremos siempre a máquina, procurando separar debidamente los párrafos. Si por fuerza mayor escribimos a mano, cuidaremos la claridad de los nombres, apellidos y datos de interés, utilizando letra de imprenta.

El margen izquierdo será tanto más ancho cuanto mayor sea la importancia del órgano o autoridad a que se dirige. Oscilará entre casi un tercio del ancho del papel, hasta la mitad, si se trata de un memorial.

En la parte superior se dejará un espacio proporcional al del margen izquierdo. En cuanto al derecho, se observarán las mismas normas que en los demás escritos.

Debemos tener en cuenta que la mayoría de instancias llevan pólizas en la parte superior.

FORMA DE LA INSTANCIA

Se recomienda el siguiente orden en el redactado:

• Irá encabezada con el tratamiento correspondiente a la autoridad a quien se dirige.

• Datos personales del interesado (nombre, apellidos, domicilio, profesión, DNI y los que en cada caso sea preciso hacer constar).

• Datos personales del representado, si no se actúa personalmente.

• Exposición de los hechos y razones, precedidos del término *expone*, escrito con caracteres destacados, que sirve de base a la petición. Si son varios, hay que redactarlos en párrafos independientes y numerados. Generalmente, van precedidos de la partícula «que».

• Solicitud en la que se concreta, con toda claridad, el objeto de la petición. Se iniciará con la palabra *solicita*, que se escribirá también con caracteres destacados.

• Relación de documentos que se acompañan, en caso de haberlos.

• Fórmulas usuales de cortesía.

- Lugar y fecha.

- Firma.

- Órgano al que se dirige (o autoridad).

Muchas veces, el término *suplica* sustituye a *solicita*, pero consideramos más adecuado el uso de esta última palabra, ya que deben evitarse cuando sea posible las palabras que estén en desacuerdo con nuestro lenguaje habitual, cotidiano.

Las fórmulas de cortesía que se usan cuando la solicitud va dirigida a una autoridad pueden ser múltiples y variadas; pero en la actualidad, han quedado prácticamente reducidas a las siguientes:

- «Dios guarde a (tratamiento adecuado, al mismo que encabeza el escrito, y abreviado: V. I., V. E., etc.) muchos años.»

- «Lo que espera obtener del recto proceder de ...' (tratamiento), cuya vida guarde Dios muchos años.»

- «Es gracia (o favor) que no duda alcanzar de ... (tratamiento), cuya vida guarde Dios muchos años.»

La fecha va precedida del nombre de la población desde donde se formula la solicitud.

El día y el año se escriben con números.

Es frecuente hacer constar, no sólo el nombre de la población desde donde se envía el escrito, sino también el de la población en que radique el organismo a quien se dirige.

Dejaremos siempre espacio suficiente para la firma.

La instancia no lleva nunca antefirma, ya que consta claramente al principio del documento.

Al pie de la hoja, dejando un margen a la izquierda de unos tres centímetros, escribiremos, en mayúsculas, la autoridad y órgano al que dirigimos la solicitud, y el lugar en que radica.

Las instancias pueden ser redactadas, según se desee, en primera o tercera persona, y se utilizarán, según los casos, los términos *expongo* y *solicito*, o bien *expone* y *solicita*.

Se acostumbra escribir a un solo espacio, dejando dos entre los distintos párrafos.

Veamos algunos ejemplos:

Solicitud de licencia de apertura de establecimiento

Ilmo. Sr.:

D. ..., mayor de edad, de profesión ..., domiciliado en ..., calle ..., n.° ..., provisto del DNI n.° ..., a V. I.

EXPONE: Que desea abrir un local destinado al ejercicio de la industria (o comercio, o profesión) de ... sujeta al epígrafe n.° ... de la licencia fiscal del impuesto industrial, en la calle ..., n.° ... a V. I.

SUPLICA: Que, habiendo por presentado este escrito, lo admita, y a su tenor, le conceda la licencia de apertura de la industria (o comercio, etc.), solicitada.

Dios guarde a V. I. muchos años.

[lugar y fecha]

[firma]

ILMO. SR. ALCALDE-PRESIDENTE DEL AYUNTAMIENTO DE...

Ilmo. Sr.:

Rosa Amengual Rodríguez, mayor de edad, casada, licenciada en Letras, con domicilio en Barcelona, calle Mallorca, número 33, provista del DNI n.º 33.456.980, actuando como directora de la escuela ..., ubicada en calle ... de Barcelona, a V. I.

EXPONE: 1.º Que conforme se detalla en la memoria adjunta, el próximo mes de ..., coincidiendo con la inauguración del curso académico, abrirá sus aulas la antes indicada escuela de ... apoyada en firmas y personalidades de gran prestigio en la ..., la nueva escuela no pretende sino coadyuvar a la promoción de ...
2.º Que carece, por el momento, de amplias disponibilidades económicas, por lo que requiere, para su puesta en marcha, subvenciones de todo tipo, especialmente las de orden estatal.
Por todo lo cual, a V. I.

SOLICITA: Que, tras los trámites oportunos, se sirva ordenar la concesión, a la escuela de ... que dirige, una subvención de quinientas mil pesetas (500.000,-), en atención a sus necesidades, así como a los grandes beneficios que para la economía nacional y el país importa la existencia de la indicada escuela.

Es favor que espera obtener de V. I., cuya vida guarde Dios muchos años.

[lugar y fecha]

[firma]

ILMO. SR. PRESIDENTE DE LA COMISIÓN INTERMINISTERIAL PARA LA PROMOCIÓN DE...
Ministerio de Comercio. MADRID.

Solicitud de empadronamiento, o de alta en el padrón de habitantes.
(Debe acompañarse de la baja de procedencia y de la partida de nacimiento.)

Excmo. Sr.:

D. ..., mayor de edad, soltero, de profesión ..., domiciliado en ..., calle ..., n.º ..., provisto del DNI n.º ... a V. E.

EXPONE: Que tanto el solicitante, como su esposa D.ª ... [nombre y apellidos], y el hijo de ambos ... [nombre] desean darse de alta en el padrón de habitantes de esta ciudad, a V. E.

SUPLICA: Que, habiendo presentado este escrito, junto con la documentación que se acompaña, lo admita, y a su tenor, les conceda al instante, a su esposa e hijo, el alta en el padrón de habitantes.

Dios guarde a V. E. muchos años.

[firma]

ILMO. SR. ALCALDE-PRESIDENTE DEL AYUNTAMIENTO DE BARCELONA

Licencia de obras mayores

A toda solicitud de licencia de obra mayor debe adjuntarse la siguiente documentación:

- Planos con memoria, firmados por un arquitecto y aparejador.

- Declaración jurada del arquitecto y aparejador, en la que acreditan hacerse cargo de la dirección de la obra.

- Rellenar los impresos de la Fiscalía de la Vivienda, con características de la obra, si se trata de viviendas.

- Cuando pasa de 10 viviendas, o de cuatro plantas, petición de antena colectiva, con declaración ante la delegación del Ministerio de Información y Turismo.

• En obras cercanas a la vía férrea y a la carretera nacional o provincial, se precisa autorización de la RENFE y del Ministerio de Obras Públicas, o de la Diputación Provincial.

Ilmo. Sr.:

D. ..., mayor de edad, casado, domiciliado en ... calle ..., n.º ..., provisto del DNI n.º ... a V. I.

EXPONE: Que pretende construir un edificio, en la calle ... en el solar que corresponde a los números ..., destinado a viviendas, según plano que adjunto se acompaña, y bajo la dirección del arquitecto D. ... y del aparejador D. ..., y por el contratista D. ..., provisto del carné de empresa n.º ... y alta de licencia fiscal, a V. I.

SUPLICA: Que, habiendo por presentado este escrito, junto con la documentación que se acompaña, lo admita; tenga a bien hechas las manifestaciones de él, y, a su tenor, le sea concedida la licencia de obras de construcción del edificio solicitado.

Dios guarde a V. I. muchos años.

[lugar y fecha]

[firma]

ILMO. SR. ALCALDE-PRESIDENTE DEL AYUNTAMIENTO DE BARCELONA

Derecho de petición

Cualquier ciudadano puede dirigir individualmente sus peticiones al jefe de Estado, a las Cortes y a las autoridades. Según el artículo 372 de la Ley de Régimen Local, toda persona domiciliada en el término municipal, e interesada en un asunto, podrá dirigir peticiones a las autoridades y corporaciones locales, en materia de su competencia.

En cualquier caso, dicha petición puede complementarse en solicitud de actos o decisiones de las autoridades o poderes públicos, en materias de su competencia, o en peticiones de mejoras de servicios y denuncia de irregularidades administrativas.

Para ello no se exige ningún formato o modelo especial, se supone que es extensivo el formulario de las instancias.

Veamos un ejemplo:

Excmo. Sr.:

D.ª ..., mayor de edad, viuda, con domicilio en ..., calle ..., n.º ..., de ..., años de edad, a V. E.

Expone: Que percibe una pensión de viudedad de la Seguridad Social de ..., pesetas mensuales.
Que, viviendo, como vive, sola, y no pudiendo tener otro ingreso que el de la referencia, y hallándose desamparada de sus familiares y amigos, y no pudiendo hacer frente a los gastos de supervivencias mínimos, dada la exigüidad de las ... pesetas mensuales y el coste de las necesidades que tiene,

A V. E. acude, como único recurso, y en su virtud

Suplica: Que, vista la instancia presentada, la atienda V. E., en atención a las circunstancias desesperadas en las que se encuentra.

Es gracia que espera alcanzar de V. E., cuya vida guarde Dios muchos años.

[lugar y fecha]

[firma]

Excmo. Sr. Presidente del Gobierno. Madrid

Reclamaciones

Las reclamaciones son escritos interpuestos ante la autoridad que dicta el acto reclamado. En general, se refiere a actos de carácter provisional.

Normalmente, la interpone aquel a quien le afecta el acto dictado por la autoridad, o que tenga un interés legítimo en él.

El formato más usual es el mismo de la instancia.

En él haremos constar:

— Datos personales.
— Referencia al acto reclamado.
— Motivos que se alegan.
— Petición de revocación o modificación del acto reclamado.
— Lugar y fecha.
— Firma.
— Autoridad ante la cual se presenta.

Observamos los siguientes ejemplos:

RECLAMACIÓN SOBRE LA APLICACIÓN DE CONTRIBUCIONES ESPECIALES

Ilmo. Sr.:

D. ..., casado, domiciliado en ..., calle ..., n.º ..., con DNI n.º ..., a V. I.

EXPONE: Que habiéndose expuesto al público, en el Boletín Oficial de la Provincia, n.º ..., de fecha ..., el expediente de aplicación de contribuciones especiales de la calle ..., en la que figura el reclamante, con una cuota de ... pesetas.
Que, examinando el expediente, ha podido comprobar un error de hecho en la medición de la largura de la fachada de mi propiedad, ya que siendo esta de ... metros, equivocadamente se me ha puesto ... metros.
Que suponiendo todo ello una modificación o alteración de la cuota asignada, a V. I.

SOLICITA: Que habiendo por presentado este escrito, se tenga por interpuesta reclamación contra la cuota asignada, se tengan por hechas las manifestaciones del cuerpo del escrito y, a su tenor, se subsane el error denunciado, y con él la cuota asignada.

Dios guarde a V. I. muchos años.

[lugar y fecha]

[firma]

IILMO. SR. ALCALDE-PRESIDENTE DEL AYUNTAMIENTO DE BARCELONA

Ilmo. Sr.:

D. ..., casado, domiciliado en ..., calle ..., n.º ..., provisto del DNI: n.º ..., a V. I.

EXPONE: Que habiéndose publicado en el BOE de fecha ... la lista provisional de admitidos y excluidos en la oposición convocada por esa corporación, con fecha ..., para auxiliares del grupo de administración general, y apareciendo excluido de la misma, sin razón o fundamento que lo justifique, ya que considera que reúne y cumple los requisitos formales exigidos, a V. I.

SOLICITA: Que habiendo por presentado este escrito, y a su tenor, rectificar la lista de admitidos y excluidos, incluyéndole de los primeros y excluyéndole de los segundos.

Dios guarde a V. I. muchos años.

[lugar y fecha]

[firma]

ILMO. SR. ALCALDE-PRESIDENTE DEL AYUNTAMIENTO DE BARCELONA

Declaraciones

Las declaraciones son el medio normal a través del cual un particular manifiesta a la Administración la existencia de ciertos hechos.

Las declaraciones pueden ser escritas o verbales. En este libro nos ocuparemos sólo de las escritas.

Toda declaración escrita deberá ajustarse a la siguiente forma:

— Datos del declarante (nombre, apellidos, domicilio, profesión, DNI, etc.).
— Fórmula del juramento si la declaración es jurada, o de la declaración.
— Contenido de la declaración.
— Lugar y fecha.
— Firma.
— Órgano al que se dirige.

Si la declaración se hace a petición de la Administración, se consignará la referencia del escrito que se cumplimenta.

Se recomienda redactarlas en formato folio UNE A4 (210 ∞ 297 milímetros), dejando un margen parecido al de las cartas.

La fórmula de la declaración podría ser:

• DECLARA BAJO SU RESPONSABILIDAD, y en relación con el expediente ... (en caso de haberlo)

Si la declaración es jurada, dirá:

• DECLARA BAJO JURAMENTO, y en relación ...

Veamos un ejemplo:

DECLARACIÓN (SIMPLE) DE BAJA DE ANUNCIOS

D. ..., domiciliado en ..., calle ..., profesión ..., teléfono n.º ..., con DNI n.º ..., expedido en ..., con fecha ...

DECLARA BAJO SU RESPONSABILIDAD, que ha retirado el anuncio luminoso, que figuraba en la entrada de su establecimiento, sito en la calle ..., n.º ..., con la leyenda de «... [texto del anuncio] ...», a efectos de que sea dado de baja del padrón de la tasa correspondiente.

[lugar y fecha]

[firma]

ILMO. SR. ALCALDE-PRESIDENTE DEL AYUNTAMIENTO DE BARCELONA

Denuncias

Toda denuncia deberá contener los siguientes datos:

— Datos personales del denunciante (nombre, apellidos, domicilio, profesión, DNI, etpc.).

— Objeto de la denuncia: los hechos deben exponerse de forma clara y concisa.
— Documentos que se acompañan (si los hay), relacionados y numerados.
— Lugar y fecha.
— Firma.
— Órgano al que se dirige.

Se recomienda escribirlas en formato folio, y siempre que sea posible en el UNE A4 (210 ∞ 297 mm). Dejaremos siempre un margen a la izquierda como si se tratara de una carta.

Esquema que debe seguir toda denuncia:

D. ..., con domicilio en ..., calle ..., n.º ..., teléfono n.º ..., profesión ..., DNI n.º ···
DENUNCIA bajo su responsabilidad los hechos siguientes (se exponen los hechos concreta, ordenada y brevemente):

[lugar y fecha]

[firma]

[Órgano a quien se dirige]

DENUNCIA POR DAÑOS CAUSADOS A BIENES DE DOMINIO PÚBLICO

D. ..., con domicilio en ..., calle ..., n.º ..., tel. ..., de profesión ..., provisto del DNI n.º ...

DENUNCIA bajo su responsabilidad los hechos siguientes:

Que el día ..., a las ... horas, un camión con matrícula ... colisionó de frente con la farola del alumbrado público de este ayuntamiento, sita en la calle ..., a la altura del inmueble n.º ..., produciendo considerables desperfectos en la misma.

[lugar y fecha]

[firma]

ILMO. SR. ALCALDE-PRESIDENTE DEL AYUNTAMIENTO DE...

▨) Cartas al director

Las cartas al director son todas aquellas que se envían a una publicación, ya sea diaria, semanal, etc., y que van dirigidas al «director», no especialmente para que él las lea, sino para que sean publicadas en la sección que la mayor parte de los periódicos y revistas les dedican.

Por medio de estas cartas, el lector puede expresar una opinión respecto al periódico en sí, sobre cualquier tema de interés público. La sección «cartas al director» viene a ser una tribuna abierta, una oportunidad para todos aquellos que tienen algo interesante que decir, de poderlo exponer y de que sea leído. Es un medio para protestar o alabar, atacar o defender determinados hechos, situaciones o actuaciones; o, simplemente, para denunciar su existencia.

Evidentemente, no se publican todas las cartas que se envían. En la redacción del periódico o revista se sigue un riguroso proceso de selección. Las cartas deben tener un interés público, o para los lectores del medio en el que pretenden ser publicadas.

Toda carta debe ir firmada. No es elegante expresar una opinión y no hacerse responsable de ella.

Veamos algunos ejemplos:

a) Sobre la Nacional-340:

[lugar y fecha]

Sr. director de ...
....

Distinguido señor:

Me gustaría felicitar a los organizadores de los Juegos Olímpicos por las grandes obras llevadas a cabo hasta el momento para solucionar el tráfico de Barcelona.

Pero esta mejora no ha beneficiado a todas las cercanías de la ciudad, como es el caso de la zona de Corbera de Llobregat por la que pasa la N-340. Por eso rogaría a la Administración que tomara las medidas oportunas para que no se formen las largas colas habituales.

[firma]

---

b) Sobre el escándalo del precio de la gasolina:

[lugar y fecha]

Sr. director de ...
....

Distinguido señor:

Sin la más mínima justificación ni explicación pública, la gasolina súper ha subido 16 pesetas desde que entró en vigor el nuevo sistema de precios máximos de venta de productos petrolíferos el 7/1990.

Y cuando digo sin la más mínima justificación, me refiero a que del incremento de 16 pesetas por litro, 14,3 pesetas se han debido a las sucesivas subidas de los impuestos sobre carburantes, más la del IVA, mientras que en el mercado internacional el precio del barril en este periodo apenas ha variado. O lo que es lo mismo, la repercusión real de la subida del barril hubiera representado un aumento sobre los precios de la gasolina súper de 1,70 pesetas por litro durante este tiempo.

Mientras tanto, la economía en general y las economías privadas siguen aguantando a duras penas. Mi pregunta es: ¿hasta cuándo podremos soportar la actual escalada impositiva?

[firma]

---

c) Felicitación a un periodista por una labor cultural realizada:

[lugar y fecha]

Sr. director de ...
....

Distinguido señor:

Permítame desde aquí alabar la labor realizada por el conocido y prestigioso periodista, en la columna semanal que aparece desde hace seis años en su periódico.

Creo que es digno de los mayores elogios al haber conseguido interesar al público por algo tan noble como es el teatro, y la literatura en general, especialmente en una ciudad de provincias como la nuestra.

Le felicito por la llaneza con que expone los temas, comprensibles para todos, aun para aquellos que, como yo, no hemos tenido la suerte de cursar otros estudios que los de enseñanza primaria.

Mi más sincero agradecimiento al Sr. ..., por la labor que lleva a cabo en beneficio de la cultura de nuestro pueblo.

Atentamente,

[firma]

Correspondencia comercial

Como hemos ido constatando a lo largo de este libro, la finalidad de toda comunicación es establecer contacto con las demás personas para un intercambio de información.

La comunicación entre personas es imprescindible en todos los aspectos de la vida y para la vida misma, pues a una persona «incomunicada», totalmente aislada de sus semejantes, le sería muy difícil la subsistencia.

La vida comercial no es más que uno de los aspectos de la vida humana y para él, la comunicación es también absolutamente necesaria.

La correspondencia recibirá, pues, el nombre de comercial cuando se aplica a los negocios, por lo que podemos definirla como el arte de tratar de los negocios mediante la escritura.

Es imposible concebir una empresa sin comunicación interior y exterior. Si las diferentes personas pertenecientes a una empresa no se comunicaran entre ellas y con las otras empresas, la vida mercantil, la misma continuidad de la empresa, sería totalmente imposible. Tampoco queremos exagerar diciendo que la correspondencia sea el elemento fundamental de todos los negocios pero sí podemos afirmar que se trata de uno de los elementos fundamentales e imprescindibles.

La cantidad de operaciones y asuntos comerciales que se resuelven exclusivamente por medio de la correspondencia es enorme y son muchas y diversas las empresas que realizan entre ellas un volumen muy importante de operaciones que no se conocen más que a través de la correspondencia que mantienen, mientras que otras, aunque existan algunos contactos personales, la mayor parte de los asuntos los resuelven a través del correo.

Aunque su importancia sea menor, no hay que olvidar la correspondencia comercial interna, mediante la cual se comunican diferentes personas o secciones de la misma empresa.

La circulación del correo dentro del ámbito comercial

En este apartado nos referiremos al circuito normal que debe seguir la correspondencia dentro de una empresa, una vez se ha recibido, o cuando esta se envía fuera.

La recepción del correo

En todas las empresas debería existir una persona o una sección que se encargara del correo o, por lo menos, de su manipulación. Las personas que en esta sección trabajaran, procederían a su recepción y posterior apertura.

Al recibir las cartas es siempre conveniente darles un número correlativo y anotarlas en un registro como el que presentamos a continuación. Naturalmente, todos estos trámites son especialmente necesarios en empresas de cierta importancia, en las que las oficinas están divididas en departamentos, ya que es relativamente fácil que, al ir de un departamento a otro, alguna carta se traspapele y quede sin contestar o sin recibir la debida atención.

REGISTRO DE ENTRADA DE CORRESPONDENCIA

N.º	Fecha de llegada	Clase	REMITENTE	Objeto	Anexos	Fecha de respuesta	Observ.

En la primera columna se anota el número correlativo, que es el mismo que se escribe en la carta. En la segunda, se anota la fecha de recepción en forma abreviada (07-05-92). La tercera columna se rellena con las iniciales del documento objeto de registro: si es una carta, se pondrá C: si es una tarjeta postal, TP; si se trata de un telegrama, TL, etc. Estas siglas no están estandarizadas, por lo que cada empresa puede establecer su propio código.

En la cuarta columna se anota el nombre del remitente y el lugar de procedencia de la carta. En la siguiente columna, anotaremos el objeto de la carta recibida, que se puede hacer también de forma abreviada, escribiendo: «pedido», «reclamación», «consulta», «precios», «oferta», etc. Si se trata de varios asuntos y no nos caben todos en la columna, escribiremos «varios». Si con la carta se recibe algún otro documento, quedará reflejado en la siguiente columna, que lleva por título «Anexos»: Ch/, T/, Pedido, Fra., T/f, etc.

La fecha de contestación, que se anota en la siguiente columna, se escribe también de forma abreviada (07-05-92).

Podemos utilizar la columna «Observaciones» para varios fines: complementar la columna «Objeto», indicar los departamentos que han de leer la carta y, en general, para anotar cualquier incidencia relacionada con la comunicación recibida.

Hoy en día son ya muchas las empresas que no se limitan a anotar en la carta el número de orden sino que estampan en la misma un sello de caucho con un encasillado para anotar el número de orden y otros datos, como la fecha de llegada, los departamentos interesados a los que se les va a hacer llegar la comunicación, la fecha de contestación, etc. El sello de caucho puede ser de la siguiente forma:

N.º	Fecha llegada:
Departamento:	
Fecha contestación:	

Una vez registradas las cartas y puesto, en su caso, el sello correspondiente, estas son repartidas entre las secciones o departamentos interesados.

Despacho del correo. La sección de correspondencia

Si el contenido de una carta afecta a varias secciones, es casi preferible que sea la sección de correspondencia misma la que se encargue de su contestación. Si en alguna empresa dicha sección no se encarga más que de la manipulación del correo, conviene que la gerencia o la secretaria de dirección se encargue de ello. En ambos casos, se deberá hacer un informe previo de las secciones o departamentos interesados.

Generalmente, dicho informe se introduce en una carpeta y se une a la carta original con un clip. En muchas empresas, sin embargo, para agilizar los trámites, si una carta afecta a más de un departamento, se hacen fotocopias para que pueda ser estudiada simultáneamente por los departamentos afectados.

En algunas empresas, los diferentes departamentos no se encargan de la escritura de las cartas, ocupándose la sección de correspondencia de contestarlas todas. En tal caso, la importancia de esta sección es mucho mayor y debe estar al día de cuanto pasa en la empresa para poder redactar las cartas.

Este sistema de total centralización no es muy frecuente, siendo lo normal que los distintos departamentos escriban sus cartas y las remitan a la sección de correspondencia para su posterior envío.

Las circulares, y demás comunicaciones que se deban preparar con medios especiales para las comunicaciones escritas colectivas, son preparadas prácticamente siempre por la sección de correspondencia que es la encargada del manejo de las máquinas reproductoras, tales como las multicopiadoras, fotocopiadoras, máquinas de *offset*, así como las dobladoras, ensobradoras, máquinas de escribir direcciones y franqueadoras.

Salida de la correspondencia

Una vez recibidas las cartas o demás comunicaciones en la sección de correspondencia, se comprueba si están debidamente firmadas, si llevan los documentos anexos que deben llevar (por eso siempre es conveniente reseñarlos al pie de la carta), y previo registro, se introducen en los sobres, se franquean y se llevan a Correos.

Para el franqueo de la correspondencia, conviene disponer de las tarifas completas y actualizadas del servicio de Correos, que se pueden obtener gratuitamente en cualquier oficina de Correos.

Para anotar el registro de salidas podemos utilizar un cuadro como el que reproducimos a continuación, muy parecido al de entrada, si bien carece de

N.° de orden, ya que, normalmente, las cartas expedidas no se numeran nunca. En la columna referida a envíos, anotaremos los que se anuncian en las cartas pero que van por correo aparte, como por ejemplo, catálogos, muestras, planos, etc.

REGISTRO DE SALIDA DE CORRESPONDENCIA

Fecha	Clase	DESTINATARIO	Anexos	Envíos	Observaciones

Circulación interna del correo

Para la circulación interior de la correspondencia y de otros documentos se utilizan, normalmente, a los ordenanzas, que la llevan de un departamento a otro.

Si el volumen de circulación de documentos interior es muy elevado y las oficinas son grandes, y, especialmente, si los despachos están repartidos en varias plantas, puede resultar rentable la utilización de algún medio mecánico. Entre ellos, las cintas transportadoras, poco utilizadas ya que su radio de acción es, normalmente, una sola planta; las cadenas elevadoras de bandejas, para pasar la documentación de una planta a otra, o el tubo neumático, usado actualmente por muchas empresas.

La instalación de este último se hace con tubos de plástico que forman un circuito que pone en comunicación los diferentes departamentos o dependencias.

Por el interior de los tubos circulan unos cartuchos, de plástico también, dentro de los cuales se coloca la documentación que debe «circular», cosa que se consigue con aire comprimido, existiendo unas «estaciones» en las que, por medio de un mecanismo adecuado, se recogen los cartuchos o se introducen en el tubo.

La carta comercial: instrucciones generales

Como ya hemos destacado en el apartado anterior, la carta comercial es un instrumento de trabajo importante; es la intermediaria entre las relaciones cliente-proveedor y el lazo que une la mayor parte de las transacciones comerciales.

Debemos darle, pues, la importancia que se merece, ya que no es única y exclusivamente la imagen de la empresa la que se recibe por medio de una carta, sino que de ella depende, muchas veces, el éxito de un negocio, de una venta o de una operación comercial.

En este capítulo analizaremos los requisitos que toda carta comercial debe cumplir.

El papel

El papel va a ser el receptáculo, la bandeja donde se van a depositar nuestras palabras y, a través de la cual, nuestras ideas van a poder circular. Por tanto, tendremos cuidado con el papel que vayamos a emplear.

Con respecto al papel de las cartas comerciales, hay que decidir el tamaño, calidad y color.

A pesar de las reglas de normalización, el tamaño de papel que se suele utilizar es variable, y generalmente oscila alrededor de 21 cm de ancho por 27 cm de largo.

Una de las medidas más usadas es DIN A4 de 210 ∞ 297 mm; también es muy frecuente la holandesa comercial de 220 ∞ 280 mm.

Por otra parte, para cartas de poca extensión se suelen emplear tamaños más pequeños, siendo bastante habitual el uso de la media holandesa (120 ∞ 220 milímetros).

El papel debe ser de buena calidad. No debe ser papel ni muy fino ni muy grueso, si bien para las cartas que se dirigen al extranjero, que han de circular por correo aéreo, se admite que sean más finos de lo normal. No se recomiendan, en absoluto, los papeles rugosos ni los muy satinados o brillantes.

Normalmente emplearemos papel de color blanco, si bien pueden usarse papeles de otros colores, siempre que sean muy claros, como el color paja o crema.

228

El membrete

El membrete va impreso en la parte superior del papel, y ocupa toda la cabecera o bien solamente la parte central. En algunas ocasiones, puede figurar en el ángulo superior izquierdo.

El membrete puede estar impreso a una o varias tintas, y en él suele aparecer algún dibujo, como la marca comercial, el anagrama de la empresa, los edificios de las fábricas, etc.

Además del nombre de la empresa, el membrete debe contener otros datos, como la actividad de la firma, el domicilio, teléfono, fax, si lo hay y, en muchos casos, las sucursales con que cuenta, las cuentas corrientes bancarias, el número de identificación fiscal, etc.

El membrete ofrece una visión bastante completa de lo que es la empresa, por lo que la adopción de un membrete adecuado es más importante de lo que comúnmente se piensa. El diseño y compaginación suele encargarse a un grafista o persona con gusto. Antes de decidirse, vale la pena constrastar varios bocetos. Del resultado final dependerá, en parte, la buena o mala impresión que puedan causar nuestras cartas.

Gracias a las normas DIN, se asegura una distribución armoniosa y elegante de los elementos que integran los membretes, pues ellas indican las medidas y disposición a las que estos deben ceñirse. Su uso, sin embargo, está aún poco extendido.

El sobre

En el capítulo que hemos dedicado al servicio de Correos ya hemos indicado los tamaños que deben tener los sobres. Daremos aquí únicamente una pequeña pincelada para recordar lo más importante.

Para que los sobres sean considerados normalizados y no paguen sobretasa postal, la dimensión mínima debe ser de 90 ∞ 140 mm, y la máxima será a su vez de 120 ∞ 235 mm. En tamaños intermedios, la longitud no puede ser inferior a la anchura multiplicada por 1,4.

El color de los sobres debe ser igual al del papel, por lo que el blanco será el más usual.

Los sobres comerciales llevan impreso el nombre y dirección de la empresa, bien en el reverso (solapa), bien en el anverso, en la parte superior o inferior izquierda.

Además de los sobres normales (cuadrangulares) en los que varía la proporción entre la anchura y la longitud, existen los sobres con ventanilla transparente. En ellos no es necesario escribir la dirección, pues sirve la escrita en la carta. De esta manera, se debe tener cuidado de que exista una perfecta coincidencia entre la dirección escrita (una vez doblado el papel) y la ventanilla transparente.

El tipo de escritura

Hoy en día, todas las cartas comerciales se escriben a máquina. Únicamente se presentarán manuscritas en los casos siguientes:

- Cuando la escribe un director de una empresa que desea guardar el más riguroso secreto.

- En algunas cartas publicitarias, para imitar, precisamente, las cartas particulares.

- En las solicitudes de empleo, al dar el solicitante su historial (currículum vitae). A menudo, la empresa que ofrece el trabajo pide que toda la documentación se entregue manuscrita.

- En algunos casos, por cortesía o deferencia a la persona a quien va dirigida la carta.

La presentación

La buena presentación de una carta exige en primer lugar que esté bien centrada, y luego que su lectura se vea favorecida por la correcta distribución de lo escrito.

Antes de empezar a escribir una carta, debemos calcular la longitud de forma aproximada para ver la proporción entre el tamaño de la carta y el del papel, y poder seleccionar correctamente los márgenes adecuados y la separación entre líneas.

Debemos repartir equilibradamente los distintos volúmenes que forman los párrafos, la dirección, etc., para conseguir un efecto óptico agradable. A ser posible, encuadraremos con exactitud las cartas en el papel; de no conseguirse, es mejor que queden algo altas que bajas. Estas últimas parece que vayan a caerse del papel.

El tipo de letra que utilicemos ha de ser sencillo y fácil de leer. Huiremos, pues, de la letra inglesa y de otras que, por afán de distinguirse, lo único que consiguen es dificultar o cansar al lector con la poca simplicidad de los caracteres.

Márgenes son los espacios que deben quedar en blanco y, lógicamente, son cuatro, igual que los lados del papel encima del cual escribimos. El margen superior debe ser igual a lo que ocupe el membrete más tres o cuatro renglones, como mínimo. El margen inferior depende de la extensión de la carta, pero no debe ser excesivamente grande, para que no dé la sensación de que el escrito queda «pegado» a la parte superior; ni demasiado pequeño, de forma que pueda parecer que la firma se sale del papel.

En caso de continuar la carta en otra hoja, el margen inferior será de unos dos centímetros.

El margen izquierdo medirá de dos a tres centímetros, y el derecho medirá 1,5 centímetros, aproximadamente. El margen derecho es irregular, debido a la escritura mecanográfica y a la necesidad de escribir sílabas completas. Sin embargo, debemos procurar que este sea lo más regular posible, cosa que conseguiremos con un poco de cuidado y pulcritud. Existen máquinas de escribir con las que se puede conseguir un margen derecho completamente regular (justificado).

Las cartas comerciales acostumbran escribirse a un solo espacio, salvo si la letra es muy menuda, para no causar la impresión de compacto, o si la carta es muy corta.

Dejaremos doble espacio para separar los párrafos y algo más entre la dirección y el encabezamiento.

Los diferentes párrafos de una carta los separaremos por medio del punto y aparte. Si la carta se escribe a dos espacios, en el punto y aparte dejaremos, normalmente, tres. Los inicios de párrafo se harán al margen, sin entrar los cinco o seis espacios que hasta hace poco era habitual.

No debemos enviar cartas con borrones o tachaduras. Si es necesario hacer alguna corrección, se recomienda utilizar los sistemas modernos de borrado que existen en el mercado y que son bastante perfectos. De no poder disimular los errores, es mejor cambiar el papel y empezar de nuevo.

La cinta de la máquina con la que escribamos debe ser de color negro, en general, y estar en buen estado para conseguir una impresión uniforme y clara. Para ello, necesitaremos también que los tipos de la máquina estén perfectamente limpios. Algunas veces se utiliza el rojo para destacar algún dato, pero no conviene abusar de este recurso.

Las cartas se doblarán siempre con el texto en la parte interior, y se colocarán en el sobre de forma que al sacarlas y desdoblarlas quede ante nosotros la dirección.

Pueden doblarse por la mitad, en tres o en cuatro partes, según el sobre y el tamaño del papel. Si se doblan por la mitad o en tres partes, se hará siempre en el sentido horizontal.

Veamos ahora un croquis de una carta bien estructurada:

MEMBRETE

s/ref   n/ref   fecha
                             ....

Asunto:
Sr. D. ....
....
_____

....
....
....
....

....
....
....

....

                    ....
                    ....

Aunque, normalmente, las cartas deban ser cortas, algunas veces, por su extensión, no caben en una página. En estos casos, no escribiremos nunca al dorso del papel ni utilizaremos una hoja de papel con el membrete normal.

Para segundas y sucesivas hojas, dispondremos de papel del mismo tamaño y clase que el normal, pero que sólo llevará impreso en la parte izquierda y en letras de tamaño pequeño el nombre de la empresa, y en la derecha, la palabra «hoja». A continuación del nombre de la empresa se indica la fecha, en forma abreviada (05/03/92, por ejemplo), y el nombre del destinatario. A continuación de la palabra «hoja», pondremos el número que le corresponda.

La fecha

Generalmente, la fecha se coloca en la parte derecha, bajo el membrete. Si en el membrete, como es de suponer, figura el nombre de la población, no hace falta repetirlo al escribir la fecha.

232

El día se escribe en números; el mes, indistintamente en números o en letras, aunque siempre parece mejor en letras; puede figurar en mayúsculas o en minúsculas. Escribiremos el año también en números.

Veamos un ejemplo:

15 de mayo de 1992

Podemos prescindir de la partícula «de», escribiendo: 15 mayo 1992.

Si el mes lo escribimos en números, lo colocaremos: 14/5/1992. En el caso de hacer constar el nombre de la población, esta irá siempre seguida de una coma y un espacio antes del día: Barcelona, 14 de mayo de 1992.

En algunos impresos figura ya el nombre de la localidad, seguido de puntos suspensivos que nos indican dónde deberemos situar la fecha. En estos casos, sólo hay que llenar los espacios correspondientes.

Veamos un ejemplo:

Barcelona, ... de ... de ...

Referencias y número de registro

En el orden de colocación, hay quien da prioridad a las referencias y hay quien lo da al nombre y dirección del destinatario.

Muchas veces, las casillas donde deben figurar las referencias, están ya impresas.

En algunos casos, existe también un pequeño recuadro dedicado al resumen del *asunto* del que la carta va a tratar.

El número de registro es aquel número que se asigna a la carta, bien cuando nos llega a través del correo, bien cuando somos nosotros quienes la enviamos.

Las referencias y el número de registro son muy importantes para poder relacionar las cartas de inmediato, y localizarlas rápidamente.

Veamos un ejemplo de referencias:

s/ref.   n/ref.   s/escrito   n/escrito

Estas casillas están ya impresas en la mayoría de los casos.
Escribiremos debajo de cada casilla la referencia indicada.
Muchas veces, la fecha figura al lado:

s/ref.   n/ref.   s/escrito   n/escrito   fecha

233

Como ya hemos señalado, puede también destinarse un pequeño espacio a resumir el asunto que se va a tratar en la carta.

s/ref.   n/ref.   fecha
asunto:

El *asunto* es el resumen del tema tratado. Si podemos abreviarlo en dos palabras, mejor que mejor.

Las letras que acostumbran a escribirse en la referencia, a veces con números, pero, en general, son las iniciales —en mayúscula— de quien ha dictado la carta, seguidas de las iniciales —en minúscula— de la secretaria que la ha escrito o mecanografiado, separadas por una barra.

El destinatario

El nombre y dirección del destinatario aparecerán en la parte izquierda, debajo, o encima, de las referencias, según sea el impreso. Si se utilizan sobres de ventanilla, se aconseja que vaya indicado en el papel de la carta el lugar donde debe colocarse. La carta puede dirigirse a una persona o a una firma comercial. En el segundo caso, si se conoce el nombre de quien se hará cargo de la carta o del asunto, es aconsejable escribir, antes del encabezamiento, «a la atención del Sr. ...». Veamos un ejemplo:

Metalúrgica Bilbao
C/ Río, 26
28012 MADRID
A la atención del Sr. Mercader

Si el nombre de la firma es un apellido, podemos escribir delante «Sres.».

Sres. Mateu y Mateu, S. A.

Con relación al cargo que ostente el destinatario, deberá encabezar la dirección «Excmo. Sr. D. ...», «Iltre. Dr. D. ...», «Dr. D. ...», o «Revd. D. ...».
Si el destinatario ocupa algún cargo, lo haremos constar debajo del nombre:

Sr. D. ...
Director gerente de ...
C/ Río, 27
Madrid

El nombre de la calle irá precedido de una coma, espacio y el número de la calle, y se colocará debajo del nombre o del cargo. Cuando el destinatario está en la misma ciudad que el remitente, se escribirá, en lugar del nombre de la localidad, la palabra *ciudad*.

Si el nombre de la población se escribe en minúsculas, es conveniente subrayarlo para que destaque. No es necesario si va todo en mayúsculas.

Si el nombre es corto, se aconseja dejar un espacio entre cada letra, únicamente con fines estéticos, para que no quede en un rincón.

Cuando la ciudad tiene distritos postales, se hará constar el número del código de la población. Entre la calle y la ciudad es preferible dejar doble espacio, aunque haya sólo uno entre aquella y el nombre del destinatario. Si la localidad no es capital de provincia, esta se escribirá al lado, entre paréntesis. Lo mismo ocurrirá cuando escribamos al extranjero; en vez del nombre de la capital de provincia, figurará el del país:

> Mr. John Bastias
> 18, North Both Street
> CAMBRIDGE (Inglaterra).

El saludo o encabezamiento

El saludo o encabezamiento se escribe debajo de la dirección, dejando varias líneas en blanco. Puede suprimirse en algunos casos. Si se trata de una carta únicamente comercial, dirigida a una empresa, podemos comenzarla con la introducción:

> Sres. Martínez y Martínez, S.A.
> C/ Fuensanta, 19
> Barcelona
>
> En respuesta a su ...

Son múltiples los encabezamientos que pueden usarse, según la persona a quien se dirija la carta o comunicación. A continuación facilitamos una lista con los más frecuentes, aunque, como ya hemos señalado antes, en las cartas comerciales, como puede ser la reclamación de un pedido, una oferta, etc., podemos prescindir perfectamente de ellos.

En las cartas estrictamente comerciales no es frecuente, ni tampoco aconsejable, en la mayoría de los casos, usar el calificativo de «querido». Procuraremos, también, prescindir de los encabezamientos tenidos por clásicos, que ya han perdido todo el sentido, tales como «Muy señor mío», «Muy señores nuestros»:

- «Distinguido señor»   Lo usaremos cuando se trate de una persona con categoría social o intelectual.

- «Distinguido amigo»   Si la persona es, además, conocida nuestra.

- «Apreciado Sr. ...»   Encabezamiento un poco decadente, pero útil en algunos casos en los que no podemos usar «querido» o «distinguido».

- «Querido amigo»   Si se tiene bastante relación con la persona, sin llegar a ser íntima.

- «Querido X»   Lo usaremos cuando se trate de un amigo.

- «Querido Sr. X»   Si es una persona mayor, por respeto.

La introducción

La introducción está formada, generalmente, por frases hechas, que se eligen según el contenido de la carta o la oportunidad del momento. Podemos, incluso, prescindir de ella, e ir directamente al asunto, sin faltar a la cortesía.

A continuación, presentamos una lista de frases apropiadas para la introducción que, en general, hacen referencia a la última carta que hemos recibido, o a alguna noticia que hemos tenido sobre los destinatarios.

Prescindiremos, en la medida de lo posible, de los gerundios para encabezar un párrafo. Hasta ahora ha sido habitual su uso, pero esta forma suena cada vez más arcaica.

— «En respuesta a su atenta carta de ...»
— «Confirmando nuestra carta de ...»
— «En relación a su (carta, pedido, circular, etc.)...»
— «Confirmando nuestra comunicación telefónica de ...»
— «Confirmando nuestro acuerdo verbal del ...»
— «Referente a su escrito de ...»
— «Conforme a su pedido de ...»
— «Nos complace comunicarles ...»
— «Tenemos el gusto de comunicarles ...»
— «Lamentamos mucho tener que anunciarles ...»

— «Nos complace enviarles ...»
— «Con mucho gusto les remitimos ...»
— «Con mucho gusto atendemos su ...»
— «Atendemos su petición de ...»
— «Según lo convenido ...»
— «Contrariamente a lo convenido ...»
— «Tenemos el deber de comunicarle ...»
— «Nos permitimos adjuntarle ...»
— «Nos es grato adjuntarle ...»
— «Consideramos oportuno comunicarle ...»
— «El objeto de nuestra carta es ...»
— «De acuerdo con las instrucciones ...»
— «Estamos muy agradecidos por su ...»
— «Oportunamente llegó su carta ...»

El cuerpo de la carta

El cuerpo es la parte principal de la carta. Debe ser claro, concreto y, a ser posible, breve. En él se expondrá el motivo del escrito. Empezará siempre párrafo aparte; aunque haya habido introducción, este servirá sólo para centrar y dar una referencia.

Según el asunto o asuntos que se traten, el cuerpo de la carta se compone de uno o varios párrafos que se separan con punto y aparte de la forma ya indicada.

Cuando en la carta se traten varios asuntos, es conveniente dividirla en partes que comiencen con un título escrito en letras mayúsculas. Es muy importante que el cuerpo de la carta siga un orden lógico, refiriéndose primero a lo más importante y luego detallando ordenadamente los pormenores.

Si la carta contiene alguna cantidad que deba ser objeto de cargo o abono, es necesario destacarla. Esto puede conseguirse de dos maneras: escribiéndola fuera del margen de la carta, o subrayándola. En el primer caso, hay que dejar un doble margen para que al escribir la cantidad quede fuera del margen de la carta, pero dentro de lo que podemos llamar margen normal, para que, al archivar por el sistema de sujeción, la cantidad no quede tapada.

En el segundo caso, para hacerla destacar más, se empieza en el margen izquierdo y se subraya utilizando la parte de la línea siguiente que queda debajo de la cantidad.

Veamos un ejemplo de la primera forma:

De acuerdo con nuestra conversación telefónica, les abonamos en cuenta: ptas. 450 (cuatrocientas cincuenta) para compensarles de los gastos ocasionados por el error...

De la segunda forma:

> De acuerdo con nuestra conversación telefónica, les abonamos: <u>Ptas. 520</u> (quinientas veinte) para compensarles de los gastos ocasionados por el error ...

La despedida

La despedida irá, normalmente, acompañada de alguna frase, que servirá de conclusión, de cierre, para que la carta quede bien redondeada, y deberá guardar relación con el saludo.

En cartas estrictamente comerciales, en las que no sea necesario pedir una contestación rápida, o agradecerles un favor o atención, podemos escribir:

— «Atentamente»
— «Atentamente le saluda»
— «Un atento saludo»

Debemos desterrar los formulismos inútiles y las abreviaciones que han caído totalmente en desuso, como las frases que siguen:

— «q.e.s.m.» (que estrecha su mano)
— «q.b.s.m.» (que besa su mano)
— «su affmo. s.s.» (su afectísimo seguro servidor)

En su lugar, utilizaremos:

— «Atentamente, le saluda»
— «Reciba nuestro atento saludo»
— «Un cordial saludo» (si son conocidos)
— «Cordialmente le saluda»

Observamos que si la despedida está escrita en tercera persona, irá seguida de una coma; si está en primera, de un punto. En el primer caso la frase no queda concluida, la firma, aunque separada, es la que le pone punto final. En el segundo caso, ya una frase completa, aunque a veces se omite el verbo por sobrentenderse.

En muchas ocasiones, la despedida puede enlazarse con el último párrafo de la carta, y entonces, escribiremos:

— «Esperando sus prontas noticias, le saludamos atentamente»

— «Rogándoles disculpen las molestias ocasionadas, atentamente les saludan»
— «Agradeciendo sus atenciones, atentamente les saludan»
— «Esperamos su conformidad ...»
— «Quedamos a su disposición por cuanto puedan necesitar de nosotros ...»
— «Confiamos en poder corresponder a sus atenciones en otra ocasión ...»
— «Con la seguridad de vernos favorecidos por su ...»

La firma y la antefirma

En las cartas comerciales la firma va siempre acompañada de la antefirma. Se firmará siempre debajo de la despedida, dejando espacio suficiente, hacia la parte derecha del papel. En la firma se hará constar siempre el nombre, apellido y el cargo que ocupa la persona en la empresa.

Si se trata de un comerciante individual que firma la carta personalmente, bastará con que estampe su firma y rúbrica. Cuando la firma un apoderado u otra persona autorizada, deberá constar, en mayúsculas, el nombre del comerciante o el de la razón social acompañada de las abreviaturas P.P. (por poder), P.O. (por orden) o bien P.A. (por autorización), según corresponda. O bien se hará constar el cargo que ocupa en la empresa, pudiendo, o no, acompañarse del nombre del firmante.

P.O.
Fdo.: *Pablo Billot*

La antefirma puede escribirse a máquina o estampillarse con un sello. Hay quien da prioridad al cargo, y hay quien la da al nombre. Veamos unos ejemplos:

Pedro Valcárcel
Director general

El DIRECTOR GENERAL
Fdo.: *Pedro Valcárcel*

La firma irá entre el cargo y el nombre.

Las iniciales

Ya nos hemos referido a ellas al hablar de las referencias. Si no se usan como tales, pueden ponerse al pie de la carta, a la izquierda, colocando en primer lugar las de la persona que ha dictado la carta, seguida por las de la persona que ha mecanografiado el texto.

Los anexos

Si la carta va acompañada de algún documento, como una factura, recibo, letra, nota de pedido, etc., conviene indicarlo, ya que sirve de recordatorio y de comprobación para la persona que cierra el correo, e igualmente, para el destinatario.
Se indica al final de la carta, de la siguiente manera:

ANEXO: 1 factura.

ANEXOS: 1 factura.
   1 talón f.c.

La posdata

La posdata se coloca en el margen izquierdo, después de la despedida, dejando el espacio pertinente, y su objeto no es otro que el de añadir algo que se ha olvidado escribir en el cuerpo de la carta.
Muchas veces se utiliza para remarcar algo importante que ya se ha dicho en la carta, o para llamar la atención de manera especial. Se introduce con las iniciales P.D., pudiendo también utilizarse P.S. *(post scriptum)* o N.B. *(nota bene)*.

Copia de la carta

Todas las cartas o documentos deben escribirse con copia. Esto no sólo nos permite tener constancia de lo escrito, sino poder volver a reproducirlo las veces que sea necesario. Con frecuencia ocurre que una carta se pierde o se traspapela, o es ignorada por el destinatario; nuestra copia siempre puede demostrar que en su momento estuvo escrita y, lo que es más importante, el contenido exacto. Las copias se archivan y registran.

Cuadro y ejemplo

Vistas y analizadas detalladamente las diferentes partes de una carta comercial, ya podemos indicar la colocación correcta, que queda así:

MEMBRETE

....[fecha]

....
                                                                  ⎫
....   [destinatario]   .... ⎬ [referencias]
                                                                  ⎭
....

....   [saludo]

                         ....
                         ....
[introducción]⎰   ....
              ⎱   ....
                         ....

                         ....
[cuerpo]⎰   ....
        ⎱   ....

                         ....
[despedida]⎰   ....
           ⎱   ....
                         ....

                                              .... [antefirma
                                              .... y   firma]

....   [iniciales]
....   [anexos]

La carta comercial: redacción de diversos tipos

A continuación mostraremos los casos más importantes de cartas comerciales que pueden tener lugar en una empresa.

Después de una breve explicación relativa a las particularidades que deben tenerse en cuenta a la hora de redactar estas cartas, pasaremos luego a presentar una serie de cartas que nos servirán como modelo para una perfecta orientación.

Los pedidos

Pedidos son las solicitudes de envío de géneros o mercancías, que, normalmente, han sido ya previamente ofrecidos, bien a instancias del que formula el pedido, bien por iniciativa del que ofrece el producto.

La formulación del pedido deberá estar redactada con suma atención y de forma correcta, sin omitir ningún detalle respecto a la mercancía, forma de pago, de envío, etc., si queremos evitar que se produzcan errores en la entrada del producto.

Cualquier equivocación podría dificultar nuestra producción o nuestra venta, aparte de dar lugar a enojosas cartas de reclamación, rectificación de errores, etc.

Las empresas con un volumen de ventas considerable suelen tener hojas de pedido impresas, las cuales facilitan el trabajo e impiden la omisión de detalles importantes.

Las hojas de pedido acostumbran enviarse por duplicado; una de ellas se devuelve firmada, lo cual indica la conformidad en el cumplimiento de lo solicitado.

De no usarse el sistema del duplicado, se redactará una carta de aceptación de pedido.

Al formularse un pedido, se deberán tener presente cinco puntos muy importantes:

— La cantidad (peso, metros, unidades).
— La referencia.
— Fecha en la que debe hacerse la entrega.
— El modo de envío.
— La forma de pago.

Únicamente se podrá omitir algún punto de esta lista si son muy frecuentes las relaciones comerciales entre las dos firmas y las condiciones se conocen sobradamente.

En las cartas de aceptación de pedidos —de no poder cumplir alguno de los requisitos que se solicitan—, se hará constar cuáles serán las variaciones y se solicitará la conformidad antes de considerarlo en firme.

Veamos algunos ejemplos de pedidos:

[Membrete]

Dirección ....
....

Señores:

Agradeceré se sirvan remitirme con la mayor brevedad posible:

250 cerraduras especiales tipo U.
20 cerraduras corrientes tipo L.
450 cerraduras tipo SLN.

CONDICIONES. De acuerdo con su nota de precios, número 90, embalaje incluido. El pago se efectuará por medio de giro a mi cargo a 30 días fecha factura.

PLAZO. Agradeceré el envío inmediato ya que tengo algunos compromisos urgentes.

EXPEDICIÓN. Deben efectuar el envío por ferrocarril gran velocidad. Agradeceré recubran interiormente las cajas con papel impermeable para evitar oxidaciones.

En espera del pronto cumplimiento, les saluda atentamente

[firma]

[Membrete]

Sres. ...
....

Pedido n.º ....   Ref. ....   Lugar y fecha ....

Nos complace pasarles pedido de:

Código	cantidad	artículo	precio unidad	total
...	...	...	...	...
...	...	...	...	...

Rogamos nos devuelvan la **aceptación de pedido** con los correspondientes plazos de entrega.

El envío de la mercancía, incluyendo el albarán, deberá hacerse puerta a puerta, franco portes y embalajes, sobre nuestros almacenes de ...

Rogamos nos avisen, por correo o telégrafo, de la fecha de envío, número de bultos, peso y agencia de transportes.

Les agradeceremos que hagan la facturación por duplicado, haciendo constar el número y la fecha del pedido.

Los artículos deberán ser facturados **netos sobre destino**, es decir, incluyendo IGTE.

En espera de sus noticias, les saludan atentamente

[firma]

RESPUESTA:

[lugar y fecha]

....
....
....

En respuesta a su carta con el programa de envíos de su pedido número ..., nos complace comunicarles nuestra conformidad, excepto en lo que hace referencia a la entrega de los juegos puente correspondiente al mes de enero.

Dada la proximidad de la fecha nos será imposible servirles más de mil durante la primera semana, pero los otros quinientos, no duden de que estarán en su poder antes del día tres.

Deseamos que este pequeño retraso no tenga especial importancia para ustedes, y, a la espera de su conformidad, les saludamos muy atentamente.

[antefirma]
[firma]

Las reclamaciones

Las cartas de reclamación se escriben como consecuencia de un trato que no ha sido debidamente cumplido según lo que se había estipulado previamente.

Cuando se remite una carta de reclamación se debe especificar muy bien la razón que nos ha llevado a escribirla para que quien la reciba pueda entender rápidamente en qué punto ha cometido el error, dándole opciones y posibilidades de corregirlo.

Las razones que originan una carta de reclamación pueden ser múltiples: retraso en la recepción del pedido, equivocación en la mercancía (ya sea en la cantidad o en la calidad), forma de envío, etc. Es conveniente especificar la cantidad exacta de mercancía deteriorada, los daños ocasionados por el retraso, etc., a fin de facilitar la reposición o indemnización correspondiente. También es importante citar la posible causa de los daños, para que puedan subsanarse en próximos envíos.

No debemos perder nunca la corrección aunque nos hayan causado graves perjuicios. Usaremos, en nuestras cartas de reclamación, un tono más o menos exigente según la gravedad del daño sufrido, o que puede sucederse del incumplimiento del contrato.

Al contestar una carta de reclamación, siempre tendremos en cuenta si el cliente tiene razón. De tenerla, se subsanará debidamente el error y se darán las oportunas disculpas. Si la equivocación se debe a que el cliente ha omitido algún detalle o ha cometido un error en la formulación del pedido, se le expondrá con mucha corrección, a la vez que se expresa el deseo de hacer los oportunos cambios o variaciones, a ser posible.

Hay clientes que no acostumbran reclamar. De todos modos, si nos interesan comercialmente, deberemos buscar un afórmula para arreglar los posibles errores.

CARTA DE RECLAMACIÓN POR EL MAL ESTADO DE LA MERCANCÍA

[lugar y fecha]

Sres. ....
....

El pasado día ..., en la fecha prevista, con la puntualidad acostumbrada, recibimos nuestro pedido n.º ... en condiciones muy defectuosas.

Examinado el género, pudimos comprobar que cuatro piezas presentan taras considerables, que nos imposibilitan la venta posterior en nuestros grandes almacenes. Todas ellas corresponden a artículos de la misma clase, por lo que nos extraña que haya sido un error fortuito que les haya pasado desapercibido.

Esperamos su respuesta con una solución rápida y eficaz.

Reciban un atento saludo.

[antefirma]
[firma]

[lugar y fecha]

[Membrete]

Sr. D. ...

....

Nos ha sorprendido el contenido de su carta de ..., pues no creemos que sea ético, profesionalmente hablando, aumentar el precio de un pedido, una vez formulado, sin avisar con cierta anticipación. Deberían, como mínimo, mantener el precio para los pedidos recibidos, y, de ser necesario, anunciar el aumento para los próximos.

Suponemos, por la forma que siempre nos han tratado, que quizás haya dejado de interesarles mantener relaciones comerciales con nosotros.

Esperamos su rápida contestación y poder resolver el asunto lo antes posible. Atentamente,

[firma]

RESPUESTA

[lugar y fecha]

[Membrete]

Sr. D. ...

....

Lamentamos mucho que hayan dudado de nuestra ética profesional, después de tantos años de relación comercial con nuestra empresa.

Cuando recibimos su pedido, íbamos ya a remitirles la nueva lista de precios, que mandamos aparte.

Rogamos comprendan lo ocurrido, pero nos es del todo imposible mantener los precios antiguos, aun para el pedido formulado. Agradeceríamos pues, la aceptación del mismo.

En espera de que lo comprenderán, reciban nuestro más atento saludo.

[antefirma]
[firma]

Contabilidad y banca

La argumentación de las cartas de contabilidad es, generalmente, muy sencilla, pues lo que más interesa de ellas son las cantidades y los documentos que justifican o confirman tales cantidades.

Los asuntos que se tratan en las cartas de contabilidad son diversos: anunciar el envío de fondos, acusar recibo de estos, avisar de la puesta en circulación de alguna letra, enviar extractos de cuenta, anunciar cargos o bonificaciones, etc.

Los comerciantes escriben a los bancos por motivos muy diferentes, entre ellos: ordenar transferencias, solicitar préstamos o créditos, ordenar compras o ventas de valores, etc. Para buena parte de las órdenes que los clientes dirigen a los bancos, estos disponen de impresos adecuados que tienen, o no, forma de carta.

En la redacción de las cartas comerciales de contabilidad y banca debemos tener mucho cuidado, puesto que al referirse estas a cuestiones de dinero, no pueden contener errores en las cantidades, plazas, condiciones, etc.

Precisamente, y para evitar errores e incluso posibles falsificaciones, se acostumbra repetir en letras las cantidades ya indicadas en cifras.

También es conveniente destacar las cantidades que tengan que ser objeto de contabilización. Si es necesario hacer alguna demostración numérica, es decir, una operación de suma o resta para indicar el saldo, la haremos fuera del margen o al pie de la carta.

DEL CLIENTE A LA ENTIDAD BANCARIA

[Membrete]

[lugar y fecha]

Banco ...
....

Señores:

Agradeceré se sirvan ordenar a la sucursal de Madrid, abone en la cuenta de ..., la cantidad de ptas. 13.500 (trece mil quinientas), cargándome dicha cantidad más los gastos de transferencia.
Rogando me comuniquen el cumplimiento de esta orden, les saluda atentamente

[firma]

[Membrete]

[lugar y fecha]

Empresa ...
....

Señores:

Con referencia a su demanda de apertura de un crédito de dos millones de pesetas (2.000.000,—), efectuada en su carta del día ... del corriente, agradeceremos nos visiten el próximo viernes, día ..., a las ... horas, con objeto de completar la documentación que debemos remitir a nuestra central para solicitar el permiso de apertura.

Es conveniente que traigan una copia del último inventario y del estado de pérdidas y ganancias, para tener con exactitud los datos deseados.

Atentos saludos de

BANCO ...
p.p.

[firma]

Presentación y recomendación

Las cartas de recomendación y presentación, como su nombre bien indica, tienen por objeto hacer la presentación de una persona, exponiendo, al mismo tiempo, el motivo de la visita o los deseos del recomendado.

Lógicamente, este tipo de cartas, por lo comprometidas que muchas veces resultan, van dirigidas a personas con las que se tiene amistad y, por lo tanto, pueden escribirse en un tono más familiar que el resto de las cartas comerciales.

Al hablar de las condiciones del presentado o recomendado, no debemos exagerar sus buenas cualidades, ni adornarlo con virtudes que no tiene o atribuirle conocimientos que no posee. Las inexactitudes contenidas en esta clase de cartas son fácilmente comprobables y la persona que las ha escrito puede quedar rápidamente en evidencia.

Muchas veces, las cartas de presentación se entregan al recomendado para que sea él quien la lleve a su destino. En tales casos, entregaremos la carta en un sobre cerrado.

Si, debido a un compromiso, hemos de escribir una carta de presentación a una persona a quien no conocemos mucho, procuraremos ser poco expresivos, para que el destinatario pueda darse cuenta de que la recomendación es algo fría. Para advertir al destinatario, podemos enviar una carta por correo avisándole de lo sucedido. Igualmente, deberemos avisar al destinatario cuando la carta de presentación se ha entregado, también por compromiso, a una persona que no la merece.

En algunas ocasiones, las cartas de recomendación o presentación pueden sustituirse por una tarjeta o un saluda. Veamos algunos ejemplos.

CARTA DE PRESENTACIÓN PARA EL HIJO DE UN AMIGO
QUE DESEA HACER PRÁCTICAS EN UN TALLER

[Membrete]

[lugar y fecha]

Talleres ...

....

Señores:

El portador de la presente, D. ..., es uno de nuestros mejores clientes, aparte de uno de mis mejores amigos, y nos ha rogado le facilitemos una carta de presentación.

Dicho Sr. tiene un hijo estudiando en la Escuela de Artes y Oficios, y para la buena marcha de sus estudios, cree conveniente simultanear estos con el trabajo práctico en una factoría importante como la de ustedes.

El citado joven es un estudiante muy aventajado y tiene excelentes cualidades morales, por lo que esperamos, que de serles a ustedes posible, no tendrán inconveniente en concederle lo que solicita.

Rogando perdonen nuestro atrevimiento y agradeciendo la buena acogida que estamos seguros le dispensarán, les saludamos atentamente.

INDUSTRIAL ..., S.A.
p.o.

[firma]

[Membrete]

[lugar y fecha]

Sr. D. ...

....

Distinguido Sr.:

Tengo el gusto de recomendarle al joven ..., quien, por haber terminado los estudios comerciales, desearía empezar a trabajar como auxiliar de contabilidad, o similar, en alguna empresa como la de usted.

Tengo excelentes referencias de sus aptitudes; en diversas ocasiones he visto las calificaciones obtenidas en los exámenes, y eran inmejorables. Además, se trata de un chico educado en un ambiente familiar muy serio. Yo lo considero un joven de porvenir, en todos los aspectos.

Si existe la posibilidad de concederle una plaza en las oficinas de su empresa, le quedaría sumamente reconocido, ya que además de haber conseguido mi deseo, tendría oportunidad de conocer, a través de ustedes, los progresos y el comportamiento de mi recomendado, por quien tengo gran interés. En caso contrario, le agradeceré que si en alguna ocasión tiene conocimiento de alguna vacante apta para él, no deje de recordar la presente carta.

Rogando perdone mi atrevimiento y agradeciéndole de antemano su atención, le saluda atentamente

[firma]

Informes de mercado

Es de gran interés para el comerciante conocer la situación de los mercados en los que desea trabajar.

Una buena información le dará a conocer si existe la posibilidad de efectuar buenas ventas, precios de la competencia, gustos del público, forma de orientar la propaganda, etc.

Todos estos datos, evidentemente, ayudan enormemente a proyectar y organizar una empresa.

Para obtener los informes que necesita, el comerciante puede valerse de sus propios agentes, de sus clientes o de las personas con las que no tiene relaciones directas, pero cuyo nombre le ha sido facilitado en algún momento por algún amigo o conocido.

Las cartas de solicitud de información deben redactarse siempre con habilidad y exquisita corrección, procurando obligar al destinatario a darnos la información requerida con el máximo de detalles y, por supuesto, con la debida veracidad.

Resulta bastante corriente que se solicite la información por medio de un cuestionario; en tal caso, bastará simplemente con que se escriba una carta explicativa.

En algunas ocasiones se utiliza la técnica de enviar un sobre ya dirigido y franqueado, con lo que, prácticamente, de esta forma se obliga al destinatario a contestar.

Podemos clasificar las respuestas recibidas a las peticiones de información sobre mercados en tres grupos: según la persona que deba facilitarlo tenga interés en el asunto, no lo tenga o, por el contrario, tenga interés en no dar información.

a) En el primer caso, debe contestarse con la mayor exactitud posible y con la debida extensión a todas las preguntas que hayan sido formuladas, añadiendo además todos los informes que se consideren de interés y que resulten oportunos.

b) En el segundo, debe responderse con cierta amplitud, pues no cuesta nada hacer un favor.

c) En el tercer caso, bajo ningún concepto deben darse informes tendenciosos o falsos, sino que se debe obrar siempre con absoluta lealtad, indicando la imposibilidad de proporcionar los informes solicitados por tener intereses en la competencia.

En las páginas siguientes se puede ver algún ejemplo de petición de informes de mercado.

CARTA PETICIÓN DE INFORMACIÓN SOBRE UNA FIRMA
QUE VENDE ARTÍCULOS ELÉCTRICOS

[Membrete]

[lugar y fecha]

Comercial ...
....

Señores:

La firma ..., de Barcelona, acaba de concedernos la exclusiva de venta para toda la península de sus artículos eléctricos para el hogar.

Como podrán ver en el catálogo que les adjuntamos, los productos de la citada casa no incluyen sólo los de uso corriente, sino otros poco utilizados en España hasta la fecha, pero que, una vez conocidos, han de alcanzar indudable éxito por tratarse de aparatos sumamente prácticos.

Desearíamos introducir tales artículos en todas las provincias españolas y estamos estudiando un plan de propaganda, ya que además de la de tipo nacional, queremos hacer una intensa campaña provincial que ofrezca posibilidades de convertirse en un buen mercado.

Teniendo referencias de las extensas y buenas relaciones que ustedes tienen en su provincia, nos atrevemos a esperar tengan la bondad de informarnos sobre las posibilidades de venta que ofrece.

Asegurándoles sabremos agradecer debidamente cuantos informes tengan a bien facilitarnos, les saludamos atentamente.

COMERCIAL ... S.A.

[firma]
Gerente

Anexo: Un catálogo.

[Membrete]

[lugar y fecha]

Comercial ...
....

Señores:

Agradecemos las frases de su carta del ... del corriente.

Los artículos fabricados por la firma ... son ya conocidos en esta provincia y nosotros mismos hemos vendido productos de esta firma, si bien estos no han alcanzado la fama y popularidad que por su buena calidad deberían tener.

Nuestra provincia, como ustedes saben, no tiene núcleos de población importantes. Debido a esto, creemos que una campaña publicitaria de carácter provincial no produciría una cifra de ventas suficientemente elevada para compensarla.

Consideramos que la campaña para la provincia de Barcelona sería suficiente. Para complementarla, deberían suministrar a las tiendas material de propaganda para los escaparates, con instrucciones para su colocación al objeto de obtener el máximo rendimiento.

Nosotros, además de la venta al público, trabajamos como mayoristas y tenemos un servicio de ventas bastante bien organizado. No tendríamos inconveniente en perfeccionarlo para vender sus artículos en el caso de que entrara en sus cálculos el organizar la venta basada en exclusivistas provinciales y fuéramos nosotros los elegidos.

Esperando que nuestra información les sea de utilidad, les saludamos atentamente.

COMERCIAL ... S.A.
p.p.

[firma]

Circulares

Las circulares se distinguen de las demás cartas comerciales porque el contenido va dirigido a varias personas, empresas o entidades, y no a una de ellas en particular.

Deberemos tener un cuidado extremo en la presentación y redactado de las circulares, procurando que cada destinatario tenga la impresión de que ha sido escrita especialmente para él.

Si esto no se realiza así, la mayor parte de las circulares van directamente a la papelera.

Son muchos y diversos los asuntos que pueden tratarse en una circular. Es imposible referirse a cada uno de ellos.

En general, lo que haremos será agrupar todos estos temas en tres grandes apartados:

— *Comunicaciones:* las circulares más usuales son las que comunican cambio de domicilio, traspaso del negocio (o cese), ampliación, nuevos administradores o apoderados, variación en los precios, cambio en el sistema de servicios, etc.
— *Publicitarias:* se limitan a dar conocimiento de los productos nuevos y a destacar sus ventajas frente a los demás, o la oportunidad de su aparición, de ser el primero en el mercado.
— *Ventas:* acostumbran hablar directamente de la venta del producto. Estudian el público a quien se dirigen, para conseguir el enfoque y redactado adecuado.

Suscitan en el lector el deseo por el producto, haciéndolo atractivo, dando la sensación de que es imprescindible.

Además del elogio del producto, en las circulares de ventas se hará constar la forma de pago, destacando los cómodos plazos que se ofrecen, así como un sistema fácil de hacerlos efectivos, por ejemplo, contra reembolso.

Se incluirá un cupón, que con sólo rellenarlo y enviarlo puede recibirse en casa la mercancía.

Sea cual fuera el tipo de circular que se envía, el nombre y la dirección del destinatario se escribirán en cada una de ellas, una vez impresa. Causa muy mal efecto recibir una carta en la que no conste el nombre de quien la ha de leer.

Por último, otro aspecto muy importante es que debe cuidarse al máximo el parecido entre el tipo de letra y el color de la tinta en que está impresa la carta y los de la dirección.

Veamos algunos ejemplos.

CIRCULAR DE COMUNICACIÓN: CAMBIO DE DOMICILIO

[lugar y fecha]

Sres. ...
....

Distinguidos señores:

Nos complace comunicarles que, a partir del próximo día ... de ..., nuestras oficinas serán trasladadas a la calle:

> Balmes n.º 33
> 08045 Barcelona

de la cual les rogamos tomen nota. No variarán los números de teléfono.

Debido al gran incremento que ha tomado nuestra empresa en los últimos cinco años y al aumento del número de servicios ofrecidos, han quedado insuficientes las instalaciones de la calle Urgel, n.º 145, las cuales, a partir de la fecha arriba indicada, se destinarán exclusivamente al departamento de contabilidad.

En espera de que todo ello redunde en poder ofrecerles mejores servicios, les saludamos atentamente.

[firma]

[lugar y fecha]

Sr. D. ...
....

Distinguido señor:

La agencia de viajes ... ha programado, juntamente con el comité ..., un viaje a Mallorca para el próximo mes de ..., para periodistas especializados y familiares.

El precio del viaje, en barco, y hotel con habitación doble y baño, durante cinco noches, será de ... pesetas; añadiéndose un suplemento de ... pesetas por habitación individual.

Las condiciones están supeditadas a que el grupo expedicionario sea un mínimo de 15 personas. La salida está prevista para el día ..., y el regreso a ..., el viernes por la noche.

Para toda clase de aclaraciones al respecto, pueden dirigirse a la agencia de viajes arriba indicada, sita en ...

En espera de que la gestión realizada sea de su agrado, reciba nuestro más cordial saludo.

[firma]

[lugar y fecha]

Membrete ...
....

Distinguida ama de casa:

... ha encontrado la solución a su problema diario de qué hacer para que comer resulte sabroso, fácil y económico.

Un equipo de importantes técnicos en cocina han estudiado y elegido, de toda la cocina europea, aquellos platos que mejor se adaptan a nuestro paladar y forma de vida, seleccionando más de setecientos menús, entre comidas y cenas, que le ahorrarán a usted tiempo y preocupaciones.
El pensamiento que ensombrece diariamente su despertar, «¿qué les daré hoy de comer?», dejará de angustiarla cuando sea dueña, por tan sólo ... pesetas, de nuestro fabuloso recetario de cocina.

Rellene ahora mismo la tarjeta de pedido adjunta y empiece a ser feliz en la cocina.

Atentamente le saludan

[antefirma]

[firma]

Sí, deseo que me remitan, para su examen durante 10 días, y sin compromiso por mi parte, el recetario de cocina ...
    Efectuaré el pago (señálese con una cruz):

Talón bancario
Giro postal del que incluyo resguardo
Contra reembolso

D.ª ...
Domicilio ...
Población ...

[firma]

Ofertas de servicios

Las cartas comerciales de ofertas de servicios pueden clasificarse en dos grupos:

— *Las demandas de empleo fijo*, donde el solicitante debe indicar los datos personales, conocimientos adquiridos, estudios realizados, señalando el centro donde los ha cursado, los lugares donde ha trabajado y los cargos que ha ocupado. A través de ellas, el destinatario debe poder hacerse una idea de los conocimientos del solicitante, personalidad y aspiraciones. Se suelen escribir a mano.
Cuando se solicita un puesto de cierta categoría, los solicitantes suelen ser numerosos, por lo que se procurará que el redactado sea correcto y claro para poder entrar en el proceso de selección.
— *Las ofertas de servicios profesionales o de carácter vario*. Son verdaderas cartas publicitarias, y en ellas deben destacarse de una manera especial las ventajas que al destinatario le reportará la utilización de los servicios que se le ofrecen.
Naturalmente, es contraproducente exagerar las ventajas ofrecidas, pues tales cartas van dirigidas a personas que conocen perfectamente sus propios negocios y saben los inconvenientes que tienen, y pueden juzgar si son posibles las ventajas ofrecidas.

Veamos unos ejemplos ilustrativos de estos dos tipos de cartas de ofertas de servicios:

DEMANDA DE EMPLEO FIJO

[lugar y fecha]

Industrias ...
....
....

Señores:

Suponiendo que en su importante empresa, debido al gran número de empleados que requiere, se producen con frecuencia vacantes, tengo el placer de ofrecerles mis servicios.

Tengo en la actualidad ... años y he cursado mis estudios en la escuela ..., donde he estudiado todas las asignaturas de carácter comercial, habiendo obtenido en los distintos exámenes muy buenas calificaciones.

Para informes sobre mis aptitudes y comportamiento, pueden dirigirse a la citada escuela. Si desean informarse sobre mi familia pueden hacerlo por medio de la casa ..., donde trabaja mi padre, D. ...

Naturalmente, estoy dispuesto a someterme a las pruebas de aptitud que juzguen necesarias y, si lo consideran conveniente, podría trabajar a prueba una temporada sin compromiso alguno para ustedes.

Respetuosos saludos de

[firma]

s/c. Avda. Madrid, 5, 1.º

[Membrete]

[lugar y fecha]

Talleres ...
....

Señores:

Desde hace ya más de cinco años, me dedico a la venta, en esta provincia, de bicicletas y accesorios. Cuento con una extensa y acreditada clientela entre la que yo podría vender sus cables para frenos, pues ninguna de las casas que represento se dedica a dicha especialidad.

Las casas que represento, cuyos nombres le anoto al final de esta carta, son todas de reconocido prestigio, por lo que toda mi clientela sabe que todos los artículos que les suministro son de primera calidad, cosa que facilitaría en grado sumo la introducción de sus productos.

Para obtener referencias, pueden dirigirse a las casas citadas al pie, las cuales, por no existir incompatibilidad de artículos, no pueden plantear ningún problema a que me ocupe de su representación.

En espera de sus noticias, les saluda atentamente

[firma]

Casas representadas:

- Bicicletas ...
- Neumáticos ...
- Talleres ...

Informes personales

Con frecuencia, los comerciantes e industriales necesitan conocer datos sobre las personas que se han ofrecido para ocupar algún cargo en su empresa, o sobre empresas que les han hecho algún pedido.

Normalmente, el solicitante de un empleo menciona las casas donde ha trabajado anteriormente, los centros donde ha estudiado o el nombre de alguna persona de prestigio que le conozca y que pueda y esté dispuesta a facilitar informes sobre él.

Igualmente, una empresa, al efectuar su primer pedido a otra, indica nombres de casas comerciales con las que ya sostiene relaciones y a las que se pueden pedir informes.

En ambos casos, el comerciante se dirigirá bien a personas, bien a empresas solicitando informes, centrando los puntos de interés en la inteligencia, preparación y experiencia en el primer caso, y el capital, la marcha de los negocios, la forma de atender a los pagos, en el segundo caso.

Dar informes es siempre una cuestión que resulta bastante delicada, especialmente cuando no son del todo favorables y se trata de personas o firmas conocidas.

Para evitar el compromiso que supone un informe personal, es necesario que el nombre de la persona o empresa de quien se pidan los informes quede en el mayor secreto posible.

Esto se consigue no mencionando el nombre en la carta de petición, sino en una hoja que se envía adjunta, escrita personalmente por el director de la empresa que hace la petición.

Por lo demás, en las cartas de petición de informes debe asegurarse que se guardará discreción sobre los informes recibidos, siendo costumbre el ofrecerse a la recíproca.

En las cartas de contestación se procurará, en lo posible, contestar estrictamente a las preguntas efectuadas en la petición.

Es muy frecuente pedir informes a una entidad bancaria con la que se tienen relaciones. La mayoría de los bancos tienen impresos especiales para contestar a tales demandas.

Sin embargo, los bancos no acostumbran a dar informes sobre el estado económico de sus clientes, a no ser que ellos mismos sean quienes les autoricen.

Existe agencias dedicadas a suministrar informes, previo pago de determinada cantidad.

La solicitud y contestación se efectúa por medio de formularios impresos, que varían según las empresas.

Veamos algunos ejemplos:

SOLICITUD DE INFORMES SOBRE UN JOVEN QUE HA SOLICITADO EL PUESTO DE TRABAJO DE CAJERO EN UNA EMPRESA

[lugar y fecha]

Sres. ...

....

Sentimos mucho tener que molestarles, pero desearíamos que nos informaran sobre D. ..., que afirma haber trabajado con ustedes durante dos años, y que ha solicitado el puesto de cajero en nuestra empresa.

Como pueden ustedes suponer, se trata de un cargo de gran responsabilidad, para el que necesitamos una persona de intachable honradez y que domine perfectamente la contabilidad.

En espera de sus noticias y agradeciendo de antemano su atención, les saludamos muy atentamente.

[firma]

RESPUESTA POSITIVA

[lugar y fecha]

Sres. ...

....

Con mucho gusto les informaremos sobre D. ..., que ha prestado servicios en nuestra casa durante dos años.

Estamos muy contentos del trabajo que ha desempeñado en nuestra empresa, siempre con gran eficiencia. Ahora cree oportuno dejarnos, ya que tiene aquí agotadas sus posibilidades de ascenso, al desempeñar el puesto de cajero un hombre de su misma edad, y de cuyo trabajo estamos también satisfechos.

No dudamos de que el Sr. ... pueda ocupar, con entera satisfacción para ustedes, la plaza que solicita en su firma.

En espera de haberles complacido, les saludamos atentamente.

[firma]

SOLICITUD DE INFORMES DE UNA EMPRESA ADJUNTANDO FORMULARIO

[lugar y fecha]

Sres. ...
....

Distinguidos señores:

Les agradeceríamos que nos facilitaran informes sobre la firma indicada en el formulario adjunto, y les rogamos lo cumplimenten con la mayor amplitud posible, dada la importancia que el asunto tiene para nuestra empresa.

La casa a la que hacemos referencia nos ha formulado un importante pedido, que asciende a cerca de dos millones de pesetas, y al ser el primer contacto comercial con la referida firma, quisiéramos el máximo de seguridad antes de aceptarlo. Les garantizamos la más absoluta reserva y discreción.

En espera de sus noticias y agradeciendo su amabilidad, les saludamos muy atentamente.

[firma]

RESPUESTA ADJUNTANDO INFORMES NEGATIVOS

[lugar y fecha]

Sres. ...
....

Les adjuntamos el formulario debidamente cumplimentado, según nos solicitaron en su atenta carta de ...

Sentimos comunicarles que, en nuestra opinión y según podrán observar en el formulario que les remitimos, resulta muy arriesgado concederles crédito por una cantidad tan elevada.

En espera de haberles sido útiles, les saludan atentamente

[firma]

Anexo: formulario.

264

La cortesía comercial

Las cartas de cortesía comercial no son cartas comerciales en el sentido más estricto de la palabra, pues no tratan de negocios. Sin embargo, por tratarse de cartas escritas por empresas y dirigidas a otros comerciantes, quedan incluidas dentro de las cartas comerciales.

Las cartas de cortesía comercial pueden ser de felicitación, de agradecimiento, de pésame, de invitación, etc. Este tipo de cartas acostumbra ser breve, y en ellas se utiliza un lenguaje mesurado, sin frases excesivamente efusivas que pudieran dejar traslucir la insinceridad.

Veamos algunos ejemplos:

CARTA DE AGRADECIMIENTO TRAS LA COMUNICACIÓN
DE UN ENLACE MATRIMONIAL

[Membrete]

[lugar y fecha]

Sr. D. ...
....
....

Señor:

Agradecemos la atención tenida con nosotros al comunicarnos su próximo enlace matrimonial. Deseamos que en su nuevo estado halle toda clase de felicidad.
Reciba nuestra más cordial felicitación que rogamos haga extensiva a su prometida.

Afectuosos saludos de

[firma]

[Membrete]

[lugar y fecha]

Sr. D. ...
....

Señor:

Por la prensa de hoy nos hemos enterado del fallecimiento de su padre, con quien habíamos sostenido amistosas relaciones comerciales durante mucho tiempo.

En tan tristes momentos, nos hacemos partícipes de su dolor y a nuestro testimonio de condolencia unimos el deseo de una cristiana resignación.

Afectuosos saludos de

[firma]

Cartas de cobro

Las cartas de deudas es siempre una cuestión enojosa, por lo que este tipo de cartas deberá escribirse con sumo cuidado y el contenido deberá variar según la clase de cliente y la demora.

Las cartas de cobro no deben, normalmente, conseguir el cobro a costa de la pérdida del cliente. Los clientes deben conservarse. Sólo en el caso de tratarse de un cliente que habitualmente se retrasa siguiendo con la política de negociar con el dinero de los proveedores, debe hablárseles con toda crudeza indicando que se recurrirá a procedimientos legales y negándoles todo crédito.

Resulta conveniente que las cartas de cobro no se limiten a una simple reclamación, sino que expongan algún argumento que tienda a convencer al cliente moroso de la necesidad de liquidar su deuda en su propio beneficio. En ocasiones conviene ofrecer la colaboración para conseguir el fin propuesto. Hay que convencer al deudor de que le conviene pagar para demostrar su buena voluntad, solvencia y seriedad comercial.

Las cartas de cobro pueden dividirse en:

— *Cartas únicas:* aquellas con las que se pretende efectuar el cobro con una sola carta o por medio de varias que no guarden entre ellas relación alguna.
— *Cartas en serie:* constituyen un sistema organizado de insistencia. Comienzan con una simple carta de recordatorio para aumentar progresivamente la presión empleando los mismos argumentos cada vez más intensamente. El número de cartas de la serie es variable. La serie termina unas veces por conseguirse el cobro y otras, con una carta anunciando que el asunto se pasa al abogado.

Veamos algunos ejemplos de cartas de cobro.

[Membrete]

[lugar y fecha]

Sr. D. ...
....

Señor:

Acercándose el fin de trimestre y siendo costumbre nuestra el saldar las cuentas periódicamente, agradeceremos tenga la bondad de cancelar el saldo a nuestro favor de Ptas. 22.989 que arroja su cuenta.

Estamos seguros de que no lo ha hecho antes debido a la poca importancia del importe.

Con gracias anticipadas, le saluda atentamente

[firma]

[Membrete]

[lugar y fecha]

Sr. D. ...
....

Señor:

Hace bastantes días, le remitimos a usted un extracto de cuenta que arrojaba un saldo a nuestro favor de pesetas 342.000, sin que hasta el momento nos haya indicado si está conforme o las diferencias que en él ha encontrado.

Agradeceremos se sirva comprobarlo y si, como esperamos, es de su conformidad, envíenos su cheque por el total, como en ocasiones anteriores ha venido haciendo.

Reciba nuestros más atentos saludos.

COMERCIAL ... S.A.

p.o.
[firma]

Ofertas de productos
y ventas por correspondencia

Podríamos dividir este tipo de cartas en dos subgrupos:

— En este primer grupo incluiremos todas las cartas que las empresas comerciales e industriales escriben a sus clientes para ofrecerles algún nuevo artículo, hacerles alguna oferta especial, etc.

Al redactar cartas de este tipo hay que tener especial cuidado en conseguir retener la atención del lector.

La mayoría de veces, la carta va acompañada de un folleto explicativo de las ventajas y características del artículo ofrecido. En otras ocasiones, en vez de folleto se envía una relación de existencias, un detalle de la oferta especial, etc.

Tales cartas pueden redactarse para uno o varios clientes, o para todos. En el primer caso pueden escribirse a máquina, en el segundo, en cambio, si el número es elevado, deben hacerse circulares.

— Las cartas de este segundo grupo van dirigidas a personas o empresas con las que no se tienen relaciones comerciales.

La eficacia de estas cartas depende, en gran parte, de las personas a quienes se dirigen.

Resulta, por lo tanto, de suma importancia conseguir una buena lista de direcciones.

La propaganda puede hacerse por medio de una carta aislada, o bien por una serie de cartas de insistencia. Estas últimas se envían a intervalos que oscilan entre quince y treinta días. A medida que se efectúan ventas, se elimina a los compradores de la relación de destinatarios para no enviarles las cartas posteriores.

En las cartas de publicidad o ventas por correo puede ofrecerse el artículo directamente, o bien puede hacerse publicidad para facilitar la venta a los vendedores, o distribuidores, de la localidad o provincia. En tal caso, conviene indicar el nombre del vendedor, cuando se trata de una única persona, o hacer advertencia de que el producto se halla a la venta en los mejores establecimientos del ramo.

Como ya hemos señalado, en este tipo de cartas hay que emplear argumentos convincentes, procurando examinarlos desde el punto de vista del lector. Con ello se debe lograr que el lector llegue a la conclusión de que la adquisición del artículo ofrecido le reportará ventajas.

Veamos algunos ejemplos.

[Membrete]

[lugar y fecha]

Talleres ...
....
....

Señores:

Acabamos de recibir una partida de acero sueco de relativa importancia y tenemos el gusto de remitirles detalles de la mercancía en los que se indican cantidades, características y precios.

Como las marcas y tipos son de sobra conocidos por ustedes, es innecesario indicarles que se trata de los mejores aceros que se pueden encontrar en el mercado mundial.

Hemos hecho la oferta a nuestros clientes más antiguos, y como es seguro que la mayoría estarán interesados en adquirir parte de los géneros recibidos, agradeceremos nos pasen su pedido con toda urgencia, anticipando telegráficamente relación de las clases que más les interesan, con objeto de poder hacer la distribución del género recibido, pues, con toda probabilidad, sólo podremos servirles una parte de lo que pidan.

Esperando sus prontas noticias, les saludamos atentamente.

HIERROS ... S.A.

p.o.
[firma]

Anexo: Relación de existencias.

[Membrete]

[lugar y fecha]

Sra. ...
....
....

Distinguida señora:

La mayoría de dentífricos que usted puede encontrar en el mercado tienden solamente a conseguir la limpieza y blancura de los dientes, y, aunque algunos lo consiguen, olvidan por completo el cuidado de las encías, que es aún de mayor importancia.

Acabamos de lanzar al mercado nuestra pasta ..., fruto de largos experimentos y estudios. En ella se combinan la limpieza de los dientes y el cuidado de las encías. Esta pasta es de un agradable sabor refrescante y no contiene materias nocivas para el esmalte de los dientes, conservando las encías sanas y fuertes. No queremos hacer más propaganda, los hechos, no las palabras, servirán para convencerla.

Presente esta carta a su actual proveedor y recibirá gratuitamente un tubo de muestra que será suficiente para demostrar las enormes ventajas que ... tiene sobre las demás pastas dentífricas.

Acepte el testimonio de nuestra consideración.

PRODUCTOS ... S.A.

[firma]

Comunicaciones breves y de régimen interno de la empresa, la administración y de esta al particular

Las comunicaciones que se establecen en el seno de una empresa o en la administración son, normalmente, orales, siendo en algunos casos escritas, y se realizan por medio de las tarjetas postales, los saluda, los volantes, etc.

En este capítulo analizaremos ampliamente cada uno de ellos, señalando los requisitos que deben cumplir.

La tarjeta postal

El tamaño suele oscilar generalmente entre un mínimo de 90 ∞ 140 mm y un máximo de 105 ∞ 148 mm.

No necesitan sobre, aunque a veces se utiliza.

En el anverso de las tarjetas postales comerciales se consignan el nombre y las señas del destinatario, y en el reverso se escribe el texto y las señas del remitente.

Se utilizan para solicitar catálogos, anunciar visitas, acusar recibo y hacer pedidos de artículos muy determinados.

Muchas veces, las tarjetas que van a ser utilizadas para pedidos las suministra la casa vendedora a sus clientes; en tal caso, llevan impresa la dirección en el anverso y una buena parte del texto, en el reverso.

El saluda

Se trata de un comunicado un tanto especial que, la mayoría de veces, se utiliza comercialmente para cuestiones de cortesía, como por ejemplo, para agradecer alguna atención recibida.

Se emplea, igualmente, en invitaciones, anuncios de cambio de local, tomas de posesión, etc.

Antiguamente lo utilizaban sólo las personas con cargos oficiales y, en lugar de saluda, se llamaba «besalamano». Hoy día se usa siempre como «saluda» y, comercialmente, lo usan los altos cargos de las empresas para fines que ya hemos especificado.

El papel suele tener el mismo tamaño que el memorándum (tamaño cuartilla), si bien el saluda se imprime siempre en sentido vertical.

El papel que se emplea para los saluda es, por lo general, grueso y de buena calidad.

El volante o comunicado

El volante o comunicado es una nota de régimen interno que sirve para comunicarse entre las sucursales, departamentos o personas de una misma empresa.

El formato y medidas, así como la parte impresa, varían de una empresa a otra, pero es frecuente que el tamaño sea parecido al del memorándum (en la forma apaisada u horizontal), llevando impreso el nombre de la empresa y tres indicaciones: expedidor, destinatario y fecha.

Las notas internas

En toda empresa, entidad u organismo, es muy frecuente el uso de notas internas, ya que no siempre es posible la comunicación verbal. La nota interna tiene, además, la ventaja de que queda constancia de ella. Se compone de las siguientes partes:

1. Membrete, en el que consta el órgano o empresa en el que circulan dichas notas.
2. Referencias, a efectos de archivo y determinación del asunto.
3. Fecha en la que se envía la nota.
4. Asunto en el que se extracta el contenido de la comunicación.
5. Indicación del funcionario o empleado que envía la nota y del destinatario.
6. Texto o contenido.

Esquema de una nota interior:

[Membrete]

Referencias

Fecha ...
Asunto ...
De jefe de la sección de ...
A jefe de la sección de ...

TEXTO

Las actas

Son escritos en los que constan los acuerdos tomados en una reunión o junta, y el resumen de las deliberaciones habidas en ellas. Deben escribirse en el libro que lleva su nombre.

El Código de Comercio regula los requisitos exigidos a las sociedades mercantiles. Deben tenerse en cuenta los estatutos por los que se rige la sociedad, asociación, etc.

Aquí daremos unas normas generales, aplicables a todo tipo de asociaciones, corporaciones, sociedades, etc., contando con que deberán añadirse, en cada caso, los requisitos oportunos, tal como hemos señalado en el párrafo anterior.

— Encabezamiento o título. Se escribirá el nombre de la comisión o sociedad, y el número en determinados casos.
— En la mitad izquierda del papel, y de arriba abajo, se relacionarán los asistentes.
— A la derecha de la anterior relación, se especificará la fecha, hora de comienzo y terminación, y lugar de la reunión.
En el caso de que hiciera falta anotar la titulación de los asistentes, y ello diera lugar a que ocupase cada línea un espacio mayor a la media página, y luego el nombre de los asistentes, cargos o títulos, unos a continuación de los otros.
— Se resumirán los debates, separando convenientemente los asuntos tratados, y por el orden que se hayan tratado.
— A continuación se escribirá la fecha en letras. Si no se ha colocado donde indica el punto C.
— Firma del secretario.
— V.º B.º del presidente (visto bueno).

Seguidamente, ofrecemos un esquema de un acta de una reunión. Creemos que será suficiente para dar una pauta del redactado y colocación, sea cual fuere el tipo de acta de que se trate:

Acta de la reunión de la comisión de ...
Asistentes:

Sr. D. ....   Fecha ....
Director ....   Hora de comienzo ....
Sr. D. ....   Hora de terminación ......
Sr. D. ....   Lugar ....
Sr. D. ....
Secretario ....

DESARROLLO DE LA REUNIÓN

Se abre la sesión con arreglo al siguiente orden del día:

1.º ...
2.º ...
3.º ...

1.º Se abre la discusión del primer punto (resumen de las diferentes intervenciones).
Sometido a votación, se obtiene como resultado ..., y se acuerda lo siguiente:

274

a) ....
b) ....

Los Sres. ... piden que se haga constar en acta su voto en contra, fundándose en los motivos siguientes: ...

2.° Se somete a discusión el segundo punto del orden del día ..., etc.

Ruegos y preguntas.

Se exponen uno por uno, en caso de haberlos.

V.° B.°
El presidente   El secretario
[firma]   [firma]

Los certificados

Pueden ser expedidos por autoridades o por particulares. En el caso de que quien lo expida no sea el jefe superior o la máxima autoridad del departamento o entidad, es conveniente que lleve el V.° B.° (Visto Bueno) de aquel.

Un certificado consta de las siguientes partes:

— *Encabezamiento.* Se coloca en la parte superior del escrito, dejando un margen a la izquierda de unos 3 cm, como en las cartas. En la parte superior de la hoja deberá dejarse un espacio amplio, ya que, en muchos casos, el certificado se acompaña de pólizas.
El encabezamiento consta del nombre de la persona que libra el certificado, y del cargo que ocupa en relación con él. Puede escribirse todo en mayúsculas, o subrayarse lo más importante.
— *Cuerpo del escrito.* En párrafo aparte, y dejando un margen de un tercio escaso de la anchura de la hoja, se escribirá el contenido del documento, encabezado por la palabra *certifica* o *certifico*, según se redacte en tercera o primera persona, y en caracteres destacados. Por regla general, los números se expresarán siempre en letras para dificultar posibles falsificaciones.
— *Lugar y fecha.* Si el documento tiene caducidad, se expresará en letras. En caso contrario, no es necesario.
Generalmente, este párrafo va encabezado por la siguiente frase: «Y para que conste, a petición del interesado, y a efectos oportunos, firmo (o firma)

el presente certificado en ... (lugar y fecha)». Frecuentemente, «expido» sustituye a «firmo».
— *Firma.*
— *Sello.*

En algunos casos, en el encabezamiento constará sólo el cargo, sin el nombre del titular. De ser así, no irá únicamente rubricada, sino acompañada de la antefirma, con el nombre completo.
Veamos algunos ejemplos:

CERTIFICADO DE BUENA CONDUCTA

Juan Antonio Díaz Ferrer, director gerente de ...

CERTIFICO: Que D. ... ha prestado servicios durante cinco años en esta empresa, dando siempre muestras de gran eficiencia y honradez.
Que su cese como empledo de nuestra firma se debe únicamente a la necesidad de un cambio de residencia por motivos personales.
Y para que conste, a petición del interesado, firmo este certificado en ..., a ... de ... de mil novecientos ...

[firma y sello]

CERTIFICADO PARA QUE UN EMPLEADO OBTENGA PERMISO
EN EL TRABAJO PARA PRESENTARSE A EXÁMENES

D. ..., director de la escuela ..., dedicada a ...

CERTIFICA: Que durante las semanas que se incluyen entre el día ... y el día ... de junio, tendrán lugar en nuestra escuela los exámenes correspondientes al curso académico 19...-...
Que Juan Arimany Pasola está matriculado en el ... curso y debe efectuar dichas pruebas.
Y para que conste, a petición del interesado, y a los efectos oportunos, firma este certificado en ... a ... de ... de mil novecientos ...

[firma y sello]

276

Los oficios

Son documentos usados por las corporaciones u organismos oficiales, para comunicarse entre ellos, o con los particulares. También los utilizan las corporaciones y asociaciones que, sin pertenecer a la Administración, tienen carácter público.

Los oficios se usan para notificar algún hecho o acto realizado; para adjuntar documentos, informes o dictámenes; para acusar recibo de alguna notificación. A diferencia de la instancia, el oficio no entraña petición alguna si —en casos poco frecuentes— está suscrito por un particular.

Entre autoridades y corporaciones de jerarquía análoga, pueden hacerse peticiones por medio de oficios; así como cuando se trata de peticiones o tramitaciones reglamentarias que implican un favor, un funcionario puede solicitarlo de sus superiores por medio del oficio.

Sin que pueda darse una norma para su redacción, por la diversidad de asuntos que pueden tratarse en ellos, debe procurarse que el tema sea expresado en términos breves, concretos y ordenados, prescindiendo de formulismos inútiles.

Es necesario racionalizar el formato y la disposición de las distintas partes de que consta. Así, podemos llegar a sugerir una distribución como la que sigue:

— *Membrete.* Figurará en la parte superior izquierda. Se procurará que tenga el mayor número de datos posible.
— *Fecha.* Puede figurar al lado derecho, opuesto al membrete, o bien debajo de él. Debe ser la fecha del día de salida de la dependencia, y no la del que se ha mecanografiado el escrito.
— *Referencia y asunto.* Figurará debajo del membrete, o de la fecha, si esta se ha colocado a la izquierda, aunque puede ir también a la derecha, y por este orden: fecha, referencia y asunto.
  A la oficina receptora le es muy cómodo que en el escrito se haga constar, en sitio visible, la referencia del oficio y el asunto del que se trata. Es muy útil en el registro y en la búsqueda del documento.
— *Dirección.* Si se usan sobres de ventanilla —lo que es muy aconsejable—, se colocará en la parte superior derecha, a unos cinco centímetros del borde superior. De no usarse dichos sobres, la altura a que se escriba tiene menor importancia, aunque va cayendo en desuso ponerla al pie del escrito.
— *Cuerpo del escrito.* Se dejará un espacio prudencial después de la dirección, y un margen a la izquierda relativamente ancho, aunque menor que en las instancias.

— *Antefirma y firma.* Irán a continuación del cuerpo del escrito, y algo más a la derecha.

Se hará constar el cargo, el nombre y los apellidos de quien lo ostenta. Después del cuerpo del escrito, al igual que en las instancias, se acostumbra poner la fórmula: «Dios guarde a ... [tratamiento] muchos años».

En cuanto al formato, los oficios se acostumbran a presentar en papel medida DIN A4 (210 ∞ 297 mm).

Veamos un ejemplo de oficio:

CITACIÓN DE COMPARECENCIA

[Membrete]

[Lugar y fecha]

Expediente núm. ...

                       Sr. D. ...
                       Dirección ...
                       Población ...

    Se requiere a Vd. para que el día ... de ... de ..., a las ... horas comparezca en estas oficinas, negociado ..., sitas en la calle ... número ... para proceder a ...

    Dicha comparecencia es obligatoria, según está dispuesta en el ... [Decreto, Ley, Orden] sobre ... de fecha ..., artículo ... La no presentación en la fecha indicada, salvo causa de fuerza mayor plenamente justificada, dará lugar a las sanciones previstas por la ley.

    Dios guarde a Vd.

                                 EL PRESIDENTE DE ...
                                 [Nombre y apellido]

La comunicación
a través de Internet

A lo largo de la historia, el hombre siempre se ha sentido inclinado a comunicarse con los demás. El acto comunicativo es, de hecho, una cualidad intrínseca del ser humano que lo diferencia del resto de seres.

Ese hecho diferencial ha llevado al hombre a preocuparse siempre por mejorar el contacto con los demás, buscando nuevas formas de comunicación, cada vez más rápidas y más perfeccionadas. Los distintos descubrimientos o invenciones han dado paso a un cambio fundamental en los planteamientos y en el modo de vida del ser humano, llegando incluso a condicionar su manera de entender la realidad y, por supuesto, de vivirla.

Así pues, la importancia que tiene el hecho comunicativo para los hombres, hoy en día hace que se asista a una nueva revolución que causará, y de hecho ya está causando, cambios trascendentales en la manera de tratar la información, incidiendo en todos los aspectos de la vida cotidiana.

Esos cambios afectarán no sólo al tratamiento de la información, sino también a la manera de transmitirla, de distribuirla y de acceder a ella.

La posibilidad de que un usuario de ordenador que habite en cualquier ciudad del mundo pueda, si dispone de los medios adecuados, consultar una actividad empresarial, los servicios bibliotecarios del país que desee o los museos más famosos, contemplando incluso sus grandes obras, es ya una realidad que está empezando a convertirse en algo normal y cotidiano.

Pero eso no es todo: también es posible que dos personas que viven a miles de kilómetros de distancia puedan verse y hablarse a través de la pantalla del ordenador, o que puedan cartearse electrónicamente en el momento que quieran, con el ahorro de tiempo que ello supone.

También es posible que cualquier tipo de negocio o empresa pueda dar a conocer sus actividades e incluso ofrecer sus servicios de forma instantánea en cualquier lugar del planeta.

Esta aventura apasionante ya es real y posible gracias a Internet, paradigma de canal de comunicación que permite la interacción social a distancia y que en muy poco tiempo se ha erigido en un verdadero motor de la actividad social, económica y humana para cualquier ciudadano del mundo.

Internet se ha convertido en el canal de comunicación del siglo XXI, desde el siglo XX. Sus pretensiones y objetivos son por encima de todo establecer una comunicación sin fronteras, rompiendo con las barreras físicas que hasta el momento imposibilitaban el contacto directo entre los hombres.

Esta nueva tecnología ha conseguido cumplir la predicción científica del comunicólogo canadiense Marshall McLuhan, que consideraba que los medios de información acabarían reduciendo las distancias físicas, facilitando que personas de todo el mundo pudiesen comunicarse en tiempo real, como si vivieran en un mismo barrio, o en un mismo pueblo. A este mundo futuro, que hasta hace bien poco parecía de ciencia ficción, lo denominó *global village* (es decir, aldea global).

¿Quién es el beneficiario de esta revolución tecnológica llamada Internet?

Cualquier persona que necesite informarse sobre un tema determinado o establecer una comunicación directa con alguien: periodistas en busca de datos o hechos remotos, profesores y alumnos que buscan un libro determinado o una tesis, abogados en busca de una legislación nacional o extranjera, empresas que pretendan ofrecer sus servicios o hacer una prospección de actividades similares a la suya, científicos y médicos... todos ellos tienen a su alcance la posibilidad de encontrar lo que necesitan en la denominada *red de redes,* con la que se puede acceder a millones de datos que diferentes personas, en distintos lugares del planeta, han ido incluyendo en ella con la finalidad de que sean consultados por quien se interese por ellos.

Internet, más comúnmente denominada «la red» o «red de redes», porque interconecta ordenadores abonados de todo el mundo, cuenta con servicios de búsqueda y clasificación de la información que se pretende consultar.

Así, los llamados buscadores, actúan como si se tratara de unas páginas amarillas mundiales, estructurando los millones y millones de datos que circulan por el ciberespacio. Una de estas herramientas de búsqueda, denominada *Yahoo*, tiene más de tres millones de consultas diarias.

En este espacio, el usuario puede acceder a una parte de la información que generan empresas, bibliotecas, universidades y muchos particulares (*world wide web*); también le es posible cartearse al instante salvando las distancias y el tiempo (*e-mail* o correo electrónico) y puede participar en conversaciones, opinando y charlando sobre los asuntos más increíbles e insospechados.

El nacimiento de Internet tiene lugar en torno a 1983, cuando se creó un lenguaje de telecomunicaciones común que podía ser utilizado por todos los ordenadores del mundo. Sin embargo, sus orígenes se remontan a los años se-

senta, con motivo de unas investigaciones del Departamento de Defensa de los Estados Unidos, concretamente del grupo RAND, encargado del servicio de inteligencia en materia nuclear.

Tras plantearse la hipótesis de un ataque nuclear a los Estados Unidos, se llegó a la conclusión de que el único sistema de comunicación válido podría estar formado por una red de ordenadores comunicados entre sí.

Además, la característica principal del sistema tenía que ser que la información estuviera descentralizada, para que no pudiera ser destruida.

Así pues, la finalidad primitiva del proyecto era garantizar las comunicaciones a larga distancia del Pentágono, en caso de que el enemigo intentara boicotear los sistemas habituales.

De esta manera, en 1969 surgió ARPANET (*Advanced Research Project Agency Network:* Red para la Agencia del Proyecto de Investigación Avanzado), cuyo objetivo era conectar los ordenadores del Pentágono, los de las universidades y también los de las empresas que trabajaban en el proyecto.

Las prestaciones que esta red inicial ofrecía a sus integrantes pasaban por el intercambio de ficheros y el envío de correo, lo que facilitaba enormemente la labor de investigación que llevaban a cabo los científicos norteamericanos.

Pero… ¿cómo conseguir que la red pudiera seguir funcionando en el caso que parte de la misma fuera dañada?

Pues empleando una tecnología nueva, denominada de conmutación de paquetes, que otorgaba a todos sus integrantes (los distintos ordenadores) la misma importancia a la hora de recibir y enviar información. La ausencia de jerarquías y de centros de control constituía un verdadero hallazgo y la base del éxito de lo que después sería Internet.

A lo largo de los años setenta, ARPANET fue creciendo y el uso de la red, utilizada sobre todo para proyectos militares de orden científico, también aumentó de manera espectacular; al mismo tiempo, empezaron a surgir redes públicas, como CSNET (Computer Science Network), impulsada por la National Science Foundation (NSF).

Sin embargo, el hecho definitivo tuvo lugar en 1973 cuando DARPA (Defense Advanced Research Projects Agency) empezó a investigar sobre la creación de un lenguaje común que permitiera englobar a todas las redes existentes.

De esta manera nació el proyecto *Internetting.* El resultado final fue el conjunto de protocolos TCP/IP, un código lingüístico común que permitía la globalización e interconexión, independientemente del lenguaje empleado.

El nacimiento de Internet en el año 1983 fue posible cuando se fusionaron ARPANET, CSNET y algunas redes menores, utilizando ese nuevo protocolo de comunicaciones denominado TCP/IP (Transmisión Control Protocol/Internet Protocol). A finales de los ochenta, ya había conectadas entre sí cerca de 500 redes locales en todo el mundo.

En la actualidad, Internet ha pasado de ser una red de comunicación con una significación meramente gubernamental, militar y de investigación universitaria, a ser un lugar abierto a todo el mundo, donde es posible expresar opiniones, comunicarse, participar en foros y conferencias, localizar información de cualquier tipo, realizar compras desde casa, oír un programa de radio o leer la prensa de cualquier país a miles de kilómetros de distancia, etc.

En España, la primera red de este tipo se inauguró en 1994 con la aparición de Servicom, un servicio promovido por una firma catalana, que pronto se configuró como uno de los principales proveedores de Internet de todo el estado español.

Actualmente, existen muchas empresas que ofrecen servicios de conexión a Internet, distribuidas por todo el territorio.

Es evidente que Internet posee una serie de características que la diferencian del resto de redes comunicativas convencionales, y que van desde la manera en que un usuario accede y puede manejar la información que contiene, hasta el número tan variado y extenso de temas que son tratados en ella, sin olvidar la rapidez con que se accede a la información, rompiendo además las barreras de distancia geográfica.

En el cuadro siguiente se describen algunas de las ventajas que ofrece la red, así como algunos de los usuarios que más frecuentemente hacen uso de ese canal.

Propiedades de internet	Usuarios de la red
• El usuario puede manejar la red sin tener que conocer su funcionamiento interno, ni la forma en que está constituida.	• Periodistas y reporteros.
	• Investigadores y científicos.
• Es posible el acceso a todo tipo de información, sea cual sea la materia que se esté buscando.	• El Estado y los diferentes organismos gubernamentales.
	• Estudiantes y profesores.
• Permite compartir recursos entre varias personas, entidades o empresas.	• Personas relacionadas con el arte y la cultura
	• Empresas y profesionales de los negocios.
• Se pueden aprovechar todas sus posibilidades sin tener en cuenta el lugar con el que se esté comunicando.	• Usuarios en busca de información.

En estos momentos, la red cuenta con 40 millones de usuarios, y con un crecimiento mensual estimado del 20 %.

El acceso a Internet

Para acceder a Internet hay que disponer de un ordenador —PC o Macintosh— en el que debe estar instalado cualquiera de los sistemas operativos habituales (Windows, MS-DOS, MacOs, OS/2, Unix Warp, etc.), preferiblemente con un mínimo de 8 megas de memoria RAM, y un módem.

El módem es fundamental para establecer la conexión, ya que posibilita la transmisión de datos y sonidos entre el ordenador y la línea telefónica.

Existen distintos tipos de módem, y pueden ser internos o externos, según vayan instalados en el ordenador o se conecten por fuera.

El módem externo se puede trasladar y permite utilizarlo en diferentes ordenadores, pero presenta una ligera desventaja con respecto al interno: ocupa más espacio.

El módem interno es una tarjeta, similar a la tarjeta gráfica o a la de sonido, que se instala en el interior del ordenador, y ocupa por tanto mucho menos espacio, pero limita su uso al ordenador al que está conectado.

Hablando del módem, resulta determinante la velocidad de transmisión. Existe una amplia gama de velocidades. La mínima es de 14.400 baudios (*bits* por segundo), que es la que permite en teoría transmitir una página impresa por segundo. La máxima es de 56.000 bps.

Cuanto más rápido sea el módem, con mayor velocidad nos podremos mover por la red. Sin embargo, las líneas telefónicas no soportan grandes velocidades y los módem de máxima velocidad pueden tener algún problema de compatibilidad.

Una vez conseguido el equipo, se debe contratar un proveedor que permita la conexión a la red.

En España existen más de un centenar de compañías proveedoras, que a través de sus ordenadores proporcionan no sólo el acceso al ciberespacio, sino también un nombre de usuario, una contraseña y todos los programas (Netscape Navigator, Microsoft Explorer, etc.) necesarios para poder navegar por esta cuarta dimensión y para disponer, asimismo, de correo electrónico en nuestro propio ordenador.

Para tener información sobre la elección del proveedor conviene recurrir a las decenas de revistas especializadas del sector, a Infovía de Telefónica (tel. 900 500 055) o a la Asociación de Usuarios de Internet (tel. 91-344 14 24).

La tarifa mensual oscila, siempre en función de los servicios y prestaciones que ofrezca cada empresa. Hay que añadir, además, el gasto de la línea telefónica durante el tiempo que se esté conectado a la red, que equivale a una llamada metropolitana (local) si el proveedor tiene servidor en la misma ciudad.

El módem permite la comunicación entre dos ordenadores por vía telefónica. A través del módem, las señales digitales que circulan por nuestro ordenador se transforman en señales de tipo analógico, que es lo que se denomina *modulación*. De esta manera, pueden ser transmitidas por la línea telefónica.

Cuando la información alcanza el ordenador de destino, en su módem se realiza el proceso inverso, convirtiéndose de nuevo la señal analógica en otra digital, a este proceso se le denomina *demodulación*. De la doble operación de codificación y descodificación se deriva el nombre *módem*.

El programa de comunicaciones es el idioma de comunicación entre el ordenador y el módem.

Herramientas para navegar por la red

• *Back & forward:* permiten ir hacia atrás o avanzar para revisar las páginas visitadas.

• *Home:* regresa a la página inicial desde la que se ha comenzado a navegar.

• *Reload/images:* se recarga en memoria la pantalla entera o se visualizan las imágenes.

• *Open print & find:* opciones para abrir y leer una página, imprimirla o buscar texto en ella.

• *Stop:* detiene la transmisión de los datos.

• *What's new, what's cool & handbook:* se accede a las noticias más recientes, las direcciones de moda o los sitios donde proporcionan ayuda al navegante.

• *Net directory & net search:* el primero remite al directorio general, que es como un gigantesco índice; el segundo lleva a la página donde están todos los buscadores.

• *Software:* desde aquí se puede ir a los lugares donde está el software gratuito o de pago que se puede trasladar de la red al ordenador.

- *HTTP:* proviene del inglés *Hyper Text Transfer Protocol* (protocolo de transferencia de hipertexto). Es el protocolo de comunicación en la red.

- *URL (Uniform Resource Locator):* sistema unificado de asignación de direcciones que describe el lugar donde está lo que buscamos. Se divide en *dominios*, direcciones del ordenador central o servidor donde se encuentran las páginas.

- *Navegador o browser:* programa que permite navegar por la red. Netscape y Explorer son los principales.

- *Hipertexto:* formato de texto utilizado en el *world wide web* que resalta palabras concretas. Cuando se hace *clic* en ellas enlazan con páginas relacionadas. Los textos subrayados son enlaces que llevan a otras páginas *web*.

- *Seguridad:* indicador de seguridad de la página. Si el icono de la llave está roto, significa que la página carece de seguridad en la transmisión.

- *Buzón:* acceso al buzón de correo electrónico para leer o enviar mensajes.

Servicios de Internet

Uno de los motivos por los cuales Internet está creciendo en la actualidad es sin duda la variedad de servicios que ofrece.

Un servicio es un conjunto de programas y utilidades que se utilizan para realizar una determinada tarea.

Con estos servicios será posible enviar y recibir información entre ordenadores situados en diferentes lugares, buscar datos de cualquier materia, leer noticias, participar en debates, visualizar imágenes gráficas, etc.

El ordenador o equipo informático que ofrece determinado servicio se denomina *servidor*, mientras que el encargado de realizar las peticiones a dicho servidor se conoce como *cliente*. La información se presenta en *hipertexto,* de manera que el usuario pueda observarla, de una forma no secuencial, eligiendo libremente cómo leerla.

Para acceder a cualquiera de estos servicios existen programas, entre los cuales destacan Netscape, Mosaic, o Microsoft Explorer.

El primer navegador Mosaic fue desarrollado en el CERN (Laboratorio Europeo de Física de Partículas) de Suiza por Marc Andreeseen, paralelamente a la *world wide web*. Mosaic se distribuyó de forma gratuita, lo que contribuyó a su popularidad.

Tras Mosaic, el siguiente navegador fue Netscape Navigator.

El programa es gratuito para estudiantes o para fines no comerciales o lucrativos. Se puede conseguir a través de Internet e incluso aquellos que van a usarlo con fines comerciales lo pueden probar 90 días sin pagar. Por su parte, Microsoft, el gigante del mundo informático, regala desde 1995 su navegador de Internet conocido como Microsoft Explorer.

Los navegadores de Internet son programas para acceder a los contenidos de la red utilizando el ratón.

Las aplicaciones de uso más generalizado en Internet son:

• *World wide web (www, w3 o web):* es el servicio más actual, interesante y completo de los que ofrece Internet.

Se trata de un sistema de información basado en páginas multimedia, con texto, imágenes y enlaces de hipertexto —palabras o frases que permiten acceder a otros menús o páginas con información específica.

A través de este servicio se puede acceder a cualquier tipo de información, visualizar fotografías, hacer peticiones de compra y mandar correo electrónico, entre otras aplicaciones.

El protocolo que utiliza la *www* para transmitir por la red es el HTTP (Hyper Text Transfer Protocol), y la forma de localizar un servidor es mediante el URL (Uniform Resource Locator), que nos permite mostrar una dirección de la siguiente manera:

DOMINIOS DE LOS PRINCIPALES PAÍSES

Dominio	País	Dominio	País
ar	Argentina	dk	Dinamarca
au	Australia	es	España
be	Bélgica	fi	Finlandia
br	Brasil	fr	Francia
ca	Canadá	uk	Gran Bretaña
ch	Suiza	gr	Grecia
cl	Chile	it	Italia
de	Alemania	mx	México

Tal vez pueda sorprender la no inclusión de Estados Unidos en el cuadro. Lo cierto es que ellos no utilizan la terminación *us* como dominio principal. El motivo es que el origen histórico de la red tuvo lugar en el interior de los Estados Unidos, en sus redes nacionales, extendiéndose más tarde al resto del mundo, y por tanto es evidente que no necesitaban especificar en la dirección de qué país se trataba.

Estos son los dominios principales utilizados en Estados Unidos:

PRINCIPALES DOMINIOS EN EE.UU.

Dominio	Organización	Dominio	Organización
ar	Argentina	dk	Dinamarca
com	compañías	mil	inst. militares
edu	educación	net	recursos de red
gov	inst. gubernamentales (no militares)	org	otras organizaciones

Se calcula que en Internet hay cerca de 55 millones de páginas *web* de información, y unos 100.000 mensajes públicos diarios. Diversas empresas se encargan de recopilar toda esa información clasificando la más relevante de forma temática.

Esa información queda disponible para cualquier usuario a través de un árbol de categorías, ordenado según áreas de conocimiento (ciencia, países, entretenimiento...) y subdividido en interminables ramas con aún más categorías.

La manera de operar con una página *web* es muy sencilla.

Tal y como se puede observar en la imagen anterior, la banda azul siempre indica la página *web* que se está consultando y el navegador en uso.

Por su parte, los diferentes iconos llevan indicaciones bastante claras, ya que hacen referencia a la función que desempeñan.

De izquierda a derecha, se puede observar:

• *Flecha hacia la izquierda:* atrás. Este campo se utiliza para retroceder tanto en el interior de una página *web* como para moverse de una *web* a otra (la inmediata anterior) cuando se han consultado varias.

• *Flecha hacia la derecha:* adelante. Este icono se emplea para avanzar hacia la página inmediata o la *web* inmediata, en el caso de haber consultado varias.

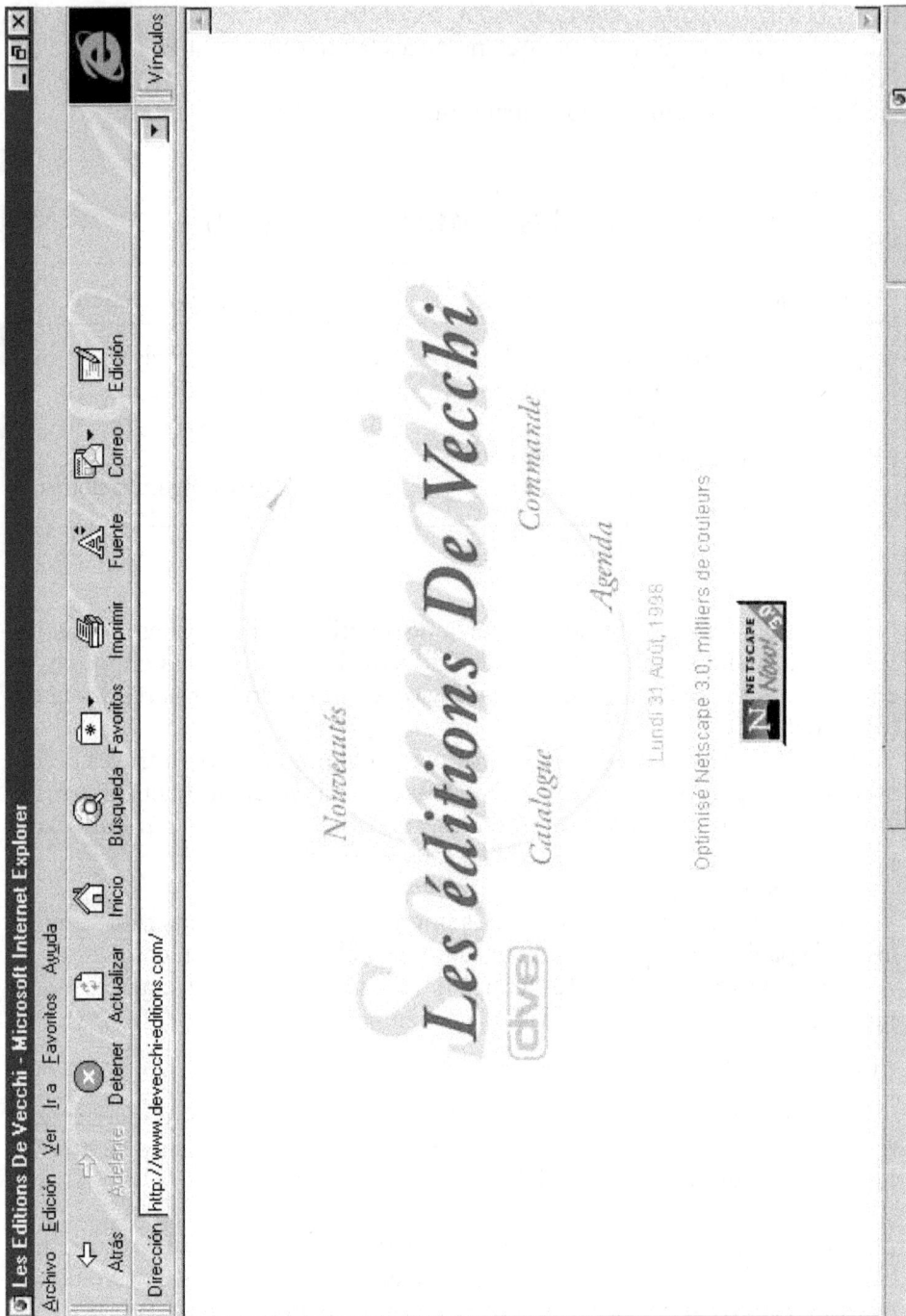

• *Círculo rojo con aspa blanca:* detener. Sirve para detener la transmisión de datos o el acceso a una página.

• *Página con dos flechas:* actualizar. Esta función se emplea cuando se utiliza la función *Favoritos* para acceder a una página.

El hecho de actualizar la página que se está viendo significa que las transformaciones o actualizaciones que se hayan realizado desde que se memorizó la dirección, aparecen ahora en pantalla. Su nombre es bastante claro en este sentido.

• *Casa:* inicio. Pulsar esta función siempre remite a la primera *web* que se encuentra al acceder a la red y que normalmente es la del servidor que da acceso a Internet.

• *Bola del mundo con lupa:* buscadores. Cuando se pretenda realizar una búsqueda, se puede seleccionar este icono. Una serie de buscadores temáticos o por palabras aparecerán en pantalla, pudiendo escoger el que resulte más adecuado.

• *Carpeta con asterisco:* favoritos. Este icono permite almacenar y archivar las direcciones que más se consultan o que resultan más atractivas. De esta manera, el usuario se crea un directorio con las direcciones favoritas, lo que le permite acceder a la página *web* seleccionándola a partir de esta función y por tanto evitando marcar la dirección entera.

Además, la organización de las distintas direcciones puede realizarse mediante carpetas especializadas y por orden alfabético.

• *Impresora:* imprimir. Da orden a la impresora para imprimir el documento.

• *A:* fuente. Permite cambiar el tamaño de fuente con la que está escrita la página *web*, ampliándola o reduciéndola según desee el usuario.

• *Sobre abierto:* correo. La selección de esta función abre directamente el programa de correo que se posea, posibilitando la recepción o el envío de nuevos mensajes.

Por debajo de los iconos aparece el campo *Dirección,* que es donde se inscribe la dirección de la página que se pretende buscar. Una vez escrita, es necesario pulsar «Intro» en el teclado y poco después aparecerá la página indicada.

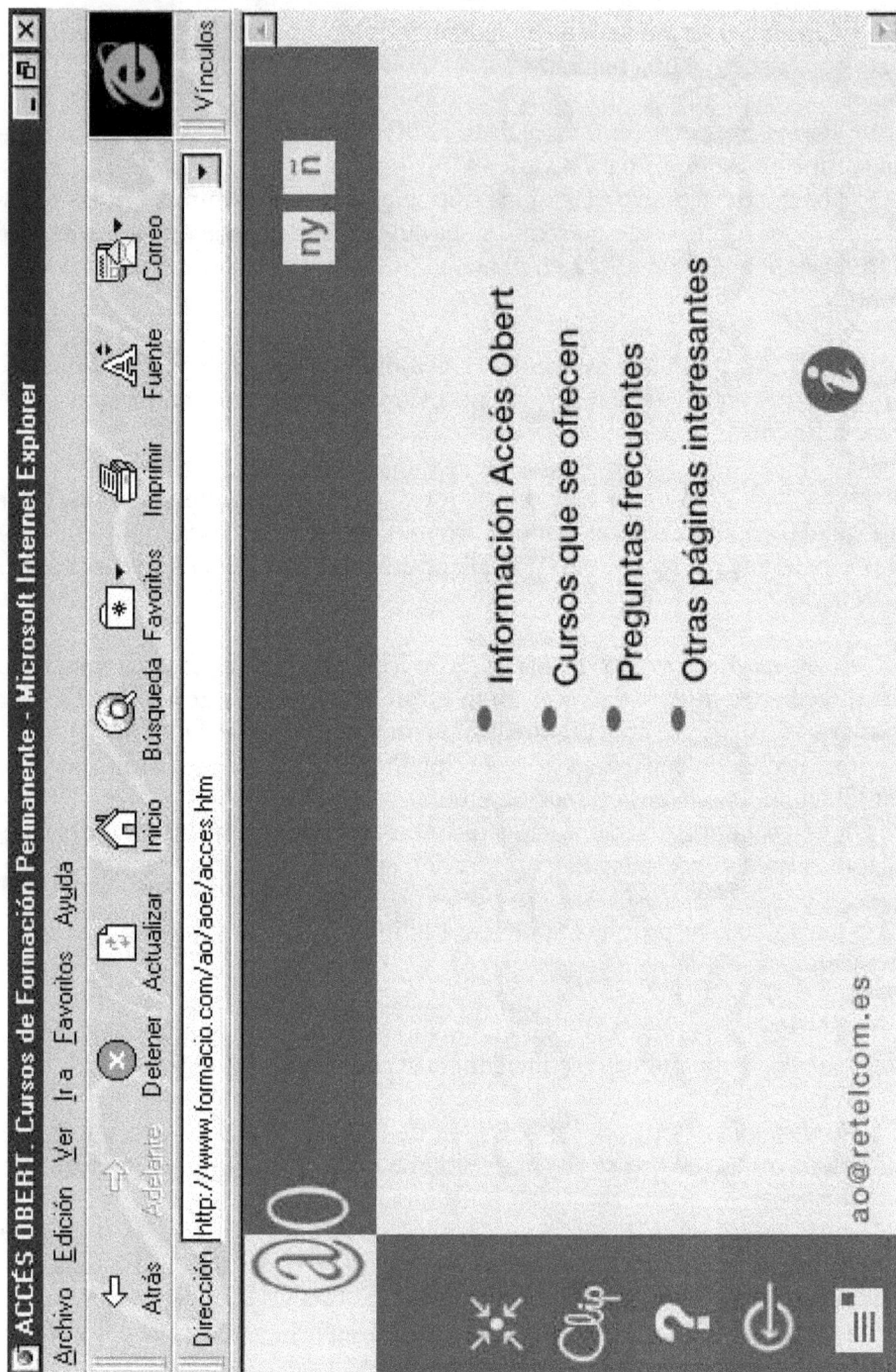

ACCÉS OBERT. Cursos de Formación Permanente - Microsoft Internet Explorer

Archivo Edición Ver Ir a Favoritos Ayuda

Atrás Adelante Detener Actualizar Inicio Búsqueda Favoritos Imprimir Fuente Correo

Dirección http://www.formacio.com/ao/aoe/acces.htm

Vínculos

- Información Accés Obert
- Cursos que se ofrecen
- Preguntas frecuentes
- Otras páginas interesantes

ao@retelcom.es

Internet ha sido tildada por los grandes expertos como la más grande biblioteca existente en el mundo; por ello, es necesario acudir a los distintos buscadores, que de manera gratuita indican la posible localización, mediante referencias, en que se ubica el dato o página que se está intentando localizar.

Algunos de estos buscadores son:

• *Yahoo (http://www.yahoo.com):* es el índice más popular en esta área y sus páginas son visitadas cada día por incontables navegantes. Ofrece su índice de forma gratuita, pero a cambio el visitante recibe paneles de publicidad cada vez que realiza una consulta.

Este buscador, al igual que otros, ofrece dos tipos de información:

a) Por una parte, lo que se denomina *búsqueda,* y corresponde al cuadro en blanco situado al lado del icono denominado *Buscar.* En ese primer cuadro, el usuario debe inscribir la palabra o palabras de búsqueda y a continuación pulsar con el ratón en *Buscar.*

El buscador se encarga de seleccionar toda la información que es capaz de encontrar en la red a partir de la referencia dada, mostrando a continuación las distintas direcciones de páginas en que se ubica dicha información.

b) Además de esta función, la pantalla principal propone una serie de ejes temáticos: *Arte y cultura, Ciencia y tecnología, Ciencias sociales,* etc., que contienen a su vez «subejes» temáticos más específicos.

Si se accede a cualquiera de estas opciones, el usuario encuentra una serie de páginas suministradas por el buscador que hacen referencia al campo escogido, pudiendo seleccionar las más interesantes o atrayentes.

En España, han surgido durante 1996 un gran número de índices de Internet dedicados a contenidos españoles, como Ozú (http://www.ozu.com), Elcano (http://www.elcano.com) u Ole! (http://www.ole.es), este último uno de los más veteranos, que recibe actualmente más de 150.000 visitas al mes.

Existen también otros motores de búsqueda en lengua española, como por ejemplo: El índice (http://www.globalcom.es/indice), Fantástico (http://www.fantastico.com), Inspector de telépolis (http://www.telepolis.com), Cibercentro (http://www.cibercentro.com/busqueda), Mexsearch, Señas, Tarántula o U.N.A.M., muy útiles todos ellos para localizar cualquier información que se precise en lengua castellana.

Además de estos, hay otro tipo de buscadores más potentes, los «buscadores de contenidos». Se trata de gigantescas bases de datos que almacenan un índice con todas las palabras que aparecen en cualquiera de páginas de la *www.* Incluyen información sobre periódicos, revistas, bibliotecas y trabajos de investigación entre otros.

YAHOO!

Yahoo! Mail
free email account

Yahoo! Pager
now works with chat

Get Tix
Meet Tori Amos

Search | options

Yahoo! Calendar - get your free, web-based calendar

Shopping · Yellow Pages · People Search · Maps · Classifieds · Personals · Message Boards · Chat
Email · Pager · My Yahoo! · Today's News · Sports · Weather · TV · Stock Quotes · more...

Arts & Humanities
Literature, Photography...

Business & Economy
Companies, Finance, Jobs...

Computers & Internet
Internet, WWW, Software, Games...

Education
Universities, K-12, College Entrance...

Entertainment
Cool Links, Movies, Humor, Music...

Government
Military, Politics, Law, Taxes...

Health
Medicine, Diseases, Drugs, Fitness...

News & Media
Current Events, Newspapers, TV...

Recreation & Sports
Sports, Travel, Autos, Outdoors...

Reference
Libraries, Dictionaries, Quotations...

Regional
Countries, Regions, US States...

Science
Biology, Astronomy, Engineering...

Social Science
Anthropology, Economics, Languages...

Society & Culture
People, Environment, Religion...

In the News
- Storms drifting, flooding Carolinas
- Russian economy in crisis
- Dow down 300 in early trading
- McCrays late #34, Bears #33

more...

Inside Yahoo!
- Yahoo! Pager - stock alerts
- Y! Games - checkers, chess, backgammon
- Yahoo! Store - build an online store in 10 minutes

more...

World Yahoos: Asia - Australia & NZ - Canada - Chinese - Denmark - France - Germany
Italy - Japan - Korea - Norway - Spanish - Sweden - UK & Ireland

Yahoo! Metros: LA - NYC - SF Bay - more... Get Local [ ] Enter Zip Code

Other Guides: Autos - Computers - Games - Live Net Events - Movies - Personal Finance
Real Estate - Seniors - Sports - Travel - Y! Internet Life - Yahooligans! for Kids

Smart Shopping with VISA

How to Suggest a Site - Company Info - Privacy Policy - Contributors - Openings at Yahoo!

Archivo Edición Ver Ir a Favoritos Ayuda

| Atrás | Adelante | Detener | Actualizar | Inicio | Búsqueda | Favoritos | Imprimir | Fuente | Correo | Edición |

Dirección http://www.ole.es

Vínculos

¡Olé!

El primer buscador hispano

- 🛒 tienda
- 📠 teletipo
- 🎣 olehoop
- 🦅 el tiempo
- @ infomail
- ✳ estreno
- 💬 chat
- 🌐 ole.org

Páginas Amarillas

en ¡Olé! cada viernes hay Estreno

Anyware
Antivirus
de REGALO

Buscar Opciones

Añadir - Ayuda - Temas - Árbol - Publicidad - Estadísticas

Arte
Bellas artes, Exposiciones, Museos,...

Ciencias
Arquitectura, Física, Medio ambiente,...

Ciencias Sociales
Derecho, Geografía, Psicología,...

Cultura
Pueblos, Gastronomía, Folklore,...

Deportes
Atletismo, Tenis, Vela,...

Economía y Negocios
Agricultura, Construcción, Industria,...

Educación
Universidades, Congresos, Cursos,...

Webs en catalán, gallego, euskera, ...

Gobiernos
Embajadas, Organismos oficiales

Humanidades
Historia, Literatura, Teología, ...

Imagen y Sonido
Cine, Televisión, Música, ...

Internet
Web, Proveedores, Servidores, ...

Ocio
Bares, Restaurantes, Guías, ...

Publicaciones y Periodismo
Revistas, Libros, Comics, ...

Salud y Medicina
Hospitales, Institutos, Especialidades, ...

Turismo
Hoteles, Transportes, Agencias, ...

Navega por Europa con los partners europeos de ¡Olé!
Kavasir(Escandinavia), Nomade(Francia), Virgilio(Italia) y Web.de(Alemania)

escríbenos

Recomendamos...

Netscape Now   Microsoft Internet Explorer

© Copyright 1997-98, ¡Olé!

En la actualidad, existen más de una docena de buscadores de contenidos, pero Alta Vista (http://www.altavista. com), de Digital, es uno de los más potentes y versátiles.

• *Correo electrónico* (e-mail)*:* servicio que permite mandar mensajes escritos a otros usuarios conectados a la red y que dispongan de una dirección electrónica. Normalmente, una dirección de correo viene dada por un nombre de usuario y una dirección de máquina, con lo que se tendrá la dirección total enlazando «Nombre usuario@Dirección máquina» (usuar1@ 138.100.32.25), siendo el símbolo «@» (arroba) un separador. Esta dirección tiene la misma función que la del correo tradicional.

usuario@maquina.subdominio.dominio.país

• *FTP (File Transfer Protocol):* protocolo de transferencia de ficheros. Este servicio nos permite el intercambio de información entre máquinas que se encuentran a gran distancia, por lo que se pueden enviar o recibir ficheros de cualquier tipo —utilidades diversas: sonidos, música, textos, imágenes estáticas o en movimiento, etc.— que se encuentran en ordenadores conectados a Internet. Hay que tener en cuenta que esos ficheros pueden bajarse al ordenador y ser cargados en el disco duro. El programa más frecuentemente utilizado en FTP es Anarchie.

• *Archie:* servicio creado para la búsqueda de ficheros en Internet. También proporciona la dirección de aquellos lugares que lo soportan, ofreciendo la posibilidad de utilizar un FTP anónimo, que permita la transferencia de información de un ordenador remoto, sin necesidad de ser un usuario dado de alta en el mismo.

• *Telnet:* este servicio permite acceder a un servidor remoto, y así poder trabajar con él en modo terminal. Conectarnos a otra máquina mediante Telnet es abrir una sesión virtual en esa máquina y manejarla desde nuestro ordenador. Para acceder a este servicio debemos conocer las palabras claves (contraseña o *password*) que nos permiten hacer uso de Telnet, como medida elemental de seguridad contra intromisiones no autorizadas.

• *News groups:* ofrece grupos de noticias de interés para los usuarios. Estas noticias se clasifican por temas. Mediante un programa para leer *news* podremos ojear los distintos grupos, obteniendo la información más actualizada de los temas deseados y guardándola en ficheros. También se puede contestar a las preguntas propuestas o formularlas nosotros mismos. Además, existe la posibilidad de suscribirse a los grupos que resulten más interesantes para recibir en nuestro ordenador las noticias que se vayan introduciendo en dichos grupos.

Por otra parte, cualquier usuario puede crear nuevos grupos de noticias, sometiendo previamente su propuesta a votación entre los demás usuarios.

• *Gopher:* es un sistema para navegar por Internet y poder sistematizar el acceso a los diferentes recursos que ofrece la red.

Su sistema de trabajo se basa en la propuesta de diferentes menús o directorios en los cuales se seleccionan las opciones que el usuario pretenda utilizar. Se trata, en definitiva, de un servicio que pone al alcance de cualquier usuario información sobre muy variados temas.

En la actualidad existen muchos servidores Gopher en todo el mundo. Para acceder a ellos, es indispensable utilizar una herramienta denominada «Verónica», que se ocupa de buscar la información y ofrece diferentes alternativas.

• *IRC:* son las siglas de Internet Relay Chat (charlas en internet). Mediante IRC se pueden mantener conversaciones en tiempo real con uno o varios usuarios situados en cualquier lugar del planeta, sobre diversos temas.

La ventaja esencial de esta utilidad es que, en el caso de una utilización profesional, permite rebajar de forma sustancial las facturas de teléfono, puesto que la conversación se desarrolla por medio de teclados interpuestos y a través de una llamada local, no internacional.

El correo electrónico *(e-mail)*

El correo electrónico (*e-mai*l) es una de las herramientas más utilizadas en Internet. De hecho, muchos usuarios que están conectados a Internet sólo lo utilizan para enviar mensajes mediante *e-mail*.

Esta herramienta de comunicación ha crecido y se ha extendido tanto que ya supera en importancia a otras fuentes de comunicación, como el correo normal o el teléfono. Es lógico, si se tiene en cuenta el volumen de información que se puede transmitir, así como la inmediatez con la que llega a su destino.

El correo electrónico, como su nombre indica, es un sistema que permite enviar cartas y mensajes a otras personas, a través de las redes de ordenadores. El uso de este medio presenta una gran cantidad de ventajas con respecto a las formas más tradicionales de correo. Veamos algunas de ellas:

— *Rapidez*. Los mensajes por correo electrónico enviados desde cualquier parte del mundo suelen llegar en pocos minutos (si se está esperando el mensaje, apenas unos segundos) a su destino, aunque este se encuentre a miles de kilómetros.

— *Economía*. El coste depende del tipo de conexión de que disponga el emisor, pero siempre acostumbra a ser más barato que cualquier otro sistema. Además, el coste de envío o recepción de un *e-mail* es el de una llamada local de teléfono.

— *Fiabilidad*. Los mensajes electrónicos no suelen extraviarse. Si el receptor no lo recibe, por algún problema de la red, el mensaje es devuelto al remitente con una comunicación explicativa sobre la imposibilidad de la comunicación.

— *Comodidad*. El manejo del correo electrónico supone un gran ahorro de tiempo y de espacio. Los mensajes se guardan en el disco duro del ordenador y pueden ser archivados, impresos, copiados, modificados para usar parte de ellos, enviados a una tercera o terceras personas (tantas como se quiera), etc.

Por otra parte, un mensaje recibido puede ser contestado en unos segundos, pulsando tan sólo una tecla, sin necesidad de copiar nombres o direcciones, ni de... ¡pegar sellos!

Además, una de las características fundamentales de este tipo de comunicación escrita es que los ordenadores involucrados no necesitan estar en contacto al mismo tiempo. Esto supone una gran ventaja con respecto a otros servicios, como por ejemplo FTP, Telnet o Gopher, en los que el ordenador local y el destinatario han de estar intercomunicados a través de la red en el momento de operar.

Así pues, cuando se envía el mensaje, el otro ordenador puede estar fuera de servicio: el mensaje queda guardado en el servidor y, cuando el destinatario se conecta a la red y baja su correo, recupera el mensaje sin problemas.

¿Qué pasos sigue una tarjeta postal enviada a un conocido nuestro?

En primer lugar, se escribe el texto (contenido del mensaje) y, a continuación, la dirección a la que se envía (dirección de correo electrónico). Seguidamente, la tarjeta se pone en un buzón (bandeja de salida) que, a su vez, la traslada a la estafeta de correos (servidor de Internet al que está abonado el emisor del mensaje).

Una vez que la tarjeta llega a la estafeta de origen, es enviada a la estafeta de correos de destino (servidor de Internet al que está abonado el receptor del mensaje) que por fin la hace llegar al buzón del receptor (buzón del ordenador del receptor final).

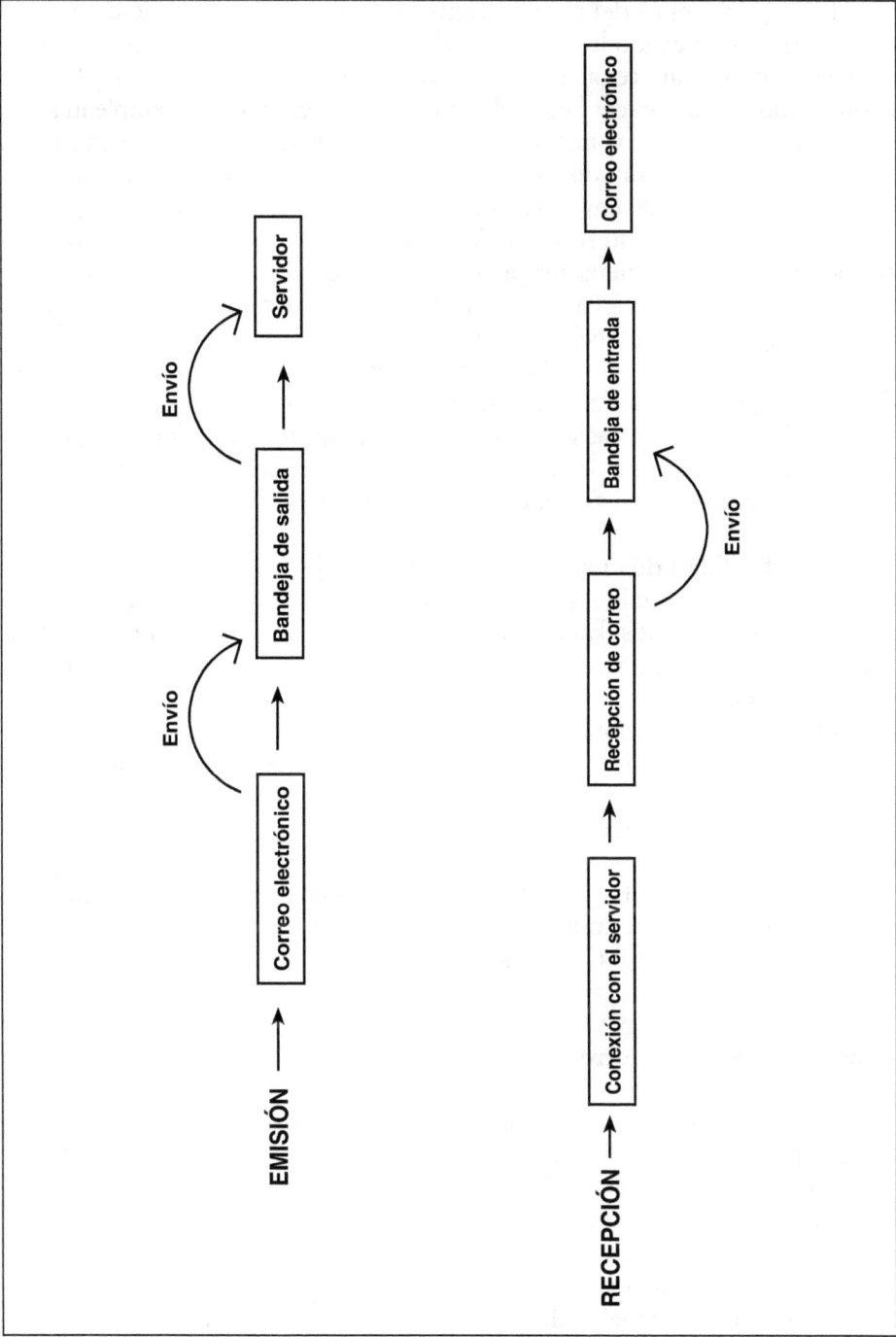

EMISIÓN → | Correo electrónico | → *Envío* → | Bandeja de salida | → *Envío* → | Servidor |

RECEPCIÓN → | Conexión con el servidor | → | Recepción de correo | → *Envío* → | Bandeja de entrada | → | Correo electrónico |

El funcionamiento del correo electrónico, por lo tanto, es idéntico al del correo normal, salvando las evidentes diferencias: el reparto no es mecánico, sino electrónico; para redactar el mensaje no se utiliza papel y bolígrafo, sino el ordenador, y para hacer llegar el mensaje a su destino no se emplean sacas de correo y transportes varios, sino la red de ordenadores existente en todo el mundo. El resultado: rapidez (casi se podría hablar de inmediatez), pulcritud, ahorro y posibilidad de enviar cualquier tipo de archivo.

Sin embargo, no todo son ventajas. Uno de los inconvenientes serios es la confidencialidad: los mensajes pueden ser leídos por otras personas. No es difícil que alguien que tenga acceso al sistema pueda interferir una misiva. La verdad es que no es un hecho habitual, y por otra parte tiene una sencilla solución: existen ya en el mercado programas diseñados para codificar mensajes de manera que sólo puedan ser descifrados por los interesados.

Este tipo de comunicación se ha ido implantando entre diferentes grupos. Por ejemplo, existen empresas que avisan o presentan sus novedades a los clientes mediante este sistema, concertando además una cita para mostrarles el producto.

Por su facilidad de empleo y su rapidez y bajo coste, es el sistema ideal para el intercambio de ideas entre personas, empresas o grupos que se hallan en continentes distintos. En muchos diarios y revistas, es ya habitual que muchos colaboradores envíen sus artículos por correo electrónico, agilizando de esta forma el proceso de edición.

El tipo de información que se puede transmitir mediante *e-mail* no se limita sólo a mensajes de texto. También pueden enviarse programas ejecutables, imágenes y ficheros binarios en general. Tan sólo es necesario codificar la información en formato ASCII, para ser descodificada después por el receptor.

Es importante resaltar que muchas redes de ordenadores, no integrados a Internet, pueden intercambiar mensajes con los usuarios de Internet, lo que resalta aún más si cabe, la importancia de este tipo de comunicación.

Funcionamiento del correo electrónico

Una de las características destacables del correo electrónico es que no es necesario que los dos ordenadores involucrados en el envío-recepción del mensaje estén en contacto en el mismo momento.

Esta característica es muy importante, ya que, cuando se envía el mensaje, el otro ordenador puede estar fuera de servicio. A pesar de ello, el mensaje llega a su destino sin ninguna dificultad, siempre que el ordenador receptor funcione en un plazo razonable de tiempo.

Veamos cuál es el proceso que se inicia cuando se envía un mensaje. Lo primero que hace el ordenador emisor es transmitir el mensaje a otro ordenador, llamado *servidor de correo* (*e-mail server*, o también *SMTP server*).

Este servidor de correo local, con el que nuestro ordenador puede entrar en contacto, recibe el mensaje, decide cuál es la mejor ruta para que el mismo llegue a destino, y lo transfiere a su vez a otro servidor de correo que se halla en el camino. Este proceso se va repitiendo, de manera que el mensaje va saltando de un servidor a otro, hasta llegar al servidor que está en la misma red local que el ordenador destinatario. Por último, el mensaje es transferido al ordenador receptor.

Si en el transcurso de la operación hay algún dispositivo fuera de servicio, el servidor guarda al mensaje hasta que se haya solucionado el problema. Luego, vuelve a enviarlo en el momento que considera adecuado para que la recepción sea lo más rápida posible.

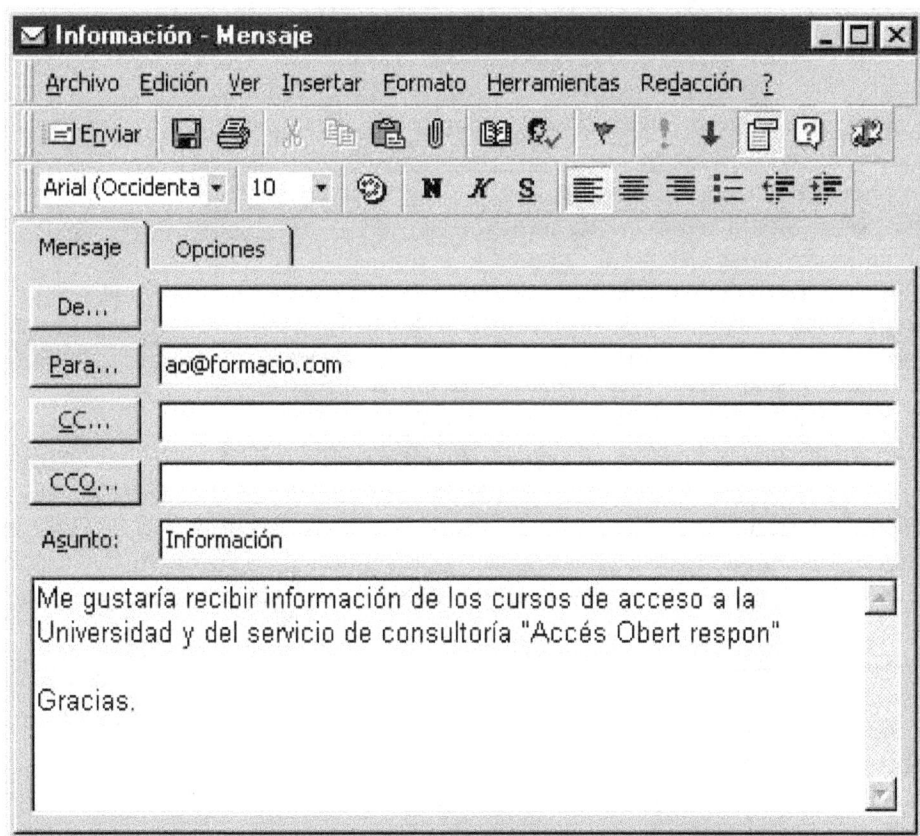

La dirección de correo electrónico

La dirección del destinatario es un dato indispensable para enviar un mensaje. Su formato puede variar, dependiendo de la red a la que pertenezca el ordenador de destino, sobre todo en las redes que no forman parte de Internet.

Siguen el siguiente esquema:

Nombre del ususario + símbolo arroba (@)
+ nombre del servidor + código del país

Por ejemplo: mart. @ compmail. es

Por ejemplo, la dirección correspondiente a un usuario que tiene la cuenta *peixe04* en el ordenador *beta3.lalort.unv.es* sería:

peixe 04. @ lalort. unv. es

La dirección se suele introducir a continuación del comando asignado para enviar mensajes en cada sistema (en algunos es «Para:» o, en su defecto, en el campo de entrada «To:»).

Este espacio es el equivalente al espacio reservado en el dorso de las tarjetas postales para escribir la dirección.

Pueden darse dos posibilidades a la hora de escribir la dirección del receptor. La primera de ellas es que sea una dirección que utilicemos por primera vez y que a lo mejor no interese archivar. En este caso, escribiremos la dirección entera y a continuación procederemos a cumplimentar el siguiente trámite.

Sin embargo, la mayoría de programas de correo incorporan una libreta o agenda de direcciones, en las que el usuario guarda todos los datos que quiera tener presente sobre la persona a la que enviará el mensaje, como la dirección de correo electrónico, los números de teléfono del trabajo o de casa, el número de móvil, la dirección «física», notas diversas, fecha de aniversario, o incluso el marcado directo de cualquier número de teléfono de esa persona a través del ordenador.

Lo interesante es que si escribimos un mensaje a alguien que está en nuestra agenda, no es necesario volver a escribir la dirección. Microsoft Exchange o Microsoft Outlook, por ejemplo, dan la posibilidad de realizar un doble clic sobre el campo *Para,* que nos conecta directamente con la agenda. Allí se selecciona la persona a quien se quiere escribir, y la dirección aparece de manera directa en el mensaje.

Copias a otros destinatarios

Una ventaja importante del correo electrónico frente al correo postal es que un mensaje puede ser enviado al mismo tiempo a varios destinatarios a la vez.

Así, por ejemplo, si se quiere anunciar el lanzamiento de un nuevo producto o convocar una reunión de empresa o empresas, se pueden enviar copias del mismo mensaje a los destinatarios que se crea oportuno, además del principal, lo cual evita por supuesto la repetición del texto tantas veces como se remita.

Para ello, hay que introducir una lista con las diferentes direcciones de los destinatarios, separadas por comas, y a continuación del campo de entrada *Cc*.

Este campo varía de ubicación en función del programa de correo que se utilice; a veces, se sitúa entre el nombre del destinatario y el asunto en línea descendente, mientras que en otras ocasiones aparece a continuación del destinatario.

La abreviación procede de la expresión anglosajona *Carbon copies*, que significa copias de carbón, y si en él se especifica la dirección de otra u otras personas, esta o estas recibirán una copia del mensaje que se envíe al destinatario especificado en el primer campo, que siempre ha de estar presente.

Al igual que en el caso de un único destinatario, el hecho de tener una libreta de direcciones facilitará enormemente la labor, ya que, al hacer un doble clic en el campo *Cc*, se tendrá acceso directo a la agenda, con lo que el trabajo se limitará tan sólo a elegir los destinatarios que se crea conveniente y que una vez seleccionados pasarán a aparecer como destinatarios directos del mensaje además del principal.

Hay que tener en cuenta que la lista de los destinatarios aparecerá en cada uno de los mensajes recibidos (es decir, que cada una de las personas que reciba una copia sabrá, mirando el campo *Cc*, a quién más se le ha enviado el mensaje).

Este hecho puede suponer una ventaja o una desventaja, según el caso, y por tanto es importante contemplarlo a la hora de enviar un *e-mail* a varias personas.

Algunos programas ofrecen la posibilidad de enviar copias a otros destinatarios, sin que las identificaciones de todos aparezcan reflejadas en las copias remitidas.

Esto quiere decir que el resto de los receptores de las copias, permanecen ocultos a ojos de los demás.

La lista de los destinatarios ocultos, siempre separados por comas, debe introducirse en el campo *Bcc* (*Blind carbon copies*).

Tema del mensaje (*Subject* o asunto)

El tema del mensaje debe formularse mediante una palabra o frase no demasiado larga que va situada a continuación del campo *Subject* o *Asunto,* y cuya finalidad es la de dar una idea previa e indicadora del tema tratado.

Se trata de una función muy útil, ya que cuando se visualiza una lista de los mensajes recibidos, se muestra el asunto de cada uno de ellos, además de otros datos como el emisario y la fecha y hora en que ha enviado el mensaje.

Esto ayuda a identificar con rapidez la correspondencia recibida, pudiendo establecer prioridades lectoras y posibles clasificaciones.

Por otra parte, esta función contribuye también a mantener la correspondencia en orden.

Las funciones opcionales

Bajo el campo de las opciones, un correo electrónico puede ser adecuado a exigencias tales como el rigor, la confidencialidad o cualquier tipo de características de entrega que el emisor desee.

Una de las funciones que se puede activar hace referencia al grado de importancia que se da al mensaje que se envía.

Así, la opción baja, normal o alta indicará al receptor el grado de interés de la misiva recibida.

También resulta muy interesante la función *Confidencialidad,* que posibilita comunicar al receptor el grado de privacidad del mensaje (normal, personal, privado o confidencial).

Existe también la posibilidad de incluir un envío de respuesta a una dirección de *e-mail* diferente de la emitida en el inicio.

Las opciones de entrega pueden ser, por otra parte, seleccionadas en función de las prioridades del emisor. De esta manera, se puede escoger la fecha de entrega, seleccionando el día en que se quiere que el mensaje sea remitido.

Esta función resulta muy interesante cuando se pretende que un mensaje sea entregado un día en particular y ese día no se va a tener acceso a ningún ordenador conectado a la red. La solución es enviarlo con antelación, consignando la fecha de entrega.

Otra función complementaria a la anterior, y no por ello menos útil, permite datar la fecha de caducidad del mensaje, que en caso de no ser entregado o recogido en la fecha indicada y prevista es remitido de nuevo al emisor sin antes haber pasado por el receptor.

Por último, existen las opciones de seguimiento, que resultan altamente efectivas en determinadas ocasiones; por ejemplo, se puede incluir una función que permite informar de cuándo ha sido entregado el mensaje y otra que indica cuándo ha sido leído.

Los anexos

Otro de los aspectos remarcables del correo electrónico es el que hace referencia a la posibilidad de enviar anexos junto con el mensaje remitido. Es la función que los americanos denominan como *Attached,* y que en algunos programas aparece identificada con el icono de un clip.

Un anexo es un fichero de cualquier tipo que el usuario puede adjuntar a su mensaje. Puede ser un documento formateado con Word o cualquier otro procesador de texto.

También puede ser una hoja de cálculo, un gráfico, una imagen, un archivo sonoro WAV o una imagen animada AVI. Por otro lado, el número de anexos en un mensaje es ilimitado, siendo el único inconveniente el tiempo que tarda en enviarse o recibirse un mensaje con muchos anexos (el doble o triple de lo normal, es decir, algunos minutos).

Mensajes de error más frecuentes en el correo electrónico

Como ya se ha consignado, el correo electrónico es un sistema bastante fiable, ya que los mensajes no suelen perderse.

Si no llegan a destino por algún motivo, son devueltos al remitente incluyendo una nota que describe la posible causa del error. Algunos de estos errores son debidos a fallos cometidos por el usuario, tales como direcciones incorrectas o errores tipográficos.

A veces, un punto colocado de manera errónea o el empleo de una mayúscula por una minúscula invalidan la dirección.

Otro tipo de errores tiene eventualmente como causa el sistema o sistemas de la red.

Los dos mensajes que aparecen con más frecuencia en caso de error son:

a) User unknown o *No such local user* (usuario desconocido). Esto significa que el nombre del usuario introducido en la dirección no es correcto.

b) Host unknown (anfitrión desconocido). Esto significa que no existe ningún ordenador con el nombre especificado en la dirección.

Principales programas de correo electrónico

INTERNET MAIL

Se trata de un programa de correo gratuito que puede conseguirse a través de Internet y de Microsoft (*http://www.eu.microsoft.com* o, en España, *http://www.eu.microsoft.com/spain*). Tras acceder a la página principal de Microsoft tan sólo hay que seleccionar el apartado *Área de descarga.*

Internet Mail es un programa que se puede gestionar por completo a través de su pantalla principal. Su uso es simple y, gracias a los menús, se puede organizar la libreta de direcciones, leer los mensajes, ordenarlos, archivarlos en carpetas, eliminar aquellos que se crea conveniente e incluso agregar la firma personal a cada uno de los mensajes que se envíen.

Para abrirlo, tan sólo hay que ir a la ventana principal del Internet Explorer y hacer clic en el icono de *Correo*, que dará paso a un menú de información en el que aparecerá «Leer correo»; haciendo un nuevo clic, el Internet Mail aparece en pantalla.

La segunda forma de abrirlo es mediante la barra de *Inicio.* Un clic en el icono da paso al menú general de programas, entre los cuales se encontrará Internet Mail. Después de seleccionarlo, se hace clic y aparece el programa de correo.

Cuando se inicia el programa, lo primero que hace es descargar cualquier mensaje que pueda haber en la carpeta *Bandeja de entrada.* Otras carpetas que aparecen son *Bandeja de salida,* que indica los mensajes escritos, pendientes de ser enviados, en la que se guardan todos los mensajes no enviados y que se ha decidido eliminar. Pueden ser consultados en cualquier momento, salvo que se deseen eliminar por completo. *Elementos enviados* archiva todos los mensajes enviados desde el inicio de funcionamiento del programa, y pueden ser consultados cuando se desee.

Cuando se quiera enviar un nuevo mensaje, habrá que tener muy en cuenta los iconos: *Nuevo mensaje, Responder al autor, Responder a todos, Reenviar.*

En el primer caso, aparece un nuevo mensaje, que permitirá la conexión directa con la libreta de direcciones de manera que se pueda seleccionar la dirección de la persona a quien se envía el mensaje (siempre que esa persona figure en la agenda).

En el segundo caso, la respuesta es a un mensaje ya recibido, y además de la dirección correspondiente del receptor, aparecerá también el mensaje que este nos envió. Debajo se escribe el nuevo mensaje.

El tercer icono permite responder a varios emisores escribiendo un único mensaje, que será distribuido a los distintos receptores seleccionados.

Finalmente, la opción *Reenviar* permite volver a enviar un mensaje que por cualquier cosa no haya llegado a buen puerto, sin necesidad de volver a escribirlo ni ponerle la dirección.

Para ejecutar el programa de una manera más cómoda puede crearse un acceso directo, para así poder iniciarlo desde el escritorio.

La lectura de los mensajes puede realizarse de dos maneras distintas: mediante vista preliminar o por pantalla completa.

En el primer caso, se visiona tan sólo el mensaje recibido, mientras que en el segundo caso se complementa el mensaje recibido con la lista de todo el correo acumulado, lo que permite acceder con suma rapidez a cualquiera de los mensajes.

Un doble clic sobre el mensaje recibido lo abre para su lectura. En la parte superior de la pantalla aparece quien envía el mensaje, la fecha de envío, a quién se lo envía y el asunto.

A continuación aparece el cuerpo del mensaje.

Si se adjunta algún archivo suplementario, se puede acceder a él con sólo hacer clic sobre el mismo.

Si se desea imprimir un mensaje, tan sólo hay que seleccionar el mensaje que se quiera imprimir, acudir al menú *Archivo* y seleccionar la opción *Imprimir*.

Si, por el contrario, se pretende eliminar un mensaje, el empleo del icono *Eliminar* suprime de forma rápida el mensaje escogido.

NETSCAPE MAIL

Este programa de correo puede obtenerse conectando con el servidor de la empresa Netscape (http://www.netscape.com): desde la pantalla principal, se hace un clic sobre la opción *Get any Netscape Software,* y se accede a continuación a cualquiera de los programas de la empresa, entre ellos el de correo electrónico, que se puede bajar sin cargo alguno.

Su funcionamiento atiende a las ventanas principales, como son la libreta de direcciones, de correo y la de edición de mensajes. Todas ellas aparecen en pantalla de manera simultánea.

En la pantalla de la izquierda aparecen las distintas carpetas de trabajo en las que se archivan los mensajes enviados, recibidos y eliminados. *Inbox* corresponde a la recepción de mensajes, *Sent* a los mensajes enviados (guarda copia de todos ellos) y *Trash* archiva los mensajes eliminados.

En la pantalla de la izquierda, se visionan los mensajes contenidos en la carpeta seleccionada, con la peculiaridad de que los no leídos aparecen señalados con un pequeño rombo de color verde.

En la pantalla inferior se puede leer el texto del mensaje que se ha seleccionado.

Para poder enviar un mensaje de correo es necesario seleccionar, en *Archivo*, la opción «Nuevo mensaje de correo». A partir de aquí, hay que seleccionar el campo «Ver» para así configurar las características informativas que se darán al mensaje previsto.

Así, por ejemplo: *De* corresponde a la dirección de correo del emisor; *Enviar a* hace referencia a la dirección del emisor; *Enviar Cc* corresponde a la opción de varios destinatarios; *Enviar Ccc,* por su parte, se refiere a aquellas direcciones a las que se pretenda remitir un correo ciego (sin que los demás receptores se percaten del envío); *Archivar en Cc* es el campo en el que se quiere guardar una copia del mensaje que se envía; el *Asunto* es la breve descripción del mensaje.

El emisor puede, de esta manera, escoger los campos que quiere que aparezcan en el cuerpo de envío del mensaje.

En el caso de que no se realice ninguna selección, Netscape propone una por defecto que abarca destinatario, emisor, copias a varios receptores y motivo del mensaje.

Los iconos que aparecen en la pantalla principal cuando se ha seleccionado la opción de enviar un nuevo mensaje son los siguientes: *Envío inmediato* (es la opción elegida por el navegador, y consiste en la entrega inmediata de la misiva una vez que se ha resuelto su redacción); *Envío diferido* (sirve para almacenar el mensaje en la carpeta de salida, hasta nueva orden); *Citar* (es la opción que sitúa el mensaje al que se está respondiendo en formato de texto citado; esta opción es muy interesante, sobre todo cuando se responde a un mensaje recibido, sin crearlo de nuevo), y *Adjuntar* (permite enviar un documento o archivo junto a la redacción del mensaje).

Netscape Mail permite una interesante forma de archivar el correo. Se trata de acudir al campo *Preferences* y una vez dentro acudir a «Organización». Este parámetro permite, si se desea, encadenar mensajes, operación que consiste en que, una vez recibida una respuesta, esta es mostrada a continuación del mensaje original.

También se puede acceder a un archivo de correo basado en criterios como la fecha de llegada o la fecha en que fue emitido, el asunto tratado o el remitente.

Por último, hay que destacar que una particularidad un tanto incómoda de Netscape es que, a diferencia de otros programas, cuando el ratón se sitúa en un icono, no aparece sobreimpresionada encima del mismo su utilidad, sino que esta aparece en el extremo inferior izquierdo de la pantalla principal, lo que implica mirar casi simultáneamente a dos lugares distintos… ¡Todo es cuestión de acostumbrarse!

Microsoft Exchange es el programa de correo que acompaña a las versiones de Windows, tanto la del 95 como la del 98.

Se trata de un programa sencillo en cuanto a manejo y muy útil, pero que requiere un esfuerzo de atención a la hora de configurarlo. Quizá la contrariedad principal que presenta es la imposibilidad de incluir una firma automática, función que puede resultar muy interesante en determinadas circunstancias.

Por otra parte, el programa Microsoft Exchange incluye como opción de trabajo en las versiones más modernas de Windows el sistema Outlook un sistema tan práctico como el Exchange y complementario con su funcionamiento.

La diferencia con respecto a Internet Mail es que, mientras este sólo permite manejar una única cuenta de correo electrónico en Internet, el Exchange ofrece la posibilidad de utilizar perfiles distintos de usuarios que pueden conectar a correos electrónicos diversos. Es por tanto más complejo a la hora de ofrecer prestaciones.

Exchange tiene dos vías de acceso. A la primera, se accede desde el icono de *Inicio*, seleccionando la opción «Microsoft Exchange», mientras que la segunda es más sencilla y tiene como punto de partida el icono de *Bandeja de entrada,* situado en el escritorio.

Una vez ante la pantalla principal, se observa que esta se divide en dos.

En la de la izquierda aparecen las carpetas personales archivadas, mientras que en la derecha son presentados los distintos mensajes de correo electrónico e incluso la llegada de fax o de otros sistemas de mensajería. Una de las ventajas del sistema es la de disponer de todas las carpetas archivadas en la memoria, porque permite trabajar con cualquier documento sin tener que salir de la opción correo.

Las bandejas predeterminadas en el programa son: *Bandeja de entrada,* que es la carpeta hacia donde va a parar el correo que llega; la *Bandeja de salida,* lugar en el que permanece el correo que se desea enviar hasta que se le da salida de manera definitiva; *Elementos enviados,* que corresponde como su nombre indica al correo remitido, y, por último, *Elementos eliminados,* que guarda todos los mensajes que se han suprimido.

A partir de aquí, aparecen el resto de carpetas que cada usuario ha abierto en su ordenador y con las que puede iniciar cualquier sesión de trabajo sin necesidad de salir del programa.

Otra de las ventajas que aporta Microsoft Exchange está en la posibilidad de trabajar con el programa sin necesidad de estar conectado a la red.

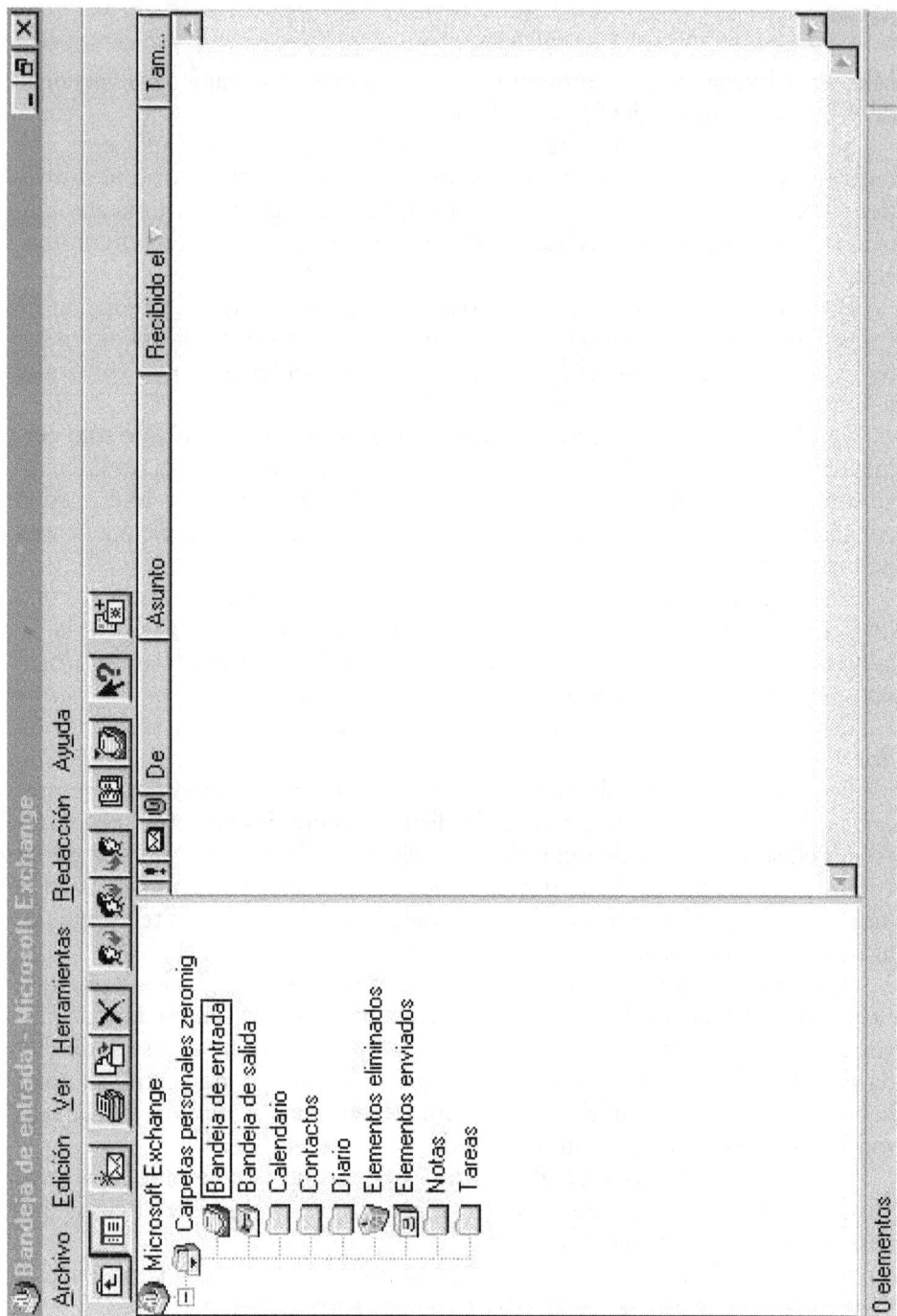

Se puede trabajar en la elaboración de nuevos mensajes, en el archivo de mensajes recibidos y en la consulta de mensajes enviados o recibidos sin estar conectado a Internet.

Por otra parte, la ayuda del programa permite encontrar aquella información que se requiera sobre su funcionamiento, resolviendo dudas e indicando los pasos más sencillos para efectuar una operación.

A la ayuda se accede mediante el icono de la flecha con un interrogante, pulsando F1 o bien acudiendo a la opción *Ayuda* de la barra superior.

La pantalla principal o índice de ayuda propone un listado de temas, algunos con subtemas, que facilitan la consulta de dificultades. Por otra parte, existe la posibilidad de escribir el problema que se está intentando resolver y que el programa busque entre los recursos de que dispone y oriente la consulta hacia una respuesta satisfactoria, dentro de sus posibilidades.

El Exchange incorpora lo que la marca Microsoft denomina *pistas*: al situar el puntero en un icono determinado de la barra de herramientas aparece una leyenda que indica cuál es la función del elemento seleccionado, lo que facilita mucho la labor y permite un importante ahorro de tiempo.

Para enviar un nuevo mensaje, se puede hacer un clic en el icono que representa un sobre y que está situado bajo el menú de *Opciones*, o también se puede acudir al menú *Redacción*, opción «Mensaje nuevo» (Control + J). Cualquiera de estas opciones abre la pantalla de una nueva composición de mensaje.

Seguidamente, en el cuadro *Para* se escribe el nombre del destinatario del correo. En el caso de que los destinatarios sean varios, es importante separar los nombres con signos de punto y coma. Hay que recordar que, en el caso de tener las direcciones en la libreta o agenda de direcciones, resulta mucho más sencillo hacer clic en *Para* y acudir directamente a seleccionar los nombre en la agenda.

El *Asunto* es la síntesis de lo que se va a editar a continuación.

A partir de ahí, ya se puede comenzar a escribir el mensaje, al cual se le dará la configuración elegida (tipo de fuente, tamaño, color, párrafo, distancia y cualquier otra característica que resulte interesante o que sirva para personalizar el mensaje); se puede recurrir aquí al empleo de plantillas predeterminadas, que enriquecen visualmente el texto.

A estas plantillas se puede acceder desde el comando *Redacción*, que ofrece un cuadro de posibilidades entre las que se encuentra «Elegir plantilla». Esta opción conduce a otra página en la que se escogerá «Outlook» y, a partir de ahí, se podrá personalizar el mensaje.

La ventaja de todo lo comentado hasta ahora es que Microsoft Exchange permite trabajar con toda la serie de opciones que Microsoft Word tiene instaladas en su programa y, por tanto, conocidas por cualquier usuario del mismo.

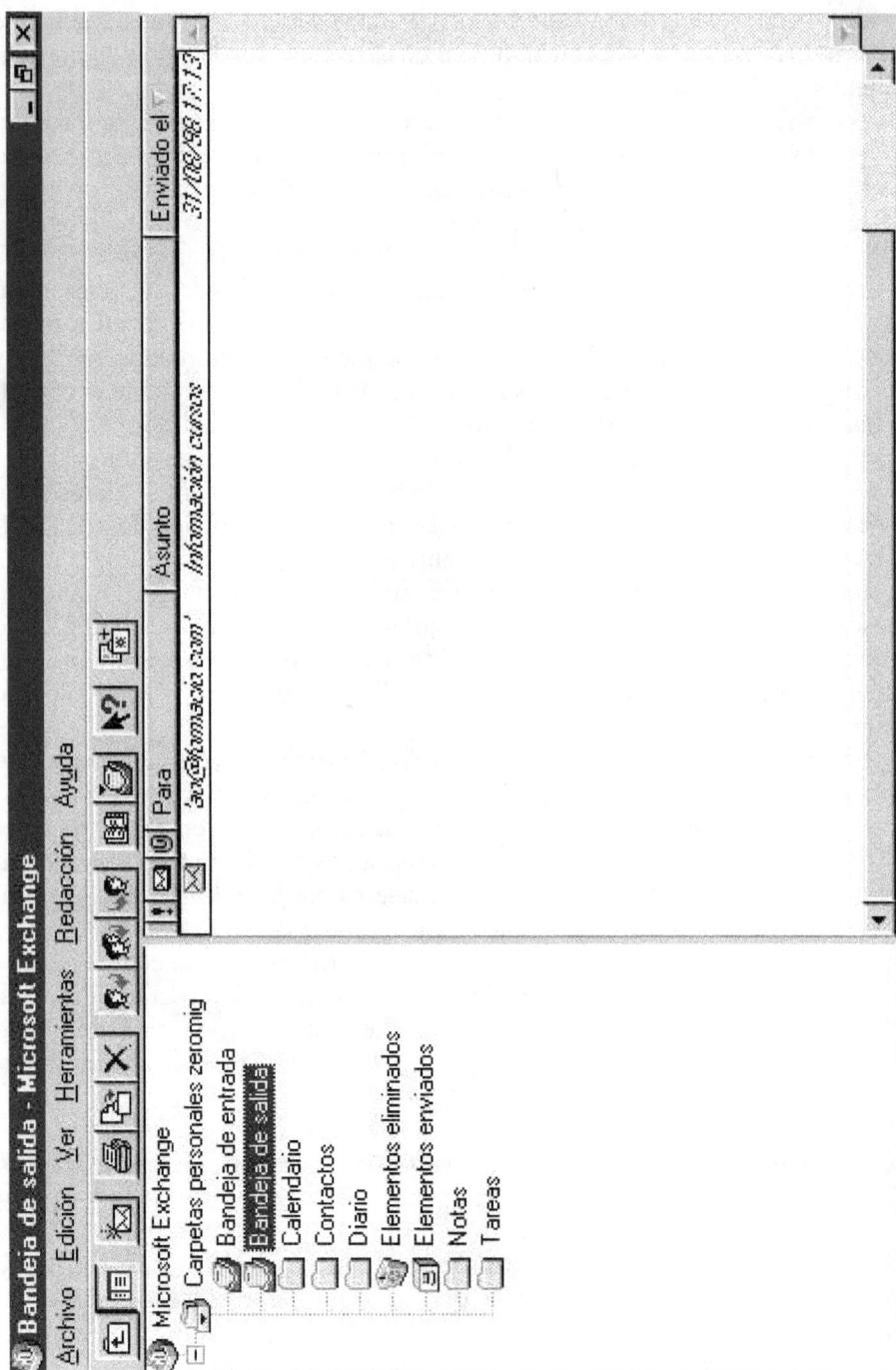

Por otra parte, no hay que olvidar la comodidad que representa el poder configurar el idioma en el que se pretende escribir el mensaje («Herramientas» > «Configurar idioma» > «Elegir idioma»), o incluso la corrección ortográfica y gramatical del mismo, además de poder consultar sinónimos («Herramientas» >«Idioma» >«Sinónimos», o Mayúsculas + F7), realizar un autorresumen («Herramientas» > «Autorresumen») o contar el número de palabras o caracteres que integran la misiva («Herramientas» > «Contar palabras»).

Al igual que el resto de programas de correo, el Exchange permite integrar y adjuntar cualquier tipo de fichero en cualquier lugar del mensaje que se vaya a enviar.

Para ello, es necesario elegir el sitio donde se pretende insertar el archivo y hacer clic.

A partir de ahí, se presentan dos formas: *a*) ir a *Insertar* y escoger la opción «Archivo», localizar el pretendido archivo y finalizar la tarea, o *b*) hacer clic sobre el icono que representa un clip, siguiendo luego el proceso de selección de archivo.

En cualquier caso, si se elige la opción «Sólo texto»*,* el mensaje reproducirá el archivo como texto ANSI, es decir, sin formato.

El emisor también puede elegir las distintas opciones de envío que quiere utilizar: importancia del mensaje, confidencialidad, fecha de entrega o fecha de caducidad en caso de no entrega del mensaje.

Es fundamental destacar que estas funciones tan sólo serán operativas a la recepción del mensaje en el caso en que el servidor del receptor y este mismo sepan interpretar el sistema del programa, es decir, que sea compatible con el que ellos poseen.

La recepción de correo nuevo es una operación muy sencilla. De hecho, cualquier nueva entrada aparece en negrita en la *Bandeja de entrada*. Para leer el mensaje, tan sólo es necesario situarse sobre él y efectuar un doble clic.

Se puede configurar la opción de que Microsoft Exchange avise en el momento en que reciba una nueva entrega. Para ello, hay que acudir al campo *Herramientas*, seleccionar «Opciones» y elegir la propuesta que parezca más apropiada: reproducir un sonido, cambiar el puntero o mostrar un mensaje de notificación.

Responder a un mensaje también resulta una operación simple y muy rápida. Hay que acudir a *Redacción* y optar por «Responder al remitente», o hacer un clic sobre el icono del mismo nombre.

De la misma manera que se pueden adjuntar archivos de salida en un mensaje, también se pueden recibir. Los distintos archivos recibidos serán identificados por el programa de correo, que los estigmatizará con un icono en pantalla que, a su vez, servirá para indicar qué tipo de archivo es. Haciendo clic sobre el documento, este se abrirá y así podremos acceder a él.

Si se pretende guardar el fichero, se puede hacer clic con el botón derecho del ratón sobre el icono del archivo, procediendo a continuación a la selección del campo *Guardar como*...Una pantalla ofrecerá entonces las distintas posibilidades de archivo para que el usuario pueda conservar el documento en el archivo que haya elegido.

Esta operación también puede llevarse a cabo abriendo la indicación *Archivo*, y seleccionando «Guardar como».

PEGASUS MAIL

Este programa también puede obtenerse de forma gratuita. Para ello, basta con conectar con la *web* oficial de la empresa *(http://www.pegasus.usa.com)* o bien con la página dedicada al entorno de Windows *(http://www.windows95.com)*.

Una vez realizada la instalación, larga aunque nada complicada, se puede acceder a la escritura de mensajes.

Su uso es sencillo, entre otras cosas porque, al igual que otros programas, Pegasus también presenta una barra que contiene los iconos más utilizados y que hacen más rápido el trabajo.

Así, por ejemplo, para crear un nuevo mensaje, es suficiente con posicionarse sobre el icono correspondiente y hacer un clic. También puede utilizarse la combinación de teclas Ctrl + N. De esta forma, se accede a una ventana de edición de nuevo mensaje, con los campos habituales en cualquier programa de correo (*To*, destinatario; *Subj*, síntesis del mensaje; *Cc*, copias para otros destinatarios).

Más abajo, se incluye un grupo de casillas que presentan los siguientes enunciados: *Confirm reading* (función que se utiliza para saber si el mensaje ha sido leído), *Copy self* (sirve para guardar una copia del mensaje que se envía), *Encrypt* (sirve para transmitir un mensaje confidencial utilizando para ello una clave o *password*), *Confirm delivery* (sirve para saber si el mensaje ha sido entregado) y, por último, *Urgent signature* (para poder incluir un texto reducido de tipo descriptivo que sirva para identificar al emisor del mensaje).

Por debajo de estas casillas se encuentra el cuerpo del mensaje, donde se puede escribir la misiva prevista.

Otros de los iconos que aparecen en la pantalla principal son *Attach* (posibilita el envío adjunto de ficheros) y *Special* (ofrece la posibilidad de moldear el mensaje al gusto del remitente, incluyendo funciones como la fecha de caducidad del mensaje en caso de no ser entregado, el envío a otro destinatario preciso, etc.).

Al finalizar el mensaje, y cuando esté listo para enviar, se pulsará el icono *Send*, con lo que el programa procederá al envío. En caso de no estar conectado a la red, Pegasus guarda el mensaje y lo coloca en un apartado, reteniéndolo hasta la próxima conexión, momento en que será enviado.

En caso de querer revisar el correo, se accede a esta función a través del campo «Review queued mail», que aparece en el menú *File* del programa.

Para leer el correo recién llegado hay que dirigirse al menú principal, seleccionando *Check host for new mail,* momento en que aparece la carpeta «New mail folder» en la que se acumula el correo que se va recibiendo.

Una de las prestaciones interesantes del programa es la información que proporciona con respecto al estado del correo.

Así: un signo de verificación indica que el mensaje ha sido leído; un cuadrado indica que el mensaje lleva adjunto un fichero, y un punto de color verde informa de que se han realizado modificaciones en el texto, mientras que un punto de color azul indica que el mensaje ha sido contestado.

Además, los iconos situados por encima del listado de mensajes tienen funciones distintas, como la de abrir el mensaje para poder leerlo *(Open)*, enviar el mensaje recibido a una tercera persona *(Forward),* mover el mensaje a la carpeta en la que se desee ubicar *(Move),* eliminar el mensaje elegido *(Delete)* o imprimirlo *(Print)*.

Hay que destacar que, en este programa, el correo que va llegando se ubica automáticamente en la carpeta principal denominada *Mail folder*, a la que se accede mediante el icono correspondiente o en su defecto a través de *File*. La ventana que aparece a continuación presenta una serie de funciones como son: *Rename* (posibilita el cambio de nombre de carpeta), *Delete* (permite eliminar una carpeta), *New* (permite crearla) y Open (abre la carpeta que se haya seleccionado).

Eudora Light 3. 0

Este programa también se puede cargar gratis accediendo para ello a la página http://www.qualcomm.com.

Una vez instalado y configurado, para iniciar la escritura de un mensaje se presentan tres opciones. La más sencilla es la de pulsar el icono correspondiente, aunque también se puede utilizar la combinación Ctrl+N o acudir al menú principal a la opción *Message* y optar por «New Message».

A partir de aquí, aparece una pantalla con el esquema de mensaje en blanco, que descubre los mismos campos a rellenar que pueden aparecer en los demás programas sólo que con un diseño distinto.

To hace referencia a la dirección del destinatario, que puede consignarse de manera directa o bien acudiendo a la libreta de direcciones y seleccionando el nombre apropiado; bajo la indicación *From* se consigna la dirección del emisor o remitente; *Subject* hace referencia al asunto del mensaje; *Cc* es el indicador bajo el que se incluyen los diferentes destinatarios de ese *mail; Bcc* permite enviar el correo a un destinatario distinto del titular y que a la recepción no aparezca la dirección del primero, y, por último, *Attached* es la opción utilizada para adjuntar archivos.

Eudora presenta dos tipos de barra de trabajo: la barra de título, que aporta datos sobre el contenido del mensaje (nombre y dirección del receptor a quien se escribe, fecha y hora del envío y asunto del mensaje), y, por otra parte, la barra de herramientas, que presenta las distintas opciones que permiten personalizar el mensaje, como son la *Signature* o firma, que hace referencia a la posibilidad de utilizar distintos tipos de finales, la manera de codificar los archivos adjuntos, los párrafos, los saltos de línea, etc.

Una vez complementado el mensaje con el cuerpo incluido se procede a su envío, pulsando el icono *Send*. Inmediatamente, el programa se conecta a la red y da salida al mensaje. Si, por el contrario, no se está conectado y además se quiere escribir otros mensajes para de esta manera enviarlos todos juntos, se puede depositar cada mensaje en la *Bandeja de salida* para su posterior envío.

Para responder a un mensaje nuevo, al igual que otros programas, incluye la función de enviar al remitente, que en este caso está identificada con la opción *Reply,* facilitando la labor de complementación de campos como *To* y *From*.

Casi todos los programas de correo en general utilizan el marcador «>», con la finalidad de marcar el texto al que se está respondiendo, lo cual permite responder a cada uno de los puntos planteados en el mensaje recibido.

La función de reenviar un mensaje se identifica en el programa Eudora con un icono que responde a la denominación *Forward*. Para ello, es necesario seleccionar el mensaje que se pretende volver a enviar, introduciendo en el campo *To* la dirección o el nombre del nuevo destinatario; el asunto no es necesario cambiarlo, porque no varía con respecto al mensaje ya enviado. Una de las ventajas que proporciona esta función consiste en que el texto del mensaje aparece marcado con el símbolo «>» en cada línea, lo que significa que se pueden hacer comentarios para ampliar el mensaje original, que ahora se envía de nuevo.

Otra de las funciones a tener en cuenta es la denominada *Redirect,* y que se identifica con un icono muy similar al de la función anterior: una carta y una flecha; pero mientras en *Forward* la flecha apunta hacia la derecha, en *Redirect* la flecha va en diagonal hacia arriba.

Esta función consiste en enviar un mensaje a un interlocutor para que a su vez lo envíe a otro al que también concierne la información.

Al buzón del programa se accede a través del menú *Mailbox*, seleccionando con doble clic el buzón que se desee.

La ventana que se abre presenta una estructura parecida a la de los demás programas, variando tan sólo el orden de aparición de los elementos. La distribución por columnas de izquierda a derecha hace referencia al estado del mensaje, a la importancia del mismo, a si lleva o no ficheros adjuntos, a la procedencia, a la fecha y hora de envío, al tamaño del mensaje y por último al asunto.

La columna de estado utiliza una serie de símbolos para dar indicaciones sobre el mensaje: por ejemplo, el uso de un punto (.) comunica la no lectura del mensaje, mientras que si no hay indicación alguna, significa que el mensaje ha sido leído.

Además, la letra *R* indica que el mensaje marcado ha sido respondido; la *S* advierte que el mensaje ha sido enviado; la *Q,* que el mensaje ha sido redactado y está a la espera de ser enviado; la *T* señala que el mensaje tiene fecha y hora de envío y está a la espera; la *F* indica que el mensaje fue reenviado a una tercera persona, y la *D,* que el mensaje fue redirigido.

Periódicos electrónicos y listas de correo

Un periódico electrónico es una publicación que se distribuye a través de la red, y mediante correo electrónico, a un colectivo de personas que figuran en una lista.

Este tipo de publicaciones suelen ser editadas por instituciones o colectivos que se interesan por temas concretos. Para recibirlos es necesario estar inscrito en la lista y, para ello, hay que enviar un *e-mail* a la dirección adecuada. Una vez cumplimentado este trámite, la distribución se realiza de manera automática a todas las personas inscritas.

Una lista de correo electrónico es un sistema que permite la distribución de mensajes a un conjunto de personas interesadas por un mismo tema y que, por tanto, comparten aficiones.

El funcionamiento es simple: cada inscrito tiene derecho a enviar mensajes a una dirección determinada de correo. Desde ese lugar, se expiden los mensajes haciéndolos llegar a todos los miembros de la lista, que por su parte pueden expresar sus opiniones sobre los mensajes recibidos, estableciéndose un diálogo enriquecedor sobre el tema propuesto.

Algunas de las listas tienen una figura que actúa como moderador: es el encargado de filtrar las misivas que van llegando, cuidando que la línea ideológica propuesta sea respetada.

Existe un catálogo de las distintas listas en funcionamiento hoy en día, que se puede obtener enviando un mensaje a la dirección *mail-server@nisc.sri.com,* en el que conste el texto *send netinfo/interest-groups*.

Direcciones útiles en Internet

Organismos que rigen Internet

• **Isoc (Internet Society):** es un organismo sin ánimo de lucro que facilita la evolución técnica y la difusión de Internet.

Es accesible por *e-mail* (isoc@nri.reston.va.us) o también por servidor FTP (ftp.cndir.org) o Gopher (gopher.cndir.org).

Representaciones de Isoc en España:

— Cataluña: http://www.aleph.ac.upc.es/isoccat/html

— Aragón: http://www.unizar.es/isoc_aragon.html

• **InterNIC**: da acceso a una serie de recursos de la red (*e-mail:* info@cndir.internic.net)

Telnet: internic.net. FTP: ftp.internic.net

Archie: archie.internic.net

Gopher: gopher.internic.net

W3: http://www.internic.net/

• **EEF (Electronic Frontier Fondation):** organismo de defensa de los derechos humanos frente a la amenaza de los medios electrónicos.

E-mail: info@eff.org información general

ask@eff.org propuestas

FTP: ftp.eff.org, como servidor de archivos.

comp.org.eff.news, compr.org.eff.talk, como Newsgroups.

• **Lista de FTP anónimos:** está disponible en ftp.usc.edu, directorio público, archivo ftpsites, o ftp.shsu.edu, directorio pub/ftp. list, archivo sites.

• **Decembers Guide to Internet Resources:** conjunto importante de información sobre Internet, en diferentes formatos.

En FTP: ftp.rpt.edu, directorio pub/communications, archivo internet-cmc

E-mail: info-server@nnsc.nsf.net

• **Anuario mundial de servicios Wais:**

Por Wais: directory-of-servers.src

• **Lista de servidores Gopher:**

Acceso Gopher: gopher.micro.umn. o sunic.sunet.se o cwis.usc.edu.

FTP: usc.edu, directorio pub/gopher, archivo gopher-jewels.

- **Libros y textos sobre Internet:**
Acceso Wais: internet_info. src
Gopher: yaleinfo.yale.edu, o sunic.sunet, o nic.merit.edu

- **Guía de *e-mail*:** se indica cómo enviar mensajes a través de las redes que forman Internet.
FTP: csd4. csd.uwm.edu, directorio pub, archivo inter-networkmail-guide

- **Información sobre las News (Usenet):** los grupos de discusión news.answers, news.newusers.questions, news.software, news.groups están disponibles.

- **HPCC:** la autopista de la información americana.
Puede encontrar información en Gopher: gopher.hpcc.gov

- **TCP/IP:** explicaciones técnicas sobre el servidor FTP ftp.sites.com, directorio library/tecdoc/network, archivo intro.tcp
Por Gopher: wiretrap.spies.com

- **El futuro de Internet:**
Intermne-drafts@nri.reston.va.us (envíe un *e-mail* con la palabra *help*)

- **Estadísticas sobre Internet:** algunas cifras en el servidor FTP: tic.com, directorio matrix/growth/internet.
Por Gopher: nysernet.org

- **Buscadores de una dirección de correo en Internet:**
Infoseek http://www.infoseek.com
Infomail http://www.ole.es
Infospace http://www.infospace.com
Four 11 http://www.four11.com
BigFoot http://www.bigfoot.com
En el servidor Gopher: yaleinfo.yale.edu encontrará información.
Para encontrar el *e-mail* de alguien, envíe un mensaje con la frase: sendu-senet-adress/nomelE-mailmail-server@rtfm.mit.edu

- **Listas de distribución:**
En el servidor FTP: ftp.nisc.sri.com (directorio *Netinfo*, archivo *Interest-groups*), o por *e- mail* (mail-server@nisc.sri.com), enviar un mensaje con la frase: send info/interest-groups

• **Índices de Internet (por categorías):**
Navegador Intercom http://www.intercom.es/navegador
El índice http://www.globalcom.es/indice
Olé! http://www.ole.es
Ozú! http://www.ozu.com
Yahoo! http://www.yahoo.com
WebCrawler http://www.webcrawler.com

• **Buscadores de contenidos (por palabras):**
Alta Vista http://www. altavista. com
Hotbot http://www.hotbot.com
¿Dónde? http://www.donde.uji.es
Lycos http://www.lycos.com
Excite http://www.excite.com
Deja News http://www.dejanews.com

www.ingramcontent.com/pod-product-compliance
Lightning Source LLC
Chambersburg PA
CBHW061802210326
41599CB00034B/6854